KB267734

이런 기업

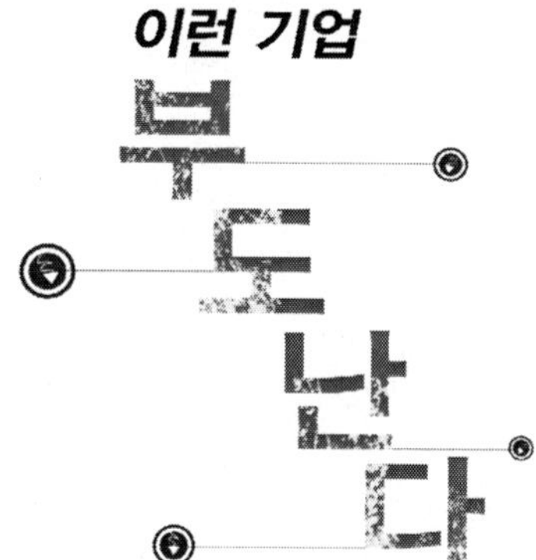
부도난다

개정판

이런 기업 부도난다

초판 1쇄 인쇄	2014년 08월 22일
초판 1쇄 발행	2014년 08월 26일

지은이	이 삼 희		
펴낸이	손 형 국		
펴낸곳	(주)북랩		
편집인	선일영	편집	이소현, 이윤채, 김아름, 이탄석
디자인	이현수, 신혜림, 김루리	제작	박기성, 황동현, 구성우
마케팅	김회란, 이희정		
출판등록	2004. 12. 1(제2012-000051호)		
주소	서울시 금천구 가산디지털 1로 168, 우림라이온스밸리 B동 B113, 114호		
홈페이지	www.book.co.kr		
전화번호	(02)2026-5777	팩스	(02)2026-5747

ISBN   979-11-5585-314-6 13320 (종이책)   979-11-5585-315-3 15320 (전자책)

이 책의 판권은 지은이와 (주)북랩에 있습니다.
내용의 일부와 전부를 무단 전재하거나 복제를 금합니다.

이 도서의 국립중앙도서관 출판시도서목록(CIP)은 서지정보유통지원시스템 홈페이지(http://seoji.nl.go.kr)와
국가자료공동목록시스템(http://www.nl.go.kr/kolisnet)에서 이용하실 수 있습니다.
(CIP제어번호: CIP2014024562)

금융전문서적 **개정편**

이런 기업 부도난다

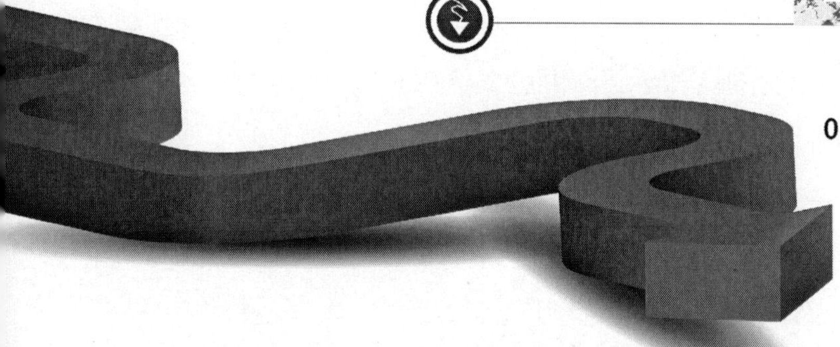

이삼희 지음

중소기업에 더욱 중요한 비재무적 기업평가에 관한 지침서

십 수 년간 대출심사역으로 일해온 이삼희가
단 1건의 부실여신도 만들지 않을 수 있었던 28가지 비법

북랩 **book** Lab

새로운 책을 내면서

"기업의 실체를 어떻게 파악할까? 도대체 기업이란 무엇 때문에 어떤 영향을 받으면서 성장할까?" 등등을 고민하다가 IMF를 맞았다. 그 이후 기업은 여러 가지 비재무적 징후들이 나타나기 시작하면 결국은 재무사항으로 나타나는 것을 무수히 보았고, 여기에 착안하여 내 자신의 경험을 바탕으로 이것저것 모아서 책을 발행한 지가 벌써 10년이 넘었다. 퇴직하기 전에 새로운 판을 낼 욕심으로 원고 수정을 한답시고 세월만 보냈다. 이제는 더 미루다가는 새로운 판을 못 낼 것 같아서 그렇게 더운 2013년 여름을 이 책 편집을 위해 보냈다. 필요한 것은 추가하고 뺄 것은 빼고 주제별로 내용을 새롭게 정리했다. 장마가 한창 오느니 마느니 할 때 본격적으로 시작했는데 벌써 다시 여름이다.

이 책은 금융기관에서 기업대출 특히 중소기업 대출담당자, 신용조사자, 대출결재책임자를 위해 집필된 금융전문도서로, 대출에 관한 전문용어가 많이 들어있지만 가급적 수필처럼 쉽게 읽을 수 있도록 설명이나 사례를 많이 넣었다.

이 책은 신용조사, 여신심사 시나 대출 사후관리 시에 기업의 실체를 파헤치는 기법과 보는 방법에 대해 설명하고 있다. 본론에 '기업', '경영자', '경영자 행동', '종업원' 등 22개 부문으로 나누어 정리했고, 여신심사에 참고할 내용들인 '현장정보를 파악하는 방법' 등은 부록으로 편집했다. 이 책을 읽어

보고 난 후에는 대출에 대한 마인드가 한층 업그레이드되었으리라 믿는다.

중소기업은 기업평가 중에서 비재무적 평가가 더 중요하다. 재무적 평가는 얼굴이고 비재무적 평가는 마음이다. '여신심사 기본자세'에서는 대출담당자의 기본적인 자세와 어떤 대출을 조심해야 하는지 기본적으로 알고 있어야 하는 자세에 대해 논하고 있다. '현장정보를 파악하는 방법'에서는 기업체에 나가서 누구를 만나고 무엇을 보고 어떻게 어떤 정보를 입수할 것인가에 대해 설명하고 있다. 대출을 할 때는 자기 돈을 빌려 주는 심정으로 임해야 한다. '여신심사 유의사항'에서는 부실여신을 만들지 않기 위해 대출을 취급하기 전에 어떤 사항들을 확인해야 하는지에 대해 구체적으로 설명하고 있다. 중소기업은 현장확인이 제일 중요하다. 사소한 것이라도 변화를 중시해야 한다.

끝으로, 이 책의 제목을 정해 주신 옥선호 전 농협중앙회 본부장님과 편집, 발간을 위해 노력해 주신 경기신용보증 김원동 위원님, 농협은행 허정 감사역, 홍창희 지점장, 박태기 지점장, 임정혁 지점장, 이보용 팀장, 남용수 부지점장과 삼부문화 박래수 사장님과 이형수 전무님께 감사드린다. 또 많은 응원을 해 준 아내 김순옥, 머지않아 경영자가 될 아들 의사 용수와 CEO가 꿈인 아들 용성에게 고마움을 표하고, 하늘에 계신 어머님, 아버님 영전에 이 책을 바친다.

2014년 8월

이삼희

IMF 이후 각 금융기관은 본격적으로 대출세일을 하고 있다. 그러나 대출을 하더라도 대손이 되지 않는 대출을 해야 할 것이며 치열한 경쟁 속에서 살아남기 위해서는 기업여신부문이 지금보다도 한층 발전해야 될 것이라고 본다.

본서는 재무분석보다는 기업의 실체를 이해하는 비재무분석 위주로 편집했는바 기업을 보는 시각을 넓혀 줄 수 있도록 노력했다. 기업여신을 취급할 때는 재무분석 등의 기술도 중요하지만 기업을 보는 눈이 있어야 하고, 대출에 대한 바른 자세, 즉 건전하고 기본적이고 상식적인 마음자세를 갖는 것이 더욱 중요하다.

기업부실이란 여러 가지 부실원인들이 상호 작용하여 나타나는 점진적 과정으로서 그 부실화과정에서 여러 가지 부실징후들이 나타난다. 이러한 부실징후들은 그 근원이 되는 부실원인과 인과관계에 있으므로 양자를 엄격히 구분하기는 곤란하나 부실징후가 표면에 나타나는 현상이라고 할 때 부실징후를 체계적으로 파악할 수 있다면 부실예측 및 부실방지를 위해 매우 유용하게 사용될 수 있을 것이다. 그러나 대부분의 부실징후들은 그러한 현상이 내부관리자나 외부 이해관계인들에 의해 관찰되어 문제화되나 표면화되기 전까지는 점진적으로 진행되며 결정적인 시점에 다다라서야 비로소 명확해진다. 따라서 이미 기업의 부실화 정도가 깊어지고 난 뒤에 나타나는 경우가 많으므로 부실화의 정도가 깊어지기 전에 기업에서 나타나는 여러 가지 징후들을 주의 깊게 관찰하여 기업부실을 사전에 예방할 필요가 있는 것이다.

원래, 비재무적인 도산요인이나 징후들은 손쉽게 찾기 힘든 것이 사실이다. 이 책의 내용이 비재무적인 요인의 전부에 대해 논한 것이라고는 보기 어렵다는 것을 시인한다. 비재무적인 분석에 대한 여러 가지 자료들은 있지만 우리나라와 일본에서 비재무적인 내용을 단행본으로 심도 있게 만들어진 책을 발견할 수가 없었다. 그래서 필자는 십 수년간의 대출심사역과 심사업무에 종사한 경험을 바탕으로 비재무사항을 중심으로 면밀하게 분석하여 본서를 집필했는바 대출심사역과 여신취급책임자들에게는 '기업을 보는 눈'이 되어 줄 것을 믿고, 장래 기업여신을 취급하고 싶은 직원들에게는 좋은 지침서로 활용될 것을 간절히 바라며, 여신심사나 상담 시에는 좋은 참고서가 될 것을 믿는다.

끝으로, 이 책의 편집, 발간을 위해 노력해 주신 홍창희 대출심사역, 오경환 차장께 감사드린다.

2003년 8월
이삼희

부실이란 지급불능상태를 말하며, 보통 총자산이 총부채를 초과한 상태에서 유동성 압박에 의해 부실화되는 기술적 지급불능, 적자가 발생하고 부채가 자산총액을 초과하는 경제적 지급불능, 법에 의한 파산으로 구분한다.

부실원인을 보면 경기동향 또는 금융정세의 변화 등 외부적인 원인인 경우도 있지만 거래처 도산, 투자실패 등 기업내부의 경영이나 구조적인 문제점이 주요 부실원인인 경우가 많다.

특히, 기업이 부실화되는 형태를 크게 구분해보면 관련기업의 도산에 따른 부실화, 유동성 부족에 따른 부실화, 환경변화 부적응과 경쟁력약화에 따른 부실화 그리고 무리한 시설투자 및 경영자의 능력부족으로 인한 부실화 등으로 구분할 수 있다.

업체를 방문하자. 부실의 원인은 대부분 사람에 있다. 업체 사무실과 공장을 방문하고 사장을 만나 보자. 특히, 중소기업은 최고경영자와 오너가 중요하다.

대부분의 부실징후들은 어떤 현상이 내부관리자나 외부 이해관계인들에 의해 관찰되어 문제화되나 표면화되기 전까지는 점진적으로 진행되며 결정적인 시점에 다다라서야 비로소 명확해진다. 따라서 이미 기업의 부실화 정도가 깊어지고 난 뒤에 나타나는 경우가 많으므로 부실화의 정도가 깊어지기 전에 기업에서 나타나는 여러 가지 징후들을 주의 깊게 관찰하여 기업부실을 사전에 예방할 필요가 있는 것이다.

예시된 징후들 중 관련된 징후 여러 가지가 복합적으로 나타나거나 치명적인 징후가 나타난다면 이는 부실로 가는 징후이며 부도가 날 가능성이 있는 기업이다.

운인지 모르지만, 필자 본인은 비재무적인 평가를 십 수년간 실무에 접목시킨 결과 기업지점에서 마지막 근무를 할 때까지 업무평가에서 1, 2등을 도맡아 하면서도 단 1건의 부실여신도 만들지 않았다. 금융기관 직원들은 대출을 많이 하는 것보다는 부실여신을 만들지 말아야 한다.

목차

1장
기업

1. 기업의 역사는

기업이 언제 설립되었으며 무슨 사업을 했는지 알아야 한다. 설립한지 오래 되었지만 시기에 따라서 여러 가지 다른 사업을 번갈아 영위했다면 주의 깊게 살펴봐야 한다.

설립한 지 얼마 되지 않은 기업은 경영자와 경영진의 경력이 중요하다. 기업의 역사가 짧으면 긴 것보다는 위험하다고 볼 수 있다. 왜냐하면, 오너나 경영진의 경영 및 제품관련 경험이나 노하우 부족, 생산체제 미흡, 유통판매망 부족 또는 미구축, 자기자금 부족, 차입자금에 의한 경영계획 등으로 영업이 제대로 될 때까지는 안심을 할 수 없기 때문이다.

반면, 기업의 역사가 길다고 해도 안심할 일이 아니다. 기업의 역사가 기업의 성장이나 안정을 보장하는 것이 아니기 때문이다. 세상은 바뀌어 가고 있는데 오래된 기업 중에는 과거의 경영형태를 고집한 결과 새로운 제품이나 새로운 유행에 뒤질 수도 있는 것이다.

통상 역사가 짧고 덩치가 작은 기업은 환경에 민감하게 대응할 수 있는 장점이 있는 반면, 경영규모가 큰 기업은 즉각 대응이 어려운 경우가 많다. 단순히, 기업의 역사만을 가지고 그 기업을 평가할 일이 아니다. 무엇을 했으며, 무엇을 하고 있고, 장차 무엇을 할 것이라는 것이 더 중요한 것이다. 다만, 과거에 무엇을 했으면 그 산업의 발전을 예측할 수 있을 것이기 때문에 기업의 역사를 따지는 것이다.

우리나라의 경우 기업의 수명을 30년으로 보는 사람들이 많다.

2. 기업의 업력이 짧은가

업력이란 기업의 역사만을 의미하지 않는다. 그 기업이 지금 영위하는 사업이 얼마나 오래 되었나를 판단하려는 것이다. 모든 기업에 해당되는 것은 아니지만 회사의 업력이 짧다면 주의해야 한다. 경영자나 경영진이 회사경영에 대한 마인드와 준비가 제대로 되어 있을 리가 없을 것이고, 의사결정의 경험이 없어서 시행착오와 모순을 반복할 수도 있을 것이기 때문이다.

D&B사의 흥미로운 통계치 중의 하나는 실패기업의 연령이다. 연령이 짧고 경험이 없으며 자본화가 부족한 기업이 그렇지 않은 기업에 비하여 실패할 가능성이 크다는 것은 의심할 여지가 없다.

 이런 기업 부도난다

미국의 실패기업의 연령

연령	1980년 비율(%)	1990년 비율(%)
1년 미만	0.9	9.0
2년 미만	9.6	11.2
3년 미만	15.3	11.2
3년 미만 합계	25.8	31.4
4년 미만	15.4	10.0
5년 미만	12.4	8.4
5년 미만 합계	53.6	49.8
6년 미만	8.9	7.2
7년 미만	6.3	5.3
8년 미만	5.2	4.5
9년 미만	4.3	3.8
10년 미만	3.4	3.5
10년 미만 합계	81.7	74.1
10년 이상	18.3	25.9
총 실패 사업자 수(개)	**11,742**	**60,432**

『기업의 재무위기와 도산』, 신용분석사회, 1998, p.40.

3. 어떤 형태의 기업인가

기업은 형태상 여러 종류가 있다. 개인기업, 법인기업, 공공기관, 국가기관 등이 있다.

개인기업은 기업의 영속성 면에서 문제가 있다. 사람의 수명과 직결되고 있는 것이 현실이다. 대부분의 개인기업은 오너가 사망하면 개인기업도 없어지고 만다. 국가에서 일부 업종에 대해 상속 시 상속세를 면제해 주고 있어 자식들에게 그 개인기업이 계속기업으로 유지될 수가 있으나 대부분 개인기업은 소멸의 길을 걷고 있다. 자식이 부모의 사업을 승계하려고 하지 않는 경우가 많고, 승계를 하더라도 자식 간의 자산분배 문제로 다툼이 이어져 도산하는 경우도 많고, 상속세와 양도소득세 납부문제로 사업을 포기하는 경우도 있다. 기업이 문을 닫게 되면 종업원들은 실업자가 되고, 생산은 정지되고, 대출해 준 자금은 회수가 될 가능성이 희박해지는 것이다. 기업이 소멸하면 여신은 어떻게 될 것인가? 미리 예측해야 한다.

법인기업과 공공기관은 경영진이 어떤 사람인가, 사업의 발전과정과 영속성이 어떤가에 관심을 가져야 할 것으로 보인다. 그러나 대표 또는 오너의 개인 성향에 따라서 결과가 달라질 수도 있다.

국가기관이 대출을 요구할 경우 종전에는 무조건 OK했으나, 지자체가 부채비율이 높아지고 다른 나라에서는 지자체가 부도를 내는 경우도 발생하여 이제는 조심하려는 분위기가 있다.

독일과 한국의 기업상속세제 비교

	한국	독일
적용대상 기업규모	중소기업과 매출 2,000억 이하 중견기업	제한 없음
피상속인 사업기간	10년 이상	제한 없음
공제율	70%	5년간 가업유지 시 85%, 7년간 가업유지 시 100%
공제한도	100억~300억 원	한도 없음
사후관리기간	10년 내 요건 미비 시 전액 추징	요건 미비 시 미달한 부분만큼 안분하여 추징

"중견기업 성장저해요인 어떻게 풀 것인가", 《매일경제신문》2013.8.24.

4. 어떤 사업을 할 것인가

기업의 역사에서 설명했듯이 기업은 업력과 거래실적이 중요하다. 그러나 과거의 자료를 가지고 여신을 결정한다거나 회사의 업력이 길고 거래실적이 양호하다는 것만으로는 안 된다. 앞으로 어떤 사업을 어떻게 할 것인가가 더 중요하다. 종전에 하던 사업을 계속할 수도 있고, 하던 사업을 그만 두고 새로운 사업을 할 수도 있다. 또, 영위하던 사업을 서서히 줄여 나가면서 새로운 사업으로 전환할 수도 있다.

대출금을 증액하거나 기한 연기할 때도 신규대출이라는 마음으로 임해야 할 것이다. 만약, 기업의 사업장이 대출사무소 부근에 있다면 기업에 관련된 여러 가지를 풍문으로도 확인할 수 있을 것이다.

5. 사업의 계속성은 있는가

기업이 영위하는 사업이 어떤 산업에 속하며 그 산업과 그 사업의 계속성은 있는가를 알아봐야 한다. 라이프사이클 상 성장기인가, 성숙기인가, 쇠퇴기인가를 판단해야 한다. 영위하는 산업이 쇠퇴기에 접어들었다면 그 기업은 그 대응으로 무엇인가를 검토했어야 한다. 산업 자체가 오래가지 않을 것이라든지, 민원이 야기될 가능성이 있는 사업에 대한 여신은 가급적 피하는 것이 좋다.

6. 기업의 목적은 무엇인가

기업의 정관에 회사의 목적이 있다. 이 목적은 존속요건이기도 하다. 정관의 목적 이외에는 장기계획의 목적, 중기의 목적, 단기의 목적, 업무별 목적 등이 있을 것이다. 목적은 회사를 파악해볼 수 있는

가장 중요한 부문이다. 이 목적이 잘 정립되어있지 않다면 기업평가는 상당히 주의를 기울여야 될 것이다. 경영이 돼 가는 대로 될 것이기 때문이다. 다음 사항을 세밀하게 검토해볼 필요가 있다.

회사의 목적은 무엇인가?

목적을 달성하기 위한 정책이나 지침이 있는가?

목적을 이해하고 있으며, 업무에 합당한 목표와 구체적인 계획과 절차가 있는가?

장기계획은 목적에 부합하며, 주요활동을 포함하고 있는가?

장기계획은 신축성이 있으며 변화에 빨리 적응할 수 있는가?

목적달성에 필요한 자금계획이 있는가?

관리자들은 책임 있게 업무를 추진, 개발할 자세를 갖추고 있는가?

7. 사회적 기여도는

최근에는 기업에게 사회적·윤리적 책임을 요구하는 경향이 짙어지고 있다. 대부분의 소비자들이 요구하는 것이 엄청나게 강해진 것을 느낄 수 있다. 기업이 이 기여도를 외면하면 소비자들은 집단행동을 마다하지 않고 있다. 모든 조직원들의 마음에도 사회적 기여도를 생각할 정도가 되었다. 일반 소비자들이 보는 기여도는 단순히 돈 얼마로 평가하지 않는다. 이제, 기업도 단순히 이익에만 급급해서는 안 되고 소비자의 위치에서 소비자가 무엇을 원하는지를 판단해야 한다. 이런 측면으로 기업의 기여도를 제대로 평가해야 할 때가 된 것이다.

2장

경영자

미국의 신용조사기관인 Dun & Bradstreet사의 기업도산원인에 대한 조사보고서를 보면 ① 판매부진 47.6%, ② 과당경쟁에 의한 채산성악화 20.6%, ③ 매출채권 회수부진에 의한 자금악화 12.2%, ④ 과다한 경비지출 9.0%, ⑤ 재고자산 과다 7.5%, ⑥ 무리한 시설투자 7.0% 등으로 나타났으며, 기업의 도산을 유발한 근본적인 배경을 보면 경영자의 경영능력부족이 절대적인 비중을 차지하고 있다.

제일 중요한 것은 경영자다. 경영자의 특성에 따라서 기업이 가는 길이 다르다. 부도난 기업을 새로운 경영자가 회생시키는 일이 있는가 하면, 멀쩡한 기업을 도산시키는 경영자도 있다. 경영자를 바로 보자. 기업에 있어서 경영자는 대단히 중요하다.

1. 최고의사결정권자가 누구인가

기업은 최고 의사결정권자와 대주주가 누구냐에 따라서 경영성적이 달라진다. 의사결정권자와 대주주가 누구인지 파악하는 것이 중요하다. 그들의 경력을 잘 알아야 하는데 그 업체와 거래를 해본 사람들이 있다면 그 사람들의 의견을 들어보는 것도 좋은 방법이다. 최고의사결정권자인 경영자의 정직성, 성실성과 경영능력도 알아봐야한다. 가령 사업확장 시 이에 대한 능력이 있는지, 어떤 문제 발생 시해결능력이 있는지가 중요하다. 경영자의 정직성, 성실성, 문제해결능력이 없다면 대출은 재검토해야 할 것이다.

2. 목표의식이 있는가

경영자의 목표의식이란 눈에 보이지 않으나 이것이 없으면 배가 산으로 갈 수가 있다. 자신의 지위는 자신이 만드는 것이다. 누가 만들어 주는 것이 아니다. 경영자의 행동을 항상 지켜보고 있는 직원들에게는 기수가 되어야 한다. 자기는 하지 않으면서 직원들에게 하라고하는 것은 불가능한 것을 하라는 것과 별반 다를 것이 없다. 이런 조직에서는 사고가 잇따를 수밖에 없고 경영은 다른 방향으로 갈 수밖에 없을 것이다. 경영자는 확실한 목표와 계획에 의해 직원들을 통솔해야 한다.

3. 상상력이 풍부한가

경영에서 상상력이란 대단히 중요하다. 미래를 예측하는 능력만큼이나 상상력의 결여는 기업의 미래를 예측 불가능하게 하는 요인이되기도 한다.

상상력이 부족한 경영자는 자기를 따르는 직원들을 불안하고 불편하고 우울하게 만들 수가 있다. 아무리 노력을 하여도 조금만 지나가면 엉뚱한 결과로 이상한 결론에 도달하게 되고, 이런 경우 경영은또 하나의 문젯거리만 만들지도 모르는 일이다.

4. 경영이념이 있는가

경영의 목표, 이념, 경영상태 등을 제대로 말하지 못하면서 장래의 꿈같은 사업계획이야기를 하는 경우나 경영의욕을 상실한 경영자인 경우 등 경영자와 대화를 하다 보면 경영자가 돈만 벌면 그만이지 경영이념이 없다는 것을 알 수 있다. 경영이념의 부재는 부실원인 중 큰 원인이 되고 있다. 경영자의 생각에 따라 기업의 미래는 달라지게 된다.

5. 용기가 있는가

용기는 지식과 경험에서 나온다. 지식과 용기가 결여된 경영자와 일하고 싶은 사람은 아무도 없다. 그러한 경영자 아래에서 살고 있는 것은 현명하지 못한 부하뿐이다. 이러한 경영자 밑에서 일하는 직원들에 의한 경영성적은 좋게 나올 리가 없다. 지식과 경험이 부족한 결과로 경영은 다람쥐 쳇바퀴 돌듯이 허공을 달릴 수도 있다.

나폴레온 힐이 말하는 리더란 "용기, 자기 통제력, 두터운 정의감, 단호한 결단력, 실천적인 계획, 보수 이상의 일을 하는 습관, 쾌활한 성격, 인정스런 마음, 모든 것을 알고 있을 것, 투철한 책임감, 협력하여 일을 할 것" 등인데, 그중에서도 용기를 제일로 치고 있다.

6. 계획성이 없는 경영자인가

일을 되는 대로 하려고 하는 경영자는 아닌가? 이런 경영자라면 차라리 경영을 하지 않는 것이 나을 것이다. 마치 '일이 아무 데로 가도 나는 몰라!' 하는 식이 아닌가 한다.

경영자는 경영에서 작은 것에서부터 먼 장래까지 철두철미한 계획이 있어야 한다.

7. 호기심이 없는 경영자인가

경영자가 매사에 '있는 것은 있는 것이고 없는 것은 없는 것'이라는 생각으로, 아니면 '우리는 이것을 할 수 없다'고 체념하고 있는 경영자라면 그 기업의 장래는 암울하다고 할 수가 있다. 호기심이 없는 경영자에게서 배울 것이 없을 것이고 그런 경영자와 같이 근무하는 직원들도 따지고 보면 똑같은 사람들이 아니겠는가. 이런 기업에서 어떤 경영성과가 나올 것인가.

발전은 모험과 호기심에서 시작되고, 용기에서 성공이 보인다.

8. 독선적인가

경영자가 아집이 강하여 참모와 부하직원의 의견을 무시하고 독선적으로 업무를 처리한다면 경영자의 의사결정에 무리가 있는지를 검토해야 한다. 왜냐하면 이러한 경영자는 경영상 중요한 문제에 대해 충분한 검토 없이 자기 혼자만의 생각으로 의사결정을 하게 될 것이고, 자기가 잘못한 의사결정에 오류가 생겨서 점차 경영부실을 초래할 위험이 있기 때문이다.

경영스타일은 독재형, 우유부단형, 가족경영형, 합리형 등이 있다.

9. 명예직에 탐닉하는가

대부분의 의원이나 위원들은 본직에 충실하며 살고 있다. 하지만 어떤 의원이나 위원은 명예직에 탐닉하는 경향도 있다. ○○의원, △△위원 등 정치에 관련된 직함을 가지고 있으며, 이를 명함에 큰 글씨로 써놓은 반면 대표이사는 작은 글씨로 써놓은 것을 볼 수가 있다. 이런 경영자들은 정치에 관심이 있고 경영에는 관심이 없거나 경영을 부업 정도로 생각하는 경영자들에 해당한다. 이런 경영자들은 보통 정책자금을 이용하여 대출을 한다. 명예직에 탐닉하고 있는 경영자라면 경계해야 한다. 이런 경영자들이 부실여신을 일으키는 것을 필자는 여러 번 본 적이 있다.

10. 취미에 빠져 있는가

삶에 있어서 재충전을 하게 되는 취미를 갖는 일은 좋은 일이다. 취미 중에서도 독서, 여행 등 좋은 취미들이 많다. 그러나 골프, 도박, 종교, 서화, 골동품 등 경영과는 관계없는 일들로 세월을 허비하는 경영자들이 있다. 이런 경영자는 자연스럽게 경영에 관심을 많이 가질 수가 없을 뿐만 아니라, 이런 일들 때문에 자금을 허비할 수도 있고, 이런 일들을 하느라고 경영에 관하여는 의사결정을 대충한다든지 아니면 제3자를 시켜 의사결정을 할 것임은 틀림없는 일이다. 경영을 도피하는 경영자를 조심하자.

11. 위기대처능력은 있는가

회사를 경영하다 보면 어려운 일들이 많다. 이 어려운 일들을 어떻게 잘 처리하느냐가 경영의 관건이다. 경영자가 위기대처능력과 리더십이 있으며, 통제력을 가지고 있다면 바람직할 것이다. 그러나 대부분의 경영자는 이들 모두를 다 가지고 있을 리가 없다. 부족한 것은 임원이나 간부들을 통해 보충하고 있다. 조직의 힘을 빌려 문제들을 해결할 수 없다면 문제인 것이다.

또한, 경영자와 경영진이 그들이 하는 사업의 위험을 느끼지 못하는 경우에도 회사에 위기가 찾아올 수 있다.

12. 전문지식이 충분한가

경영자가 자기가 경영하는 업종에 대해 충분한 전문지식이 없거나 사업을 시작한 지 얼마 되지 않았다면 좋은 경영을 하기 어려울 수도 있다. 사업이란 돈을 벌기 위해 하지만 돈만 가지고는 사업을 할 수가 없다. 사업의 중요한 부분에 대해 충분한 전문지식이 없이 돈을 벌겠다고 나서는 경영자는 조심해야 한다. 왜냐하면, 경영상 의사결정력이 부족하여 시기를 놓친다든가 의사결정에 오류를 범할 가능성이 크기 때문이다.

요즘은 정보화시대로서 필요한 정보를 인터넷이나 책이나 다른 사람들로부터 입수하여 경영에 참고할 수가 있으나 근본적으로 중요한 부분에 대해서는 경영자가 그 전문지식을 어느 정도 알고 있어야 한다. 그렇지 못한 경우 대부분 정보의 타인의존도가 높아 잘못된 선택을 하는 경우를 볼 수가 있다. 업체 방문 시 대표자가 자기 전공분야 이외의 경영부문에 대해 대화가 되지 않는다면 조심할 일이다.

13. 내성적인가

내성적인 사람이라고 하여 모두 문제가 되는 것은 아니다. 내성적인 사람이 머리가 좋은 경우가 많고 말이 없는 경우가 많다. 말이 없는 사람이 머리가 좋고 사려가 깊은 사람을 우리 주변에서 많이 발견하곤 한다. 내성적인 사람이 출세한다는 이야기도 있다.

그러나 기업체질이란 기업에서 발생하는 문제들을 모두 내성적이라고 하여 묻어 두고 살 수만은 없다. 이런 문제들을 밝히고 대책을 마련하고 발전적으로 실천을 할 수 있도록 해야 기업이 발전할 수 있을 것이다. 그런데, 내성적인 사람이 자기의 머리나 실력을 믿고 현실답보상태에 있다면 기업 입장에서는 큰일일 것이다. 이런 사람이 대표자가 된다면 기업에 닥칠 위험을 감수하고 이겨내는 일은 아마도 어렵지 않을까 하는 생각이 든다. 생각이 움직이지 않는 내성적인 사람이 기업에 있어서는 문제인 것이다.

어느 기업이나 신규직원을 채용하면 맨 먼저 하는 일들이 신규 직원들의 성격을 조금은 바꾸어 활달하고 생기 있게 만들려고 노력하곤 하는 것을 봐도 내성적인 성격에 대한 중요도를 어느 정도 이해할 수 있을 것 같다.

14. 친척들이 등을 돌린다

자금에 쪼들리다 보면 친척들에게 자금 차입을 요청하게 되고, 사업이 여의치 않은 경우 친척들이 등을 돌리기 시작한다. 이때가 도산이 가까워 오는 시기다. 이제는 자금 때문에 어디를 갈 데가 없는 것이다. 이 시기를 넘지 못하면 별의별 일들이 생기기 시작한다. 필자라면 모두 털고서 무일푼에서 다시 시작하라고 하고 싶지만, 이쯤 되면 자존심 때문에 도망가서 노숙생활을 하게 되기도 하고 자살을 선택하게 되기도 한다. 돈도 잃고 사람도 잃은 것이다. 마지막까지 가서도 사람은 잃지 말아야 한다.

15. 가정불화가 있는가

사생활이 문란하거나 최근에 이혼을 했거나 가정불화가 있는 경우 여신은 재검토하자. 경영자가 가정불화가 있다면 회사 일을 제대로 할 수 없을 것이고, 대출자금이 가정불화를 해소하는 일에 쓰일 수도 있고, 중요한 일들을 직원에게 맡길 것이다. 결국, 안이한 업무수행은 경영에 치명적일 수도 있을 것이다.

'가화만사성'이라는 말이 있다. 집안이 편해야 일이 잘되고, 일이 잘돼야 집안이 편하다.

16. 경영권 문제로 분쟁 중인가

기업의 경영권 문제로 분쟁중이든지, 경영주나 후계자 계승문제로 분쟁 중이라면 인과관계를 제대로 파악하거나 결론이 날 때까지 일단은 관망해야 될 것이라고 본다. 싸움을 하다가 기업을 도산시키는 경우를 본적도 있다. 대기업들이 이런 일을 하는 것을 우리는 매스컴을 통해 많이 들어보았다. 중소기업이라고 이런 문제가 없을 리가 있는가? 중소기업도 경영권문제로, 형제간의 후계자 문제로 시끄러운 경우가 허다하다. 속을 모르고는 여신을 하기가 어려운 시대인 것이다.

17. 공사혼동형인가

경영자가 공사혼동형이라면 직원들의 사기는 땅에 떨어질 것이고 헌신적으로 회사 일을 하지 않을 것이다. 요즘 노조는 직원을 인간답게 대우해 달라고 요구하기도 한다. 그런데 이와는 반대로 경영자가 자기의 일, 자기 집의 일 그리고 회사의 일을 혼동하여 직원들에게 시킨다면, 마치 경영자가 머슴인 것처럼 일을 시키는 것에 대해 불만을 갖게 될 것이고, 이런 불만이 쌓이게 된다면 어느 땐가는 그 불만을 업무에 전가시켜 토로할 것이다.

"내 돈도 내 돈! 회사 돈도 내 돈!"

내가 경리담당자라면 사장을 따르겠는가?

18. 기술자 출신인가

중소기업을 평가하다보면 기술자 출신 경영자가 의외로 많은 것을 알 수 있다. 이들 경영자들은 열심히 노력하여 성공을 거둔 경우에 해당할 것이고, 또 대단히 긍정적이며 적극적인 경우가 많았다. 때문에 평가에서 유리한 위치를 차지하기도 한다.

그러나 기술자 출신 경영자의 경우 경영을 얼마나 잘 알고 있고 경영을 잘 하고 있는지가 중요하다. 자기의 전문지식에는 해박하면서 회사의 경영에 대해서는 도무지 대화가 되지 않는 경우 도산의 가능성이 크다. 경영자가 지식이 많다고 하여 성공하는 것은 아니다. 하지만 최소한의 경영지식은 갖추고 있어야 한다는 것이고, 전문지식만을 가지고는 회사 경영을 하기 어렵다는 뜻이다. 돈 많이 버는 의사나 변호사라고 해도 꼭 성공한다고 장담하기 어렵다.

19. 건강상태가 좋지 않은 경영자인가

사장의 건강이 심각한 상태가 아닌가? 혹시, 발병한 것은 아닌가? 병원에 장기간 입원하고 있는 것이 아닌가? 건강에 우려할 문제가 있다면 만사를 귀찮게 여길 것이며, 병원을 다니느라고 회사 일이 제대로 되는 것이 없을 것이다.

건강을 잃으면 모든 것을 잃는 것이다.

20. 사망, 자살사건이 발생했는가

경영자가 사망하거나 자살했는가? 경영자의 갑작스런 부재는 경영에 치명적이다. 통상 기업의 경영자가 사망할 경우 회사의 업무를 대신할 능력 있는 사람이 대리행위를 당분간 해야 하는데, 이를 할 수 없는 상태이거나 할 사람이 없다면 문제인 것이다. 그리고 이런 경우 가족경영이라면 가족 간의 경영권분쟁이 같이 나타나는 경우를 볼 수가 있는데 우려할 문제가 아닌지 검토해야 한다.

21. 실질경영자가 다른가

전임 대표이사가 불량거래자로 등록되어 있다거나 자식에게 기업을 인계하려는 경우에는 실질경영자와 대표가 다른 경우를 가끔 볼 수가 있다. 대표와 실질경영자가 다르거나 대표자를 여자로 교체했다면 부도를 낸 남편이나 친척이 배후에 실질경영자로 있을 가능성이 크다. 이런 경우 특히 주의해야 한다. 대표자는 허수아비에 불과할 것이기 때문이다. 흔히 우리가 아는 '바지'를 대표이사로 앉혀 놓은 것이다.

실질경영자가 대표자가 아니라는 것은 대기업에 있어서는 찾아내기가 쉽고 대부분의 대기업은 실질경영자를 공시하고 있다. 그러나 중소기업의 경우에는 이를 발견한다는 것은 그리 쉽지 않다. 실질경영자가 그 기업에 어떤 영향력을 발휘한다든지, 어떤 자금거래를 통해 기업을 지배한다든지 그 형태는 아주 다양하다. 그런 상황을 인식하고 실질경영자를 찾는다는 것도 어렵다. 또 실질경영자라고 판단은 되나 이를 실무에 접속시키기 위해 대표자 개인을 불인정하고 실질경영자를 인정하여 대표권행사를 하게 한다는 것도 상대방 본인들이 인정하기 전에는 참으로 어려운 것이다.

회사에서 제출한 자료나 기왕에 사후관리과정에서 입수된 정보를 이용하여 확인하는 수밖에 없다. 대표이사나 실질경영자를 확인하는 것은 현장 확인 시 틀림없이 확인해야 하는 항목 중의 하나다.

22. 월급쟁이 경영자인가

경영자가 단순히 월급을 받는 경영자라면 대기업에서는 전문경영인으로서 바람직할 것이나, 중소기업이라면 그 경영자가 어떤 사람인지를 살펴봐야 한다. 경영자가 오너와 인척관계가 있는 경영자라면 그 경영자는 오너가 시키는 일만 할 것이고, 어떤 특수한 기술이나 경영에 대한 경험이 있는 타인이라면 그래도 자기가 아는 부문에서는 최선을 다 할지 모르나 타인이라는 의식은 항상 있을 것이다. 따라서 업무는 피동적으로 처리할 수도 있는 것이다. 이런 회사는 오너가 돈만 가지고 사업을 한다든지, 오너가 나이가 꽤 많이 들어서 실질적인 경영에는 손을 뗀 경우라든지, 오너가 불량거래자로 등록되어 다른 사람을 대표로 세웠을 가능성을 배제할 수 없기 때문이다.

23. 사업경력이 있는가

경영자가 사업경력이 없거나 종전에 하던 사업이 아닌 다른 사업을 운영하려고 할 경우 실패 가능성은 크다. 특히, 젊은 사람들이 하는 사업은 조심해야 할 것이다. 젊음은 사업수행에 오히려 강점이 될 경우도 있지만, 경영진이 젊다면 사업수완과 사업에 따른 위험을 인식하는 능력과 대처하는 방법과 능력에 문제가 될 수 있기 때문이다. 특히, 봉급생활자가 사업을 시작하려 할 경우 요주의! 왜냐하면, 회사를 경영해 본 경험이 전혀 없기 때문이다.

봉급쟁이도 경력자를 뽑아 쓰려고 하고 있다. 사업 경력이 있는 경영자는 경영상 문제점들을 직시할 수 있으며, 위험에 대처하는 수준이 높을 수가 있다. 경력이 아무리 화려하더라도 부도를 낸 경영자를 제외하자. 해당업종에 사업경력이 있느냐 없느냐는 이처럼 기업을 하는 입장에서는 매우 중요한 것이다.

24. 인내력이 있는가

인내력이 없는 경영자라면 조금이라도 실패를 할 때 자포자기한다든지, 희망을 잃어버리기 쉽다. 확실한 신념을 가지고 꾸준하게 밀고 나가는 경영자만이 훌륭한 경영성적을 올릴 수가 있다.

실패라는 것은 인내를 이기지 못한다고 한다.

25. 흥분을 자주 하는가

사람은 자기의 마음을 다스릴 줄 알아야 한다. 자기의 통제 또는 자기의 조정 없이 성공한 사람은 없다. 흥분을 자주 하는 경영자는 자기의 통제를 제대로 하지 못하는 사람이다. 무슨 일이 있더라도 흥분하지 말고 침착하게 자기의 할 일을 찾아 일을 해야 한다. 흥분한 후에는 자기가 할 일조차도 잊어버리는 것이다. 이러다가 시간이 지나면 무엇인가 분명히 했어야 하는 일을 그르치게 되는 것이다.

자기 마음을 조정하지 못하는 사람은 일에 있어서 무엇 하나 조정할 수가 없다. 사람이 마음을 지배하는지 마음이 사람을 지배하는지를 따져볼 일이다.

26. 침착성이 결여되었나

경영자가 현장에서나 공적인 장소에서나 금융기관이나 관공서 직원들과 대화중 어떤 이야기에 놀라는 듯한 침착하지 못한 반응을 보인다면 그 경영자는 분명히 그 기업에 관련하여 무언가 자신이 없거나 석연치 않은 뭔가를 감추고 있다는 의미다.

첫째, 경영자 본인이 자신이 없을 경우에는 침착하지 못한 그 반응뿐만이 아니라 어떤 다른 제출서류에서도 침착하지 못한 징후를 발견할 수 있을 것이고, 일을 시키는 직원들에게 어떤 지시를 할 때도 자연스럽지 못한 행동을 볼 수 있을 것이다.

그 다음으로 무엇인가 석연치 않은 무엇을 감추고 있다고 판단할 수가 있는데, 이런 때는 한 가지 질문에 여러 가지 변명을 할 수가 있고, 정작 중요한 질문에는 아예 답변을 못할 수도 있는 것이다.

이렇게 침착하지 못한 경영자는 노사문제, 생산결정문제, 판매처관리 등 중요한 문제들을 허겁지겁 처리하는 등 경영상 문제들을 제대로 처리하기 어려울 것이고, 머지않아 경영위기를 몰고 올 수도 있는 사람들인 것이다.

경영자는 때로는 자신이 있다면 배짱도 있을 필요가 있는 것이다.

27. 충고를 무시하는가

타인과 전문가의 충고를 무시하는 경영자인가? 충고를 무시하는 경영자는 독선적인 경영자일 가능성이 크고, 충고를 무시하고 있다면 무지의 소치인지도 모를 일이다. 충고를 무시하고 있는 경우 충고가 기업의 현재 경영의 상태와는 맞지 않을 수도 있다. 그러나 현명한 경영자라면 충고는 충고로서 정중하게 인수해야 하는 것이다. 그렇지 못한 경영자는 나중에 그 어떤 부문에서 그 충고를 후회하게 될지도 모른다.

경영자가 자기 전문분야에서 잘 알고 있어야 하지만 경영 전반에 걸쳐서 모두를 잘 알고 있는 경영자는 없다. 그렇기 때문에 보완하는 차원에서 경영능력이 있는 다른 임원들을 두게 되기도 하고 때로는 필요에 따라서는 전문가에게 돈을 지불하면서도 충고를 자원하기도 하는 것이다.

28. 수치에 대해 무지한가

현장을 방문했을 때 경영자의 인격이나 성품을 인식하게 되지만 대화를 하다보면 최고경영자가 기업에 관련된 계량적 수치에 대한 언급을 회피하는 경우를 볼 수가 있다. 경영자가 아무리 인격이 좋고 성품이 기업을 하기에 적합하다고 하더라도 그 기업의 매출액이라든지, 자본금이라든지, 총부채라든지 하는 중요한 항목에 대해 구체적으로 답을 하지 못한다면 분명히 그 경영자는 그 기업의 경영에 대해 관심이 없다는 증거가 되는 것이다.

한편, 기본적으로 계수에 어두운 사람들도 있다. 그러나 만약 그런 계수를 제대로 이야기할 수가 없다면 관련 서류를 봐 가면서 대답을 해야 할 것이나 그렇게 하지 않는 경우 역시 관심이 없다고 단정할 수밖에 없는 것이다.

이런 경영자는 경영 자체에 대해 관심이 없어서 경영에 관련된 어떤 결정에 실수를 할 것임에 틀림없을 것이며, 이런 경영자는 그 기업에 관련된 원재료매입이나 제품 매출처 등 고객관리에도 큰 관심이 없을 것이고, 직원이나 생산관리 등에도 역시 큰 관심이 없어서 관리에 따르는 생산성 등이 크게 떨어질 것이다. 이런 경우 생산성관련 지표분석 등을 검토해야 할 것이다.

수치에 대한 관심 정도 여부는 경영의 과정과 내용을 볼 수 있는 중요한 체크포인트인 것이다.

29. 여성관계 소문이 그치지 않는가

사업을 하다 보면 남자도 여자도 만나게 된다. 또, 내국인도 외국인도 만나게 되고 관청에 가서 공무원도 만나게 되고 접대를 위해 술집에 가게도 된다. 그러나 접대상 만난 여자들이나 쫓아다닌다든지 하는 사람들은 여자관계로 인한 소문이 그치지 않을 수가 없게 된다. 그렇다고 여자를 멀리하라는 것은 아니다. 필요 없는 사람과는 연락조차 하지 않는 것이 현명한 방법이 아니겠는가?

여자관계로 소문이 자자한 사람은 경영보다는 부외적인 여자관계로 허세를 부리거나 지저분한 삶을 살 수도 있고, 이런 관계로 경영에 지장을 줄 것은 뻔한 것이다. 여성관계로 경영에 지장을 주기 시작하면 그 강도가 시간이 갈수록 강해지게 되고 결국 경영에 막대한 지장을 주게 되어 있다. 가정을 꾸리고 있는 남편이 여자관계로 복잡해지면 그 가정의 발전도 요원한 것 아닌가? 성공한 사람들 중에는 여자를 경계하는 사람들이 많은 것을 알 수가 있다.

부실경영자의 특성

한국신용분석사회의 『기업의 재무위기와 도산』(1998, p.39)에서 '고우드'와 '칼리'는 경영자의 자질 중에서 부실을 일으키는 원인에 대해 연구했는데, 지식의 부족보다는 인간적인 특성이 기업의 부실화에 더 지배적인 요인이라고 지적했으며, 응답자의 80% 이상이 인간적인 특성을 꼽았다고 말한다.

기업이 부실화되는 일반적인 과정은 경영진의 비효율적인 경영관리로 인하여 판매부진 및 수익성이 저하되고 이로 인해 자금부족이 발생되어 자금조달능력 부족, 도산 등의 순으로 설명할 수 있다. 특히, 기업의 성패에 결정적인 요인은 경영자의 자질이라는 사실이 점차 검증되고 있다. 다음은 『기업의 재무위기와 도산』(1998, p.39) 중에서 부실기업과 성공기업의 경영자의 특성이다.

부실기업 경영자의 특성을 알아보자.

1. 인간적인 특성

◆ 자기중심적이고 아집이 강하다.

◆ 하는 일에 쉽게 싫증을 내고 끈기가 부족하며 결정적인 순간에 의지가 약해지는 면이 있다. 특히, 마무리 짓는 데 소홀하다.

◆ 일을 처리하는데 있어 추진력과 결단력이 부족하며 일을 시작하고도 실행력이 떨어진다.

◆ 신경질적인 면이 있으며 화를 잘 낸다. 일을 처리하는데 감정이 앞서고 경솔한 행동이 자주 나온다.

◆ 책임감이 결여되어 있으며 지나치게 낙관적인 면이 있다. 경영에 태만하며 사려 깊지 못하여 매사에 무관심한 경향이 있다.

2. 의식적 행동의 특징

◆ 경영이념이나 철학이 제대로 정립되어 있지 못하다. 종업원에 대해 목표제시가 불분명하며 비전의 제시가 불투명하다.

◆ 현실에 대한 인식이 부족하며 과거 지향적이다. 위기의식이 결여되어 있고 미래에 대한 예측에 소홀하다. 그 만큼 사업의욕이 떨어진다.

◆ 지나치게 권위주의적이며 전통을 존중하는 태도가 강하다. 이상주의적인 면이 있으며 현실적이지 못하다.

◆ 기업의 창업주로서 엘리트 의식이 강하고 물적인 욕심과 사유화의 동기로 가득 차 있다. 공로자의식이나 업적주의나 족벌주의

로 연결될 때 다분히 폐쇄적인 성향을 지니게 된다.

3. 행동적인 특성

◆ 편견에 의한 편파적인 행동이 빈번하며, 공과 사의 구분이 희미하다. 정실을 중시하는 경향이 있다.

◆ 즉흥적이며 경영이 방만하다. 경리와 계수에 어두운 면이 있고, 융통성 부족으로 인해 배타적인 행동이 자주 엿보인다.

◆ 불친절하고 무례한 행동이 나타난다. 음주와 도박, 사기 등 사행성의 악습관이 곁들여지기도 한다. 사생활이 복잡한 경우도 있다. 이러한 생활습관으로 건강도 좋지 못하다.

반면에 성공기업의 경영자의 특성을 보자.

1. 인간적인 특성

◆ 객관적이고 타인의 의견을 잘 경청한다.

◆ 지구력이 강하며 굳센 의지를 지니고 있다.

◆ 결단력과 기동력이 뛰어나며 한 번 결정하면 과감하게 처리해 나간다. 특히, 확고한 신념으로 주변의 인물들을 이끌고 나간다.

◆ 친절하고 예의가 바르며 스스로 통제하여 침착하게 일을 진행시킨다. 성숙된 자세로 남에게 표창을 준다.

◆ 솔선수범하며 감수성이 예민하다. 성격이 쾌활하며 빈틈없는 주의력을 지닌다. 포용력이 넓은 편이다.

2. 의식적 행동의 특징

◆ 경영이념의 지향하는 바가 명확하다. 예를 들면 인간지향적인지, 성과지향적인지, 또는 진보적인지, 보수적인지가 분명하다.

◆ 현실적이며 미래 지향적인 사고를 지니고 있다. 달성의지나 도전의식이 왕성하다.

◆ 민주적이며 어느 정도 보수적인 성향도 겸비하고 있다. 현실감각에 충실한 면이 있다.

◆ 합리적인 사고와 과학적인 정신으로 기업의 모든 일에 관심이 지대하다. 자신의 사적인 이해추구 보다는 같이 일하는 동료의식이 더 강하다.

3. 행동적인 특성

◆ 공평한 행동을 하며 공사의 구별이 뚜렷하다.

◆ 목표에 대해서 치밀한 계획을 가지고 있으며, 외부의 환경변화에 대해 자금 및 자원의 관리를 유연하게 해 나간다.

◆ 친절하고 호감이 간다. 시간을 효율적으로 활용하며 자신을 반성하는 자세를 취한다. 적절한 운동으로 건강에도 신경을 쓴다.

부실기업의 경영자는 과연 어떤 인간적인 특징을 지녔을까. 이는 성공기업의 경영자가 지니는 특성과 비교하면 잘 나타난다. 인간적인 특성이란 복잡다단한 측면이 있으나

1. 성격적 특성

인간의 특성 중에서 성격적 특성은 인간의 본성에 기초하는 것으로서 변화가 어려울 것처럼 보이지만 반드시 불변의 것만은 아니다. 자신의 의지에 따라서 얼마든지 변화가 가능하다.

2. 의식적 특성

인간의 특성 중에서 의식적 특성은 후천적인 성향이 강하다. 변화의 가능성이 가장 크다고 할 수 있다. 이러한 의식적인 특성도 양자 간에 차이가 있다.

3. 행동적 특성

경영자의 행동적 특성은 경영자가 기업을 경영하는데 있어 나타나는 독자적인 행동적 성향을 뜻한다. 이것 역시 경영자의 노력에 따라서 얼마든지 수정될 수 있는 특성이다.

1991년 시카고에 기반을 둔 기업전환 전문회사인 부치노&어소시에트Buccino&Associates가 1,300명의 기업전환 관리자를 대상으로 한 설문조사에 의하면 응답자의 88%가 경영자의 자질이 기업의 성패를 좌우한다고 답한 것을 봐도 경영자가 기업경영에 얼마나 중요한지 알 수가 있다.

🌐 사업에 실패하는 12가지 요령

　도쿄, 오모리에 도시락 배달로 유명한 '다마고야'라는 회사의 스가와라 이사츠구 사장은 지금 연 매출 50억 엔 회사의 사장이다. 그는 원래 은행원이었는데 아버지의 식당을 돕다가 전직했다고 한다. 스가와라 이사츠구 사장의 방에 걸려 있는 '사업에 실패하는 12가지 요령'이 있다. 그는 '경영관리란 복잡한 게 아니라 단순하다. 복잡하게 말하는 사람이 있다면 그것은 아무것도 모르는 사람이다.'라고 말한다. (『성공한 사람들의 메모하는 방법』, 나카지마 다카시 지음, 시간과 공간사, 2010, p.68)

　여기에서는 '사업에 실패하는 12가지 요령'을 알아보자. 원문에는 '요령'으로 되어 있지만 '특성'이라고 해도 좋을 것 같다.

1. 낡은 방법이 가장 좋다고 믿는다.
2. 사물에는 제각기 전문이 있는 법이라며 자신한다.
3. 시간이 없다는 핑계로 책을 읽지 않는다.
4. 어떻게든 될 것이라고 생각한다.
5. 열심히만 하면 가난도 이겨낼 수 있다며 무턱대고 힘든 일을 한다.
6. 좋은 것은 가만히 있어도 팔린다고 안심한다.
7. 월급을 많이 받는 직원 대신 싼 사람을 채용한다.
8. 돈은 늦게 주는 게 득이라고 믿고 가능한 돈을 주지 않을 궁리를 한다.

9. 기계는 비싸니 사람을 쓴다.

10. 고객은 제멋대로라고 생각한다.

11. 장사꾼에게 인정은 금물이라고 생각한다.

12. 개선하지 않는다.

3장
경영자 행동

성공하는 사람의 3가지 조건은 단순하다고 한다. ① 목표가 있다. ② 구체적이다. ③ 메모하는 방법을 알고 있다. (『성공한 사람들의 메모하는 방법』, 나카지마 다카시 지음, 시간과 공간사, 2010)

일은 사람이 결정한다. 경영자의 행동패턴을 통찰하자. 경영자의 행동은 부실징후를 면전에서 파악할 수 있는 가장 좋은 방법이다. 경영자와의 대화에서 확인할 수 있다.

'재무자료를 잘 파악하고 검토해서 물품거래와 대출을 했는데 왜 부도가 나지? 떵떵거리던 그 회사가 왜 갑자기 어려워졌지? 그러면 어떤 기업과 거래를 해야 안전할까?' 경영자들은 한 시도 마음이 편할 날이 없다. 자기회사 경영도 어려운데 거래 상대방 회사를 선택하는 것도 어렵다. 그러면 어떻게 할 것인가? 최선책은 무엇일까? 자꾸 머리만 아파 온다.

경영자는 '필사즉생'의 정신으로 딴 데 신경을 쓰지 말고 계획 있게 생활해야 한다. 물론, 성공하는 경영자는 자기 개인의 계획인 장래계획이나 자식의 교육계획이나 분가계획 등에도 성공하는 것을 볼 수 있다. 마찬가지로, 실패하는 경영자는 자기의 계획에서도 실패하는 것을 볼 수가 있다. 실패하는 경영자는 도대체 왜 실패하는 경영자가 될까? 그들은 어떤 성향을 가지고 있는지 알아보자.

1. 오늘에 충실하지 못한가

보통 사람들의 경우 오늘에 충실하기보다는 내일을 위해 노력하며 살고 있다. 그러나 오늘의 일도 제대로 못하면서 내일을 꿈꾼다는 것은 바보 같은 일이다. 일을 내일로 미루는 사람들도 있다. 경영자가 일을 내일로 미루는 습관을 가지고 있다면 실패할 수 있는 일이 많을 수가 있다. '아차' 하는 순간에 벌써 어제 했어야 하는 일들이 생기게 되는 것이다. 오늘 할 일을 미루지 말아야 한다. 때를 기다리지 말아야 한다. 시간은 나를 기다리지 않는다. 내가 일을 미루면 부하직원들도 일을 미루기 시작한다. 당장 오늘의 일은 오늘 마무리해야 한다. 오늘에 충실하지 않은 경영자는 실패할 가능성이 크다. 오늘은 다시 오지 않는다.

2. 책을 읽지 않는가

책이라고 하면 학생들이나 읽는 것이고, 사회생활을 하다 보면 책을 읽을 시간조차 없다고 하는 이야기를 가끔은 듣는다. 그러나 경영자가 1년에 책을 얼마나 읽는지 한 번 따져보자. 외부로부터 지식의 유입이 없이 20년이나 30년 전에 나온 대학교시절의 실력으로 지내고 있으면서, 기업을 발전시키려는 사람은 그야말로 운으로 세상을 사는 사람이라고 감히 이야기할 수가 있다. 왜냐하면 성공한 사람들을 보면 대부분 부지런하게 책을 읽고 있었으며 책에서 새로운 지식이나 간접경험을 터득하곤 했다는 것이다. 독서란 경험한 내용을 돈 얼마 안 들이고 사 보는 것이다. 독서를 통해서 각종 아이디어와 지식을 얻어낼 수가 있다.

책을 읽지 않는 경영자는 실패할 확률이 아주 높다.

3. 화려한 이력을 자랑하는가

요즘은 개성시대이고 홍보시대이기 때문에 각자 자기를 홍보하는 일에 익숙해져 있다. 그러나 경영자라는 사람이 사업과 관련이 없는 내용들의 이력을 명함에 인쇄해 가지고 다닌다면 당신은 어떻게 생각할 수가 있을 것인가. '아! 그렇구나. 대단한 사람이군!' 하고 감탄하면서 그 명함을 볼 것인가? 금융기관 종사자들은 필요 없는 일에 몰두하고 있는 경영자들을 일단은 경계하고 의심한다. 그리고 이렇게 화려한 이력을 자랑해도 말로는 대단하다고 인사를 하지만 절대 흥분하거나 감탄하지 않는다. 오히려 정신이 나간 사람 정도로 판단하고 있는 것이다. '이력을 자랑하지 말고 경영이나 잘 하지!'라는 마음으로 말이다. 이런 사람은 분명히 본업을 위한답시고 본업보다는 자기의 이력을 자랑하는 일에 몰두하고 있을 것이며 그러는 사이에 경영상 문제들은 서서히 도지게 되는 것이다.

4. 아내를 무시하는가

남성은 여성에 의해 움직인다. 성공한 사람들의 뒤를 보면 어머니와 아내라는 여자가 있다는 사실을 알고 있다. 남자가 어떤 성공을 하려고 하는 것은 여자에게 보이기 위한 것이란다. 얼마나 많이 좋은 것을 여자에게 주기 위해 남자들은 밤과 낮도 구분하지 못할 정도로 고생도 하고 있는 것이다. 이럴 때 아내를 무시하고 있다는 것은 성취한 결과물을 바칠 여자가 없다는 것과 다를 게 무엇인가. 아내를 무시하는 경영자는 성공하기가 어렵고 인간관계도 그렇게 매끄럽지 못한 것으로 알고 있다. 가정이 화목하면 모든 일이 잘된다. 가정이 화목하려면 먼저 아내와 화목해야 한다. 아내를 무시하면 아내도 남편을 무시하게 된다.

5. 메모하지 않는다

우리가 흔히 볼 때 머리가 좋은 경영자들은 말로만 하고 모든 일을 기억하고 지시하는 것처럼 보인다. 그러나 그렇게 하는 사람은 하나도 없다. 아무도 보지 않는 곳에서 메모하고 정리하고 계획할 것이다. 필자도 그렇게 메모하고 정리하고 계획한다. 언뜻 봐서는 언제 메모하고 있는지를 잘 모른다. 메모를 하다 보니 이런저런 아이디어가 떠오르기도 하고 메모한 것을 보고 무엇인가 또 다른 계획을 생각해내기도 한다. 메모한 내용에 따라서 다음에 해야 할 것들이 생각나기도 한다.

사람의 기억은 40일 간다고 한다. 우리 경영자가 메모를 잘하는지 확인해보자.

6. 회사를 도산시킨 경험이 있는가

회사를 도산시킨 경험이 있는 자가 다시 다른 사업을 할 경우 또다시 회사를 도산시킬 가능성이 크다. 또, 어떤 사람은 자금을 미리 빼돌리고 회사의 대표자를 보통 우리가 말하는 '바지'라는 사람으로 바꿔 놓고 의도적으로 회사를 도산시키는 경우도 있다. 이런 경우 회사의 등기부등본을 보면 대출 직전이나 도산 직전에 회사 임원을 상당부분 교체한 흔적을 볼 수도 있다. 과거에 신용불량거래자로 등록되었던 사람도 경계해야 한다.

대부분의 도산이란 개인의 특성에 기인하는 것으로 기업을 한 번 도산시킨 사람은 다시 기업을 도산시킬 가능성이 아주 크다. 그렇다고 회사를 도산시킨 모든 사람들이 모두 그렇다는 것은 아니다. 일반적인 경우를 말하지만 그렇지 않은 경우도 있다. 도산된 경험을 바탕으로 무엇이 원인이고 무엇이 잘못되어 그렇게 도산되었는가를 잘 파악한 다음 기업 경영을 할 수도 있는 것이다.

의욕만 가지고 기업을 경영할 수 있는 것이 아니다. 사람을 쓸 줄 알아야 한다는 것이 제일 중요하지 않은가 생각해본다.

7. 자포자기하는가

자기를 드러내놓고 자랑하기는커녕 자신이 없고 매사에 부정적이며 남의 탓으로 돌리는 스타일이고 자포자기하는 형태의 경영자에게는 절대로 대출을 해 주지 않을 것이다. 대출이라는 것이 구제금융이 아닌 것이다. 하늘은 스스로 돕는 자를 돕는다고 했다. 자기 스스로 포기하는 자에게는 아무런 일도 되는 일이 없을 것이다.

8. 차입자금만으로 사업을 하려고 한다

기업을 맨 처음 시작할 때 대부분의 경영자들은 자기자금이 충분해야 된다는 것을 가끔은 잊고 사업을 시작하는 경우가 있다. 그러나 자기자금이 모자라서 차입자금만으로 기업을 경영해보려는 것은 천만의 말씀이다. 그만큼 자금의 리스크가 커진다. 남의 자금이란 이자를 지급해야 하고, 때가 되면 원금을 상환해야 하는 것 아닌가?

자기자금이 부족하여 타인자금으로 기업을 경영하려는 사람들은 대부분 그 마음속에 허풍이 가득하다는 것도 알 수가 있다. 세상일이란 그렇게 자기가 원하는 대로 이루어지는 것이 아니다. 일을 하다가 가시덤불도 넘어야 하고 강도 건너가야 하는 일이 있게 마련이다. 필자의 생각으로는 업종에 따라서 다르겠지만 보통 자기자금이 아무리 적어도 30% 내지 40%는 있어야 된다고 본다.

9. 좌충우돌하는가

경영자가 스스로 자주 흥분하여 이런 결정을 했다가 나중에는 다시 저런 결정을 하곤 한다면 그 기업과 일상적인 거래를 하는 것도 조심해야 한다. 통상 상식적인 결정이 아니라 좌충우돌하는 식의 경영자는 부하직원들도 불안하여 근무하기가 어려울 것이다. 하물며 거래를 하는 기업이나 금융기관은 틀림없는 거래단절을 생각할 것이 뻔한 것 아닌가? 시간이 지나가면 쓸데없는 일을 해 놓고 있지는 않았을까?

10. 사장실이 호화로운 것이 아닌가

사장실이 다른 직원들이 근무하는 사무실보다 호화롭다면 경영은 어떤지 한 번 살펴보자. 사업이란 내 인생에서 한풀이를 하기 위해

하는 것이 아니다. 체면도 아니고 권위도 아니다. 사장실을 많은 돈을 들여 호화롭게 만들어 쓰고 있다면 직원들은 위화감을 갖게 될 것이고, 더군다나 그 사장실이 생산을 주업으로 하는 공장에 같이 있다면 열악한 환경에서 생산에 종사하는 직원들에게는 불만이나 불평의 씨앗을 만들 수도 있을 것이다. 사장실을 호화롭게 만들어 쓰고 있는 결과가 경영부문에 문제로 나타날 수도 있을 것이다. 사장이 쓰고 있는 차량이나 옷차림이 호화스럽지 않은지도 살펴보자.

11. 과시와 허풍이 많은가

자기의 실력이나 능력보다도 남들에게 더 많이 드러내는 일이 있는 경영자인가? 사실에 입각하지 않고 허황된 이야기로 주위의 사람을 현혹시키려 드는 경영자인가? 과시와 허풍이 많은 사람은 진실하지 못한 사람들이며 사업에 관련된 이야기들도 모두 이렇게 하고 있을 가능성이 높을 것이다.

이런 경영자는 금융기관 종사자들은 물론이려니와 그 기업에 근무하는 직원들에게도 그와 같은 행동을 하여 직원들조차도 좋아하지 않을 것임은 틀림없는 일이다. 또, 그 기업에 관련된 기업이나 동종업계 관련 직원들에게도 이와 같은 정보는 신속하게 전달될 것은 말할 것도 없다.

12. 의사결정에 실패하고 있나

의사결정능력에는 경영의 근간이 되는 의사결정능력과 관리상의 의사결정능력이 있다. 경영의 근간이 되는 의사결정능력은 주로 '무엇을 언제 할 것인가'에 대한 경영구조상의 의사결정이다. 그것은 비교적 정보량이 적은 상태에서 하는 것이므로 결단이라고 하는 것이 좋다. 정책적 요인의 대부분은 여기에서 말하는 결단이다. 관리상의 의사결정은 주로 '어떻게 할 것인가, 누가 할 것인가'에 관한 의사결정으로 정보를 많이 모아서 하는 유형의 것이다. 그중 더 중요한 것은 경영상의 의사결정이다. 이 의사결정의 영향이 대단히 크다. 따라서 이 중요한 결정에는 실패가 따르기 쉽다. 기업을 도산시킨 경영자는 모두 이 경영상의 의사결정에 실패하고 있다. 그 주된 이유를 들어보면 '경영태도의 불량', '경영자의 심신의 불건전', '균형감각의 결여', '독선적이며 무모한 결단', '지식·경험부족', '경영참모들의 능력부족에서 오는 객관적인 정보부족', '경영환경에 대한 판단착오' 등이다. 이것은 경영자의 자질이 없는 결함경영자의 특징이다. 결함경영자로서는 기업이 위급한 국면에서 올바른 의사결정을 하는 것은 무리일 것이다.

13. 만사를 낙관적으로 보는가

경영자가 대화 중 "틀림없습니다", "확실합니다", "천만의 말씀입니다"라는 딱 부러지는 말 등을 자주 하고 각종 재무계수를 부풀려서 이야기한다거나 장래 사업구상 내용 중 허황된 내용을 주로 말한다면 그 경영자의 성실성을 의심해볼 필요가 있다. 왜냐하면, 말로만 그렇게 할 것이기 때문이다. 만사를 낙관적으로 보는 경영자는 성격은 좋을지 몰라도 그 후에 회사의 경영이 생각과 같이 만사가 좋은 결과를 낳지 못했다는 것을 알게 될 것이다.

결과적으로 '조령모개(朝令暮改) 식' 경영을 하고 있는지도 모른다.

14. 집을 팔아서 사업을 한다

자기자금이 모자라서 자기가 살고 있는 집을 처분하여 사업을 하는 경우를 가끔은 보곤 한다. 경영자는 진정으로 마음이 편해야 여러 어려운 일들을 자신 있게 할 수가 있다. 그렇지 않은 경영자는 마음 한쪽 구석에 '마음의 고향'인 자기 집이 없다는 것과 만약의 경우 집을 판 돈을 모두 날려 버린다는 생각으로 과감하게 일을 처리하기가 어렵다. 얼마나 급하면 자기 집을 팔려고 할 것인가?

15. 약속위반이 빈번한가

경영자의 약속위반, 어떤 지시를 이랬다 저랬다 하는 등 언행불일치가 빈번하지 않은가? 직원들에게 약속위반을 일삼는다면 여신거래를 하는 금융기관에게도 약속위반을 하지 않는다는 보장은 없다. 또, 이런 경영자를 따를 직원은 하나도 없다.

금융기관에서는 약속위반이 심하게 나타날 경우 대부분 기존의 여신도 회수하려고 할 것이다.

16. 노사에 대한 자세가 변하고 있는가

노동조합은 기업에 있어야 할 조직 중의 하나다. 어떤 때는 있어서 귀찮고 어떤 때는 있어서 좋다. 경영이 멀쩡할 때는 노조가 귀찮고 방해를 하는 식으로 생각하는 경영자가 있고, 어떤 때는 기울어져 가는 기업을 노조가 다시 소생시키기도 한다.

경영자의 노조에 대한 자세는 어느 정도로 정립되어 있기는 하다. 완전히 믿는 것도 아니고 그렇다고 완전히 반대하는 것도 아니지만 사실은 일반 경영자들은 노조가 있다는 자체에 대해 불편하게 생각하는 것이 일반적인 견해이다. 그러다 보니 노조에 대해 겉으로는 좋게 대하면서도 조금은 귀찮게 생각한다. 그러나 노조에 대한 경영자의 반응이라든지 자세가 노조간부나 노조에 대해 종전에 하던 반대방향으로 노조를 생각한다거나 말하는 경우를 볼 수가 있는데 이는 경영자가 노조에 대해 자기 또는 경영진의 어떤 잘못이나 부족을 감추려는 의도도 있을 법하다. 여하튼 노조에 대한 경영자의 시각이 변한다는 것은 노조를 달리 보기 시작했다는 증거인데 이는 경영상 좋은 일이 될 수도 있고 나쁜 일이 될 수도 있다는 것으로 사실은 부정적으로 보는 편이 더 많다.

17. 호화저택을 신축했는가

호화저택을 신축했다면 기업의 자금이 경영자 개인의 저택 신축에 흘러 들어갔을 가능성을 배제할 수가 없다. 보통 개인 사업자나 소기업의 경영자라는 사람들은 '회사 돈도 내 돈, 내 돈도 내 돈'으로 생각하는 사람들이 대부분이기 때문이다. 대표자 개인 앞으로 주주임원 대여금 형식을 빌려 쓰는 경우가 많으며, 실지로 이렇게 하다 보니 자기자본이 (-)인 경우가 허다하다. 이런 경우 기업의 운전자금이 부족할 것이고, 이로 인해 경영상 애로를 느끼게 될 것이다. 이런 정도가 심하면 경영 운전자금의 부족을 보완하기 위해 금융기관으로부터 차입을 요청할 것이고, 금융기관 차입금의 증가는 금융비용의 증가와 자금의 고정화 현상을 불러 와서 장래 경영에 상당한 어려움을 주게 되기 때문이다.

18. 연구개발에 얼마나 계획적인가

경영자가 연구개발에 계획적으로 투자하고 있는가? 이런 회사는 일단은 장래가 좋은 회사로 볼 수 있다. 장래를 위해 자금을 투입하여 연구개발하게 한다면 바람직한 것이며 직원들의 사기도 한층 향상될 것이다. 그러나 연구개발 투자에 모든 것을 걸고 투자한다면 문제로 지적할 만한 것이다. 만약, 이 연구개발 투자에서 성공하지 못하고 실패를 한다면 그 기업은 도산할 수도 있을 것이다. 경영마인드가 없는 중소기업의 경영자라면 주의해야 한다. 또, 매년 연구개발비의 계획적인 지출이 이루어지고 있는지를 검토해야 한다. 꾸준하게 연구활동을 해야 기업이 성장한다.

19. 적극적인 경영전략을 펼치지 않는가

'공격은 최대의 방어'다. 이는 전투 시에만 적용되는 단어는 아니다. 경영이란 어쩌면 전투다. 어떤 회사가 지금 상대업체에 비해 곤경에 처해 있다면 적극적인 방법으로 대처해야 할 것이다. 이를 해태하거나 '우리는 괜찮아!' 하는 안이한 자세는 사업을 위태롭게 할 수가 있기 때문이다. 위태롭게 된 회사를 공격하라는 것이 아니다. 그 회사가 무엇이 문제인지 파악하여 적극적으로 대처해야 한다. 적극적인 경영전략을 펼쳐야 한다. 그래야 조금이라도 얻을 수가 있다. 당초부터 포기하는 사람은 아무것도 얻을 수가 없다. 노력하는 자만이 성과를 얼마라도 얻을 수가 있다.

20. 경영정책에서 실패했는가

　기업의 정책적 요인이란 경영정책에 담겨질 경영전략의 양부·적부의 요인이다. 기업규모확대전략, 다각화전략, 업종전환정책, 설비투자, 부동산투자, 개발투자, 재고투자 등 투자정책, 영업전략, 제품전략 등이 이것이다. 이 정책이나 전략이 적절하지 못하면 매출액의 신장은 부진해지고, 원가는 올라가서 기간손익은 자연스럽게 적자가 되고 결국은 도산의 근인에 가까워지고 만다. 이러한 경영정책의 실패가 계속되면 그 원인은 경영체질의 부실에서 찾게 되는 것이다.

　부문적 경영체질요인은 경영의 고유기능 수행상의 체질이며, 이 체질의 강약이나 능력수준을 뜻한다. 예를 들면, 영업력, 판매력, 조달력, 개발력, 경영합리화추진력, 노조대책, 관리자능력 등이다. 이러한 부문적 경영체질요인은 종합적 경영체질요인과 관련시켜 파악해볼 필요가 있다.

　종합적 경영체질요인에는 기능적으로 종합력, 장기적 시야에서의 체질강화나 인재육성, 전향적 사고 속에서의 일치협력체제, 거래선과의 협조강화 등이 있다. 부문적 체질이 좋고 나쁨은 도산의 근인으로 연결되므로 종합적 경영체질과 아울러 강화해 나가야 한다. 그런데 이러한 경영체질은 인간의 체질과 마찬가지로 일조일석에 이루어지는 것이 아니기 때문에 이것을 바꾸려면 많은 노력과 시간을 요한다. 경영환경의 변화에 맞추어 평소부터 경영체질을 개선하되 종합적인 관점에서 서서히 실시해야 한다. 한 번 기업체질이 약해지면 그것을 강화하는 데는 막대한 비용과 에너지가 필요하게 된다. 현 시점에서 그저 그렇다 할 정도의 체질이더라도 그것을 유지하기 위해서는 항상 대가를 지불해야 한다. 필요에 따라서는 유능한 경영지도사의 도움을 받는 것도 좋다.

정책적 요인이나 부문적 경영체질요인이나 종합적 경영체질요인 모두 다 경영자의 판단과 능력에 따라서 좌우되는 것이다. 이만큼 경영자가 누구냐는 대단히 중요한 것이다.

21. 출근이 늦어진다

사장이라는 명목에 비해 볼품이 없으며 출근시간이 늦어지게 되고, 출근길이 유쾌하지 못하여 안색이 나빠진다면 필히 회사나 가정이나 자신의 건강에 무엇인가 심상치 않은 일이 발생하고 있다는 징후다. 결국 경영에 관심을 잃게 된다. 사장의 차림새를 보아 회사의 경영상태를 느낄 수 있다.

22. 외출이 갑자기 급증하는가

대표자가 정상 근무시간에 외출이 갑자기 급증하고 있다면 기업이나 대표자 개인에 어떤 문제가 대두되고 있다고 볼 수가 있다. 그러나 조심스럽게 접근해야 한다. 대표이사가 외출한다고 모두 문제가 되는 것은 아니다. 외출을 하더라도 외출하는 빈도가 높아지고 있고 그것도 허겁지겁 외출을 한다면 문제가 있다고 봐야 된다. 대표이사라는 자리는 회사의 모든 일에 대해 결정권을 가진 사람이다.

우선, 자리를 비운다는 것 자체가 문제가 될 수가 있다. 대표이사가 없는 사이에 누군가는 그 권한을 행사해야 하거나 결정을 미루어야 할 것이다. 그렇게 된다면 회사는 경영이 제대로 될 리가 없는 것이다.

그리고 대표이사가 황급히 외출하는 목적에 대해 생각해볼 필요가 있다. 그 목적이나 그 원인이 무엇이냐는 것이다. 갑작스런 외출 목적으로 금융기관에 간다면 기업 자금상의 문제가 있을 것이라는 판단이 들 것이고, 관청이라면 회사와 관련된 무엇인가 잘못된 일이나 새로운 일들 때문에 다닐 것이고, 어느 업체들이라면 생산 또는 원재료 구입 아니면 판매에 문제가 생겼거나 신규거래 개척의 가능성을 배제할 수가 없을 것이다. 좋은 일이 있을 가능성도 있지만 허겁지겁한다는 것이 아무래도 좋은 생각이 들지 않는 것이다. 만약, 대표이사가 일과시간에 어느 골프장을 다닌다고 보자. 마찬가지로 그 목적하는 바에 따라서 판단해야 될 것이다. 부재중일 때가 많고 소재 파악이 곤란하다면 생각해볼 일이다.

23. 점쟁이의 말을 잘 듣는가

점쟁이의 말을 잘 듣는 경영자! 당신의 느낌은 어떤가? 우리도 가끔은 심심풀이로 점을 쳐 보거나 일간지에 나온 오늘의 운세를 보거나 하는 보통사람들이다. 하지만 사업이 잘 안 된다고 점쟁이에게 의지하듯이 점쟁이의 말에 의해 행동을 한다든지, 점쟁이가 하라는 대로 기업의 경영을 결정하는 사람을 금융기관 종사자들은 좋게 볼 수가 없다. 사업을 운에 맡긴다는 그 자체가 아무런 노력도 없이 돼 가는 대로 살려는 사람과 같은 것 아닌가?

운세란 통계에 의해 만들어진다. 철학관을 운영하는 사람들도 사람의 운명도 노력하는 만큼 바뀐다고 이야기한다. 자기의 뼈아픈 노력 없이 점쟁이의 말만을 들으려고 하는 사람에게 어떻게 거액의 대출을 해줄 수가 있겠는가?

24. 사채업자의 명함을 챙기는가

경영자나 자금담당 최고책임자나 경리담당책임자가 사채업자의 명함을 잘 관리하고 있으며, 자주 통화를 한다거나 만나는 일이 있는가? 그렇다면 그 기업은 자금에 큰 문제가 있다는 증거이고, 멀리 가지 않아서 기업 도산의 길을 걸을 수가 있다는 징후이다.

통상 기업들이 추진하는 조달자금의 범주는 우선은 이자가 싼 정책자금 등 특별한 자금을 동원할 수가 있고, 다음으로 일반 금융기관을 통해 운전자금이라든지 하는 상업금융을 이용할 수 있을 것이다. 그런 다음에 자금이 모자라면 제2금융권을 돌게 되며 그것도 모자라면 사채업자와의 거래를 시작하게 되는 것이다. 그것도 모자랄 경우 통상 이웃이나 친척들로부터 자금을 차입하게 되는 것인데, 중요한 것은 사채업자의 이자가 높고, 사채업자의 경우 약속한 날짜에 차입한 자금을 변제하지 않으면 반드시 담보로 잡힌 어떤 권리나 물건을 경매 또는 다른 방법으로 처분할 것이며, 이는 경영이나 생산에 치명적일 수 있기 때문이다.

25. 들어보지 못한 신규사업을 추진하는가

경영자는 항상 자기가 하고 있는 사업이나 산업이 언제 쇠퇴기에 들어갈 것인지 궁금해 하고 있다. 그래서 간혹은 사업전환을 꿈꾸기도 하고, 사업전환에 필요한 여러 가지 검토를 하기도 한다. 그러나 지금 하고 있는 사업과 관련이 없는 사업에 관심이 집중되어 신규로 추진한다고 하면 당신은 어떻게 생각할 것인가? 새로운 사업의 성공은 누구도 보장해 주지 않는다. 이를 무리해서 추진한다면 계속기업의 관점에서 위험이 있을 것임을 예측할 수가 있다.

경영자가 획기적인 새로운 상품이 있는지 찾아 나서고, 여태까지 하지 않던 돈벌이가 될 만한 물건이 있는지 눈을 돌리기 시작하며, 한 번도 들어보지 못한 사업에 대한 추진계획을 수립하여 그 규모도 늘려 잡는다면 무엇인가 회사가 제대로 돌아가고 있지 않다는 이야기다. 신규사업 개발의 성공가능성은 매우 낮은 게 현실인데 지금 하는 사업도 제대로 하지 못하면서 신규사업을 어떻게 제대로 할 수가 있겠는가?

26. 본업을 이탈, 정력을 낭비하는가

본업을 이탈하거나 사업다각화 등으로 정력을 낭비하는 경영자인가? 회사의 본업 이외의 일로 시간을 허비한다든지, 본업과는 관련이 있으나 사업다각화를 한답시고 세월을 보내고 있다면 그 기업의 본업은 잘되지 않고 있다는 증거다. 혹시 지금은 잘되고 있다고 하더라도 곧 본업에 관심을 가지고 있지 못한 결과로 금방 본업에 구멍이 뚫린 것을 깨닫게 될지도 모를 일이다. 경영자의 노력이나 정력소비는 그 본업에 있어야 되는 것 아닌가? 그렇게 해도 있는 대로 평가를 받기가 어렵다.

27. 승용차를 몰 줄 모른다

사장님들은 승용차 운전자가 있으면서도 손수 운전을 하며 영업을 하는 경우도 있다. 당연히 그래야겠지만 운전자가 없으면 운전을 하지 않는 사장을 볼 수가 있다. 급한 경우에 운전을 할 수 없게 된다면 상황은 잘못되고 있는 것이다. 남에게 의지하려는 습성을 버려야 한다. 이런 사람은 통상, 말로 일을 하려는 사람이다.

28. 휴대폰으로 문자 보내기를 못한다

사장이 나이가 많다고 해도 요즘은 고객에게 영업도 해야 하고 고객이 문자로 무엇을 요구하면 급할 경우 통화를 할 수도 있지만 문자로 답을 해야 할 것이다. 요즘 휴대폰은 통화만 하라고 있는 것은 아니다. 사장이라면서 문자를 보낼 줄 모르는 사람도 있다. 그리고 간단한 내용은 문자로 보내면 얼마나 편리한가? 이런 사람들은 남에게 의지하고 말로 일하려는 사람들로 급할 경우 일을 도와줄 사람은 없을 것 같고 세상 돌아가는 것에 무딘 사람으로 경계해야 한다.

29. 가까운 사람에게 차입을 요청한다

친구나 가까운 친척, 학교 동창 등에게 경영자금 지원을 요청한다면 금융기관이나 사채업자의 자금을 차입할 수 없다는 증거이고, 이로 인하여 자금경색은 갈수록 깊어지게 될 것이다. 결과적으로 친인척 간에도 화목하지 못하게 될 것이고 사업은 점차 어려워질 가능성이 있는 것이다.

친구에게 돈을 빌려 주면 친구도 잃고 돈도 잃는다는 이야기도 있다. 가까운 사람에게 차입요청을 하는 경우는 자금이 이리 저리 막혀 있고 어렵다는 이야기나 다름없다.

30. 채권자를 속이기 시작한다

준비할 수도 없는 자금 지급을 채권자에게 약속하여 사장이 하루 종일 자금조달에 매달려 자주 자리를 비우게 되고, 직원들은 사장의 행선지를 모르며, 소문이 아닌 소문으로 채권자를 속이기 시작하고, 때로는 채권자가 상품을 가져가는 일이 생긴다. 이런 경우는 회사의 자금수급계획은 전혀 없고 임시변통으로 살아가고 있다고 판단해도 된다. 곧 부도소식이 들릴 것만 같은 느낌이 든다.

채권자를 속이는 것은 임시변통으로 가능할지 모르지만 거래처를 영원히 끊는 행위나 마찬가지다. 채권자를 속이기 시작하면 추가 자금조달은 요원하고 기존의 자금도 상환독촉이 심해지게 될 것이다.

🌐 '팔기회'의 기업도산의 원인

'팔기회'란 도산을 여러 번 경험한 경영자들이 모여 만든 모임이다. 다음은 『재기하는 기업인』(도서출판 팔기회)과 《신용분석》 13호(한국신용분석사회, 1994.12.20) 내용을 발췌하여 편집한 것이다. 실패한 경영자들의 의견도 여신심사, 신용분석 등 여러 부문에서 참고가 가능한 부분들이다.

동물에게 죽음이 있듯이 기업의 생명도 유한하다. 사업을 하는 사람이면 자기 회사는 영원히 번창할 것을 바라겠지만 기업도 사회적인 사명을 마치고 나면 사라지는 것이 분명하다. 그러나 기업의 도산은 나이가 들어서 자연사하는 것이 아니라, 한창 일할 나이에 병이나 사고로 목숨을 잃는 것과 같다. 그만큼 아쉬움과 미련이 많이 남고 사회적으로 보더라도 큰 손실이 아닐 수 없다.

보통 성공하는 사람들의 특성을 보면 겸손하고 적극적·긍정적이며 인내심이 있고 사람을 먼저 배려하는 것 등을 볼 수 있다. 반면, 팔기회에서 제시한 도산의 원인은 이와는 반대가 되는 것을 알 수 있다.

그동안 팔기회원들과 상담을 요청해 온 사람들을 대상으로 조사해 본 결과 부도나 도산은 다음과 같은 요인에서 오는 것으로 나타났다.

◆ 경영자의 교만과 경영능력의 과신
◆ 사원교육의 미비와 결여
◆ 사업의 목적, 목표, 계획성의 결여
◆ 업계정보의 결여와 새로운 환경변화에의 대응능력 부족
◆ 신제품·신기술 개발의 지연
◆ 가정불화, 동족경영의 폐해
◆ 공사의 혼동 등 경영철학의 결여

물론 이 결과는 도산 경영자들 각자가 자신의 과거를 되돌아보고 판단한 것이므로 경제학이나 경영학에서 말하는 이론과는 다소 거리가 있을 수 있다. 그들의 산 경험에 의한 것이어서 나름대로 충분한 가치가 있다.

1. 경영자의 교만과 경영능력의 과신

선진국과는 다르게 우리나라에서는 일반적으로 사업을 시작한 후 5년 내에는 회사 일에만 몰두하기 때문에 도산될 확률은 그만큼 적다. 아침에 가장 먼저 출근하고 때로는 밤늦게까지 남아 종업원들과 철야작업을 하는 등 회사 일에만 전념한다. 이러다 보면 다소 돈도 벌게 되고 경영에 대한 확신도 생기게 된다.

그러나 5년이 지나고 10년이 지나는 동안 생각했던 것보다 회사가 커지게 되면 교만과 방심이 생기게 된다. '이제 이 정도 키웠으니 적당히 즐기면서 사업계획이나 세우면 된다'라든가, '골프도 배워 놔야 사업에 도움이 된다'는 따위의 생각을 하게 되고, 무리한 사업확장과 부동산투기 등에 관심을 갖게 된다. 이처럼 경영자의 생각과 관심분야가 분산되면 그동안 모체가 되어 온 본업에 구멍이 생기게 마련이다. 세월이 10년 정도 흐른 뒤에는 모든 여건이 바뀌어 대책을 강구해야 할 시점에 와 있지만 이렇게 교만과 과신을 하는 경영자는 알아차릴 수가 없을 것이다.

2. 사원교육의 미비와 결여

우리나라 중소기업의 경우 특히 교육에 대한 투자가 미비하며, 사원교육에 대한 경영자의 인식을 보더라도 형편없는 수준에 머물러 있는 것이 사실이다. 중장기적으로 볼 때 그 기업의 성패는 사원교육 정도에 달려 있다는 사실을 누구나 다 인식하고 있지만 현실적으로 교육시간이나 교육비 등에 대해서는 유난히 계산적인 경향이 있는데, 이것은 분명 잘못된 것이다.

회사발전의 필수적 요건인 신기술이나 정보 등은 각종 교육을 통해서 입수되기도 한다. 또한 교육은 사원들의 능력개발뿐만 아니라 자긍심 고취라는 2중의 성과를 가져다준다.

3. 사업의 목적, 목표, 계획성의 결여

우리나라의 경우 창업 후 5년 이내에 기업이 도산하는 경우는 별로 없다. 이 점은 곧 경영자의 목적의식 내지 목표설정과 직결되기도 한다. 창업 초기에는 누구나 다 명확한 목표를 세우고 경영에 임하고 있으며, 모든 일에 대해 미래에 대한 계획성 있는 청사진을 가지고 있기 때문이다.

그러나 회사가 어느 정도 안정궤도에 올라서면 이러한 목적의식이나 목표의식이 희박해지는 경우가 많다. 이것은 곧 앞으로 걸어가야 할 방향을 잃어버리는 것과 같다. 사실 어떤 기업이든 간에 일정기간의 목표와 목적은 설정되어 있을 것이다. 그러나 경영자 자신의 생애에 걸친 장기계획이 기본이 된 목적, 목표가 세워져야 한다. 만약 그렇지 못할 경우 경영은 반드시 표류하게 된다.

4. 업계정보의 결여와 새로운 환경변화에의 대응능력 부족

팔기회를 통해 상담을 요청해오는 사람들을 보면 배움이 부족하다는 점도 있지만, 여러 가지 정보나 경제환경의 변화에 지나칠 정도로 둔감한 사람들이 많다는 것을 느낀다. 예를 들면, 어떤 중소기업인은 자기의 모기업이 새로 개발한 신제품의 판매부진으로 경영이 악화되어 제품생산을 중단했다는 사실조차 모르고 설비증설을 하는 등의 어처구니없는 일을 저질러 도산한 경우도 있었다.

솔직히 말해 우리나라 기업인들은 다른 나라 기업인들에 비해 공부하려는 의지가 매우 약하다. 그리고 우리가 매일 접하는 신문이나 잡지, 방송 등을 너무 소홀히 여기는 경향이 있다. 관심만 제대로 가진다면 경영에 필요한 각종 정보자료를 여기서 충분히 얻을 수 있을 것이다.

5. 신제품 신기술 개발의 지연

우리나라 중소기업의 신제품, 신기술 개발수준은 모방의 단계에 있다 해도 과언이 아니다. 1993년의 대규모 도산사태도 중소기업 자체가 안고 있는 심각한 문제 중의 하나인 신제품, 신기술 개발 노력의 부족에 기인한다. 그동안 부동산투자나 재테크 등에 더 많은 관심을 기울여 온 결과 기업체질은 당연히 약화될 수밖에 없었고, 내수시장이나 수출시장에서 약간의 이상기류만 있어도 무더기 도산사태를 초래했던 것이다.

6. 가정불화, 동족경영의 폐해

대체로 중소기업 사장부인은 조강지처다. 영세기업으로 사업을 시작할 때부터 부인이 훌륭한 경영자문자로서 내조함으로써 회사발전에 끼친 공은 무시할 수 없다. 그러나 회사가 커지고 다소 여유가 생기면 유혹적인 도락에 빠지는 사장이 많아지고, 따라서 가정불화는 필연적으로 발생한다.

그리고 기업도산의 원인 중 친인척들이나 가족들의 지나친 경영참여 등으로 파생되는 문제 즉, 동족경영의 폐해를 지적하지 않을 수 없다. 이 폐단은 경영자에 대한 불신감을 조장시킬 뿐만 아니라 종업원들의 사기를 저하시켜 조직을 순간에 와해시킬 수 있다.

7. 공사의 혼동 등 경영철학의 결여

우리나라 중소기업 도산의 내부적 요인 중 가장 큰 비중을 차지하는 것은 방만한 경영이다. 이러한 방만한 경영은 경영층과 간부들이 공과 사를 제대로 구분하지 않는 데서 비롯된다. 이로 인한 도산은 동정의 여지가 전혀 없는 자업자득이며 어떠한 비난을 받아도 변명할 여지가 없는 것이다.

특히 자금 면에 있어서 개인의 재산과 회사의 재산은 당연히 분리되어야 하는데도 공과 사가 무분별하여 회사의 경리장부가 복잡하게 되는 경우가 많은데 이럴 경우 사원들의 사기는 땅에 떨어질 수밖에 없지 않은가?

이상과 같은 기업도산의 원인 외에 결단력이나 실행력의 결여, 계수관리 능력의 부족 등도 도산의 중요한 원인으로 지적되고 있다.

🌐 부실화 원인에 대한 시각차이 순위

부실원인	경영자 견해	금융기관 견해
경기불황	1	4
자본부족	2	3
과당경쟁	3	7
가정불화	4	5
자산가치 하락	5	10
불량대출	6	6
경영자 무능	7	1
간접비 과다	8	8
입지조건 실패	9	13
투자 실패	10	11
시장여건 악화	11	15
차입이자 과다	12	14
사업확장	13	9
외상매출 과다	14	12
경영자 불성실	15	2

🌐 부와 성공을 이루어 주는 억만장자 이야기

'억만장자는 어떤 습관을 가지고 있을까?'로 시작하는 고수유와 이은영이 공저한 『억만장자 이야기』는 세계 1000대 억만장자의 성공비밀을 이야기하고 있다. 실패하는 사람들의 행동이 성공하는 사람들의 행동에 비하여 다름을 인정할 수밖에 없다. 그 특징을 잡아낸다면 실패하는 사람과 성공하는 사람의 행동을 나누어 볼 수가 있을 것이다.

성공한 사람들의 이야기인 『억만장자 이야기』의 주제만이라도 들어보자. 그들은 어떻게 생각하고 실천하며 성공했는지 알 수 있을 것 같기도 하다. 실패하는 사람들은 이와는 반대 아니면 부족하게 행동하고 있을 것이다. 다음은 억만장자 이야기의 주제들중에서 일부만을 적어보자.

◆ 긍정의 힘으로 비전을 품어라.

◆ 긍정적으로 사고하라.

◆ 비전을 제시하라.

◆ 할 수 있다고 믿어라.

◆ 현재에 만족하지 마라.

◆ 편견을 실력으로 맞서라.

◆ 크게 생각하고 행동하라.

◆ 새로운 길을 모색하라.

◆ 열정과 도전정신 앞에 불가능은 없다.

◆ 남들보다 멀리 보라.

◆ 불가능에 도전하라.

◆ 내 인생에 포기란 없다.

◆ 거절당하는 것을 두려워 마라.

◆ 경쟁으로 승부하라.

◆ 시련을 용기 있게 대처하라.

◆ 과감하게 추진하라.

◆ 열정과 집념으로 승부하라.

◆ 내 삶은 내가 개척한다.

◆ 좋은 습관과 원칙으로 성공하라.

◆ 자신의 눈으로 세상을 보라.

◆ 한 가지에 미쳐라.

◆ 메모를 통해 꾸준히 점검하라.

◆ 불필요한 과정을 생략하라.

◆ 긴장을 늦추지 마라.

◆ 변화에 민감하게 대처하라.

◆ 자신의 일에 책임감을 가져라.

◆ 자신이 좋아하는 일을 하라.

◆ 원칙을 중시하라.

◆ 성실함이 최고의 자산이다.

◆ 인재육성을 통해 성장하라.

◆ 기본에 충실하라.

◆ 자신의 판단을 믿어라.

◆ 소신을 갖고 행동하라.

◆ 상상과 창조로 변화를 시도하라.

◆ 아이디어만이 살길이다.

◆ 고정관념을 버려라.

◆ 여행을 통해 기회를 발견하라.

◆ 자기만의 색깔을 가져라.

◆ 창조적으로 상상하라.

◆ 변화를 시도하라.

◆ 소통과 배려로 더불어 살라.

◆ 좋은 친구를 만나라.

◆ 신뢰를 통해 소통하라.

◆ 대접받고 싶으면 대접하라.

◆ 먼저 솔선수범하라.

◆ 남에게 즐거움을 주라.

◆ 고객이 가장 우선이다.

◆ 공과 사를 확실히 구분하라.

◆ 적극적으로 자신을 알려라.

4장
경영관리층

경영관리층은 경영자와 더불어 경영상태를 알 수 있는 중요한 파악 포인트가 된다. 유능한 경영자가 있는 회사는 유능한 경영관리자가 있다. 대부분 경영자의 수준이 타 회사에 비하여 낮으면 그 회사 경영관리층의 수준도 낮다.

1. 유능한 경영진은 있는가

최고 의사결정권자가 업무를 결정, 처리할 때 결정에 도움이 되는 유능한 경영진이 필요하다. 최고 의사결정권자가 독선적이지 않더라도 유능한 경영진이 없다면 의사결정에 오류를 범할 수 있는 것이다. 주요 경영진의 경력을 잘 알아야 하는 것은 두말할 필요가 없다. 경영자와 더불어 경영진의 정직성, 성실성과 경영능력도 대단히 중요하다. 훌륭한 경영자 밑에 훌륭한 경영진이 있다.

2. 예측능력이 부족하지 않은가

경영진의 예측능력은 어떤가. 경영진은 자기가 하는 사업뿐만이 아니라 경기 전반과 경제동향을 잘 알고 있으며 향후 예측까지도 잘

하고 있어야 한다. 경영진이 예측력이 있어야 사업의 성공 가능성이 있다. 예측력이 없는 경영진은 사업수행에 오히려 걸림돌이 된다. 도산이 가까워 오면 대부분의 경영자들은 사고력이 평소의 30~40%밖에 되지 않게 된다고 한다.

3. 경영진 내의 불화는 없는가

경영진내에 불화가 있는지 살펴보자. 불화가 있다면 업무 내외적으로 경영진간의 제몫 챙기기식으로 방만경영을 초래하게 될 것이고, 이런 것이 원인이 되어 경영의 부실위험이 높게 될 것이다.

4. 소재불명, 외출이 빈번한가

명예, 정치, 여자, 도박에 관심이 많은 경영진, 자금에 몰려 피해 다니는 경영진, 경영에 관심이 없는 소재불명, 외출이 빈번한 경영진이라면 회사 경영은 어디로 가고 있을까? 또, 직원들은 평생직장으로 생각할까?

5. 실행능력이 있는가

조직이란 의사결정단계에서는 견해차이가 있을망정 일단 결정했으면 전원이 한 덩어리가 되어 그대로 수행해 나가야 한다. 강력한 리더십을 발휘하여 경영간부의 의견을 조정하고 활력을 가지고 이끌어 가는 책임감을 갖고 있지 않으면 안 된다. 이를 위해서는 나이 많은 경영자나 심신의 건강을 해치고 있는 경영자로서는 책무를 다 할 수 없다. 인간적인 매력이나 포용력을 가지고 종업원이 하고자 하는 의욕을 유지하고, 부하의 능력개발을 지원해가면서 기업을 이끌어 나가지 않으면 안 된다. 경영진이나 간부가 업무수행능력이 없다면 회사는 어려운 일이 닥치면 혼란을 겪게 될지도 모른다.

6. 비밀회의가 많아지는가

회의의 개최회수가 많아지고 경리담당자나 임원, 간부와의 수시 비밀회의가 진행되거나 장시간화하고 있을 경우 회사 내에 자금문제나 기타 중대한 문제가 발생되었을 가능성이 크다.

7. 임원의 교체가 빈번한가

임원교체가 빈번하다면 주의를 요한다. 임원이란 회사의 경영에 대한 의사결정에 직접적으로 관여하는 사람들이다. 이들 임원을 자주 교체한다면 무엇인가 문제가 있을 수도 있는 것이다. 경영자의 경영방향에 임원들이 동조하지 못하고 의견충돌이 많이 있을 수도 있을 것이고, 자금조달 문제로 임원을 자주 교체할 수도 있을 것이다. 이렇게 임원을 자주 교체한다면 의사결정의 영속성이 없어서 중요한 의사결정에 오류를 범할 수도 있을 것이다. 중소기업에서 임원교체가 빈번하다면 자금측면에 문제가 있을 가능성이 크고 특별히 주의해야한다.

8. 임원이 많은가

임원이란 기업의 규모에 맞게 적정한 수준의 임원이 있어야 한다. 너무 적어도 안 되고 너무 많아도 안 된다. 너무 적을 경우에는 한

 이런 기업 부도난다

사람 또는 두 사람이 기업의 모든 일에 관여하여 결정을 해야 한다. 정신없이 돌아가는 일들에 대해 순간적으로 결정을 하고 있다면 그 결정들이 잘못된 결정일 수도 있을 것이고, 결정을 하지 못하여 실기를 할 수도 있을 것이다. 또한, 너무 많은 임원이 있을 경우에는 이와는 다른 행태가 예상될 수가 있다. 한 가지 일을 가지고 쓸 데 없이 시간을 끌게 될 수도 있고, 너무 많은 임원은 의사결정구조에 걸림돌이 될 수도 있다.

적정 수의 임원이 기업의 의사결정을 해야 하는 것인데 필요 없는 임원이 존재한다는 것은 어떤 기업에 필요 이상의 경비 지급을 하게 하는 경우도 있고, 어떤 정치적 목적에 의해 어떤 사람의 자리를 일부러 만드는 경우도 있다. 잘못하면 일하는 사람들보다 지시하는 사람이 많아질 수도 있는 것이다.

임원이 필요 이상으로 많다면 의사결정구조나 경비 지급 및 업무 수행상 막대한 지장을 초래할 수도 있을 것이다.

9. 유능한 중심인물이 퇴사했나

유능한 중심인물의 이동, 추방, 퇴사, 사임 등의 일이 있었는가? 기업이란 사람이 운영하는 것이다. 그런데 기업에서 핵심적인 자리를 차지하고 있던 임원이 갑자기 타 회사로 간다든지, 추방을 당한다든지, 사임을 하는 경우에는 그 기업 경영자와의 불협화음을 예견해볼 수 있다. 사람이 어떤 기업에서 근무하든 말든 간에 모두 본인들의 결정에 의하게 된다. 그러나 핵심임원의 갑작스런 이동, 추방 등은 경영자와의 어떤 다툼이나 임원의 대우라든지, 아니면 그 회사보다도 더 좋다고 판단하는 다른 회사로 이동했을 것이라는 생각을 할 수가 있다.

결국 핵심임원의 퇴사는 기업의 정보누출 등 그 기업에 치명적일 수도 있다.

10. 임원의 비상식적인 이동이 있었는가

임원이 급한 이동이나 비상식적인 이동이 있었는가? 임원이동이 갑자기 이루어졌다든지, 한꺼번에 대부분의 임원을 교체했다든지, 임원의 이동이 비상식적이라고 판단되는 경우가 있다.

한꺼번에 대부분의 임원이 동시에 퇴사를 할 경우에는 그 기업의 장래가 어디인지 모르게 어렵다고 느끼고 있다는 징후이다. 그래서 모든 임원이 퇴사를 했을 가능성이 짙다. 또한, 어떤 자금문제와 결부되어 집단으로 퇴사하는 경우를 생각해볼 수 있는데 이것도 역시 기업에 위기를 불러오고 있다는 증거가 될 수 있다.

사업이 잘되거나 임원들 간에 화합이 잘되고 있고 자금문제가 없다면 한두 사람이 개인적인 사정에 의해 퇴사를 한다면 몰라도 그 기업에 종사하는 임원들이 집단으로 퇴사할 이유가 없을 것이기 때문이다.

11. 면접을 거부하는 임원인가

행선지가 불분명하고 면접을 거부하는 임원인가? 보통 어느 기업이나 마찬가지이지만 귀찮은 손님이 오게 되면 사장이나 임원이 있는데도 외출했다고 하거나 회의 중이라고 하는 경우를 사회생활을 하

 이런 기업 부도난다

는 사람들은 대부분 느끼고 있다.

금융기관 종사자들이 기업을 방문했을 때 이와 같이 기업에 종사하는 직원들이 임원이나 사장의 부재 또는 회의 중임을 이야기할 경우 분명히 그 임원이나 사장은 금융기관 종사자를 만나고 싶지 않다는 표현이다. 만나 봐야 대출금을 상환기일에 회수하려 한다든지 아니면 담보를 추가로 요구하려 한다든지 아니면 업무에 자신이 없어서 금융기관 종사자들에게 잘 설명할 자신이 없는 경우를 예상해볼 수 있다. 면접을 거부하는 임원은 어떻게 보면 방문한 금융기관 종사자를 무시하고 있는지도 모른다.

이런 행동이 계속되면 금융기관과 차주 사이의 신뢰가 무너지게 되고, 금융기관은 조속히 채권회수나 담보보강을 요구하게 되며, 그 기업이 혹시나 불량거래자가 되는 것이 아닌가 하고 신경을 곤두세우게 되는 것이다. 결국 그 기업은 불리한 궤도를 걸을 수도 있는 것이다. 면접을 거부하거나 회사 이외의 장소에서 만나기를 원한다면 그 이유를 생각해볼 일이다.

12. 비밀주의가 팽배하고 만연되고 있나

누구나 비밀을 가지고 싶어한다. 또한, 남들에게 알리고 싶지 않은 일이 있으면 그 일을 비밀로 그대로 지니고 싶어한다. 그러나 비밀이라는 것은 절대로 있을 수가 없다. 어떤 비밀이 있으면 '임금님 귀는 당나귀 귀'다 라는 식으로 입이 근질거릴 것이다. 결국은 시간이 지나면 비밀이 비밀이 아닌 비밀이 되어버리는 것이다.

기업에 있어서 경영자나 일부 임원이나 일부 직원들끼리 비밀을 유지하고 있다면 그 기업에 무엇인가 문제가 되는 일이 있다는 뜻이다. 그런 비밀이 기업전체에 팽배해 있거나 만연되어 있다면 기업경영은 새로운 발전을 하기 어려울지도 모른다. 그런 비밀이 보다 큰 문제인 경우에는 기업의 존폐에 큰 영향을 미칠 수도 있을 것이다. 비밀은 서서히 전 직원들에게 전파되고 전 직원들의 사기가 떨어질 수도 있는 것이다. 직원들의 사기가 떨어지면 경영은 더 어려워지게 된다.

13. 언행이 부자연스런 임원인가

무계획하고 언행이 부자연스런 임원인가? 무계획한 임원의 경우 어려운 문제를 처리하는 데에 익숙하지 못한 사람들이 많고, 긴급한 일이 발생했을 경우 언행이 부자연스런 경우가 많을 것이다.

임원이란 어떤 기업에 있어서 모든 업무에 대해 자세히 잘 알고 있는 것이 대부분이다. 그런데 그런 임원의 언행이 부자연스럽다든지 불안하다든지 하면 기업 내부에 무엇인가 어려운 일이 발생하고 있어서 다른 일들은 귀에 들리지 않게 될 것이다.

이런 임원이 기업에 어떤 다른 문제가 발생했을 경우 기존에 문제가 된 일을 해결하지 못하고 또 다른 문젯거리가 닥쳤기 때문에 그야말로 '업친 데 덮친 격'이 되어서 좀처럼 두 가지 문제를 한꺼번에 좋게 해결한다는 것은 불가능에 가까울 수도 있다. 이런 때 그 임원의 언행이 부자연스럽고 불편할 수밖에 없는 것 아닌가?

14. 임원이 자사주를 처분했나

자사주를 취득하게 하여 종업원의 애사심 고취와 부의 축적을 도

우려고 하는 것이 우리사주제도이다. 종업원이 가지고 있는 자사주
는 일정한 사유가 발생할 경우에 한하여 퇴직 이전에 처분할 수 있도
록 되어있다. 그런데 임원이 겉으로는 특별한 사유가 없으면서 자사
주를 처분했다면 유심히 지켜볼 일이다.

경영의 최일선에서 그 기업의 경영전반에 대해 아주 잘 알고 있는
사람이 자기가 근무하는 기업의 주식을 처분할 때는 여러 가지 이유
가 있을 수 있다. 개인적으로 금전적인 고통에서 주식을 처분할 수도
있지만 기업의 현상을 잘 알고 있는 사람으로서 급하게 자사주를 처
분했다면 분명 그 기업 내부에 무엇인가 좋지 않은 변동사항이 발생
하고 있다는 징후인 것이다. 그 뒤에 그 임원이 그 기업을 그만둔다
면 틀림없는 기업 위기의 증거로 잡을 수 있을 것이다.

15. 못 보던 사람들이 자주 찾는 임원인가

사회생활을 하는 사람들은 자기가 하루에 하는 일이 정해져 있는
경우가 많고, 특별히 어떤 일을 한다고 해도 그 일이 끝나면 다시 제
자리로 돌아가는 특성이 있다.

못 보던 사람들이 갑자기 자주 찾는다면 필시 무엇인가 기업이나
임원에게 문제가 생긴 것이라고 판단해야 한다. 또, 찾아오는 사람들
의 특성에 따라서 판단해야 할 것이다.

16. 신용카드를 사용하지 못하는 임원인가

신용카드의 사용을 못하는 임원인가? 임원 개인이나 기업의 사정
에 의해 임원이 신용카드를 사용하지 못한다면 개인이나 기업의 신

용도는 최하라고 판단해도 될 것이다.

신용카드를 사용하지 못하는 경우 최고한도를 초과하여 사용하지 못하는 경우가 있고, 불량거래자로 등록되어 카드를 사용하지 못하는 경우를 예상할 수 있는데 어떤 이유이든지 신용카드를 사용하지 못한다면 그 기업이나 그 임원에 대한 금융기관 종사자들의 평가는 '이제는 그만'인 것이다. 만약, 그 후에 일부 신용을 회복하여 다시 카드를 쓸 수 있다고 하더라도 자주 또는 간혹 이런 카드사용 중지가 걸리는 현상이 지속된다면 상당히 경계해야 한다. 불량여신을 만드는 대표적인 사람들이기 때문이다.

17. 임원이 금융기관 출입이 잦은가

기업의 경영자나 간부들이나 자금담당자들은 유대를 위해 금융기관을 자주 드나들 수는 있다. 그러나 임원이 최근 갑자기 금융기관을 자주 찾는다면 금전적인 문제가 대두되고 있다고 판단해도 틀리지 않는다. 금융기관에 금전적인 것을 빼고 무엇이 있겠는가.

새로운 사업을 위해, 기존 사업의 경영자금을 위해, 기존 사업의 시설 증설을 위해 기업은 가끔은 금융기관의 문을 두드릴 수밖에 없다. 그러나 한두 번도 아닌 지속적인 출입은 금융기관의 어떤 마찰을 예견할 수도 있다.

18. 질문에 대한 답이 각기 다른가

임원이나 직원들에게 가급적 많은 질문을 하자. 많은 정보를 얻기 위함이다. 많은 질문을 중복적으로 한다거나 다른 측면에서 똑같은 질문을 다른 임원에게 했을 경우, 다른 사람에게 같은 질문을 하다보면 서로 다른 답을 듣는 경우도 있다. 만약, 서로 다른 대답을 했다면 경영진의 정직성을 의심해볼 필요가 있다.

19. 생산, 판매 조정능력이 있는가

생산과 판매의 불일치를 조정할 능력이 부족하지 않은가? 경영관리층이 생산과 판매의 속도나 양을 조절하게 된다. 그런데 이를 제대로 통제할 수 없다면 문제인 것이다. 생산과 판매를 조정할 능력이 있는지 여부를 알아보도록 하자.

5장

사업성

　사업성이 없는 사업의 경우 처음 출발은 좋을지 몰라도 차츰 도산의 가능성은 깊어진다. 사업성이 약하면 사업을 재검토해야 한다.

　사업을 제대로 하고 있는데 10년 후에도 이 사업을 지금처럼 그대로 할 수 있을까? 무엇을 할 것인가? 어떤 업종이 대략 10년을 넘어 호황인 업종이 없다. 그렇다면 대책은 무엇인가? 필자의 생각으로는 기업이 정상적으로 운영되고 있을 때 위기경영을 해야 한다고 생각한다.

1. 사업성 없는 신규사업인가

　사업성이 없는 위험한 신규사업에 진출하는 것은 아닌가? 제품사이클 상 너무 일찍 도입된 제품이라든지, 늦은 제품에 대한 진출 시 사업성이 없으면 실패할 가능성이 높다. 종전에 하던 사업이 잘 안 된다고 다른 사업에 진출할 때, 다른 사업에 대한 충분한 인력, 기술, 자금 등 준비가 부족하거나 사업성이 없는 경우 또는 무턱대고 하는 사업의 경우 실패할 가능성은 충분하다.

2. 경기에 역행하는 투자인가

경기에 역행하는 투자를 하고 있다면 주의해야 한다. 아무리 좋은 사업이라도 경기 수축기에는 실패할 가능성이 많다. 기업체들은 대체적으로 경기가 최저점이나 상승하려는 시기에 시설투자를 시작한다. 업체의 자금규모로 보아 경기 하향 시에 투자를 한다면 자산이 아무리 많더라도 자금 지급을 일정시점에서 할 수 없는 상황이 발생할 수도 있기 때문이다.

3. 수익성 없는 투자인가

수익성이 없는 부문에 무리한 투자를 하는 것은 아닌가? 본사 사옥을 신축한다거나 공장을 신축할 경우 자금조달에 무리가 따른다면 실패와 도산의 가능성이 크다.

4. 대형 프로젝트에 진출하는가

실패할 가능성이 높은 대형 프로젝트에 진출하는 것은 아닌가? 업체의 규모로 보아 자금 면에서 부담이 되는 대형 프로젝트에 진출 시 실패할 가능성은 크다. 자기자금의 추가 진입이 없다면 머지않아 실패의 길을 갈 확률이 높다.

5. 사양산업인가

업체에서 영위하고 있는 사업이 사양산업인지 검토하자. 노동집약적이거나 국제경쟁력을 상실한 업종의 경우 가격경쟁력이 약하고, 판매조절 능력이 취약한 경우가 많다. 금융기관의 입장에서 보면 사양산업을 영위하고 있는 회사에 대한 대출금은 이미 자금의 회수기에 들어갔어야 한다. 기존산업의 업황이 부진할 때 신제품 투자나 사업전환을 한다면 자금조달능력을 철저하게 검토해야 할 것이다. 옷을 입지 않고 살 수가 없으며, 전자제품을 사용하지 않고 살 수가 없다. 엄격하게 말한다면 사양산업이란 없다. 다만 경쟁력의 문제일 뿐이다.

6. 진부화된 상품인가

업체에서 생산하고 있는 상품이 진부화된 상품인지 살펴보자. 진부화된 상품은 시장에서 팔리지 않을 뿐더러 가격 면에서도 경쟁이 되지 않는다.

업체에서 이런 상품을 계속하여 생산할 경우 판매가 되지 않아 재고는 쌓일 것이고 설령 판매를 위해 도매로 위탁판매를 한다고 하더라도 외상매출금이 눈덩이처럼 불어나게 될 것이다. 결국은 자금회수 불량으로 기업은 어렵게 되고 자금 때문에 도산할 가능성이 있는 것이다.

기업이 진부화된 상품을 계속 생산하고 있다면 금융기관은 그 기업에 대한 대출금에 대해 사후관리를 잘하고 있어야 한다.

7. 비생산적인 사업을 영위하고 있는가

업체가 영위하고 있는 사업이 비생산적인 사업이라면 가급적 대출을 하지 않는 것이 좋을 것이다. 이들 업체는 경제동향에 따라서 사업성과의 폭이 클 수도 있고, 진입과 퇴출의 자유에 의해 금방 나타났다가 금방 사라지는 사업도 있을 것이다. 대출은 한 번 해 주었다하면 최소한 5년은 지속될 것이기 때문에 대출을 하려면 그 업체의 향후전망을 최소한 5년 이상은 내다보고 대출을 해 주어야 한다.

8. 사업다각화를 하고 있는가

사업다각화란 성장을 하기 위한 기업 경영전략의 하나다. 사업다각화의 목적이 기존의 생산요소와 기타 노하우 등의 사용효율을 높이기 위한 것이라면 얼마든지 좋은 것이다. 그러나 일반적으로 그렇지 못한 경우가 많다. 기존의 사업과 전혀 관련이 없는 업종에 진출할 경우 시행착오를 겪을 가능성이 크고, 초기 투자자금이 새로 소요되고 후발업체로서 시장침투에 어려움이 있는 등 위험과 장애요소가 잠복해 있는 것이다. 사업다각화는 기업을 성장하게 할 수도 있고, 운명을 재촉할 수도 있다.

실례로 1990년부터 1993년까지 부도 발생한 업체 대부분이 부도 전에 사업다각화를 추진했고 첨단 업종의 진출이 상당히 많았던 것을 봐도 알 수 있다. 사업다각화를 추진하는 경영자 중 부실경영자는 현실도피의 심리가 있는 경우가 많고, 현 사업의 결과와 전망이 불만스럽다는 것을 스스로 반증하고 있는 것이다.

9. 영업전망이 불투명한가

아무리 재무제표가 좋고 화려해도 현재 영업환경이 악화되고 있고, 영업전망이 불투명하다면 문제인 것이다. 영업전망이 불투명한 것을 경영자들이 알지 못하고 있다면 더욱 문제인 것이다. 업체의 향후계획과 전망을 현재 처해 있는 상황과 비교 검토하여 향후 업체의 영업전망을 나름대로 검토해볼 필요가 있다. 면밀하게 검토하여 기업의 영속성을 확인해야 하는 것이다.

10. 공동사업에 실패했나

다른 기업과의 공동사업에 실패하고 있는 것은 아닌가? 공동사업에 실패하고 있다면 그 사업에 투자한 자금은 모두 회수가 불가능한 것이 아닌가? 그 영향은 어떤가? 자금계획에 무리가 따르지는 않는가? 실패의 효과로 추가로 부담하게 되는 자금부담은 없는가? 여러 가지 면에서 따져볼 일이다.

11. 설비투자는 과잉이 아닌가

아무리 사업이 잘되고 있다고 하더라도 설비투자가 과잉이 아닌지 검토해볼 일이다. 설비투자가 과다하다면 이로 인하여 고정비의 지출이 과다할 것이고 이로 인하여 자금계획이 무리를 가져올 것이다.

설비는 적정해야 하나 장래를 대비하여 과잉투자를 하고 있었다면 장래에 필요한 설비가 어느 정도인지를 판단해봐야 할 것이다. 이것도 무리라면 다시 생각해봐야 할 것이다.

⊕ 성공한 기업과 실패한 기업

서울대학교 경영학과 신유근 교수는 10년간 우리나라 기업 중 성공한 기업 199개사와 실패한 기업 95개사의 사례를 분석한 「한국기업의 성공과 실패」라는 연구보고서를 냈다. 그는 이 보고서에서 21세기를 맞이하는 한국기업이 치열한 경쟁사회에서 살아남기 위해서는 미국이나 일본기업의 경영에 버금가는 '한국실정에 맞는 경영제도'를 만들어야 한다고 강조하고 한국형 경영제도를 정립하기 위해서는 한국기업의 경영적 특성과 우리 사회문화적 특성에서 나타나는 긍정적 요소와 관행을 계승, 발전시켜야 한다고 주장했다. 다음은 「성공한 기업과 실패한 기업」(신유근, 1996)의 주 내용이다.

1. 10대 성공요인

① 인재 제일주의에 기초한 우수인력 양성

② 연구 개발투자(R&D)를 통한 첨단 핵심기술의 토착

③ 정부의 지원확보를 위한 정부시책에의 적극적 부응

④ 노사 간 화합, 신뢰관계 형성

⑤ 전문경영자 활용을 통한 책임경영제 구축

⑥ 시류를 읽는 최고경영자의 사업예측 능력

⑦ 지속적인 신제품 개발

⑧ 인화단결을 강조하는 공동체적 기업문화

⑨ 사업다각화 전략 추구

⑩ 내수시장의 한계점을 극복하기 위한 해외시장 개척

2. 10대 실패요인

① 과시욕에 따른 무리한 사업확장

② 방만한 자금관리

③ 최고경영자의 독단적인 기업경영

④ 경영자의 사업경험 부족

⑤ 족벌경영의 심화

⑥ 경영환경 변화에 대한 대응 부족

⑦ 기술개발 노력 부족

⑧ 경영자의 비윤리성

⑨ 정부와의 관계 악화

⑩ 배타적이고 무분별한 유통망 관리

3. 한국형 경영을 위한 십계명

① 기업가정신을 발휘하도록 경영자의 자질과 능력 함양

② 한국적 독특성을 지닌 기업가적 특성과 역할 개발

③ 규모와 업종을 고려하는 상황적합적 패턴경영

④ 성장 라이프사이클에서 직면하는 위기 극복

⑤ 정부의존을 벗어나 자율적 기업경영시스템 구축

⑥ 이질적 자원의 결합을 통한 시너지효과 극대화

⑦ 새로운 전문주의를 통해 지식창조적 조직 구축

⑧ 상호작용적 권력공유를 통해 공생기반 확대

⑨ 경쟁력 제고를 위해 경영혁신과 기업문화 연계

⑩ 경제적·인간적·사회적 관점에서 경영비전 정립

6장
종업원

기업이 종업원의 근무를 유지시키는 요건을 들어본다면 적당한 급여, 인간적인 대우, 비전 등을 들 수 있다. 종업원 관계는 기업문화와도 연결되는 경영자와 더불어 대단히 중요한 부문이다.

1. 인재를 육성하고 있는가

성공한 기업은 인재를 잘 육성하는 것을 볼 수 있다. 교육은 직원들의 능력개발뿐만 아니라, 자긍심 고취라는 이중의 성과를 가져다주고, 회사를 아끼게 하는 원동력이 된다. 직원을 공부시키지 않는 회사는 경영개선이나 기술습득이 안되어 장래를 예측하기가 어렵다. 신기술이나 정보 등은 각종 교육을 통해 입수되기도 한다. 경영자란 부하의 능력을 최대한으로 끌어올려야 한다. 그러기 위해서는 인재를 육성해야 한다.

2. 예스맨이 많아지는가

사장의 측근에 예스맨이 많아지는가? 직원들의 이야기를 듣지 않으면 의견을 진술하는 직원이 없어지게 되고, 경영자는 내·외부 정보를 알지 못하게 되어 경영정책결정의 판단착오를 하게 된다. 정보를 입수하지 못하는 경영자는 부실경영자가 될 확률이 크다.

3. 직원들의 패기는 어떤가

직원들이 패기가 없고 분위기가 침체되어 있다면 회사에 대한 희망이 없다는 증거다. 희망이 없는 회사의 일을 성심껏 할 수 있는 직원은 없을 것이고, 대충 근무하다가 타 직장으로 전직하려 할 것이다. 또, 어떤 직원은 회사를 이용하여 자기의 이익을 구하려 할 수도 있을 것이다. 직원이 패기가 없거나 회사에 등을 돌리는 경우 회사의 장래를 예측하기 어려울 뿐만 아니라, 명령계통이 서 있지 않을 것이고, 사내의 인간관계가 악화되어 내부분열이 생기기 시작하고, 외부인에게 회사에 대한 비평을 늘어놓는 것을 보게 되고, 통제자가 없으면 휴식을 취하려 할 것이다. 생산직이나 판매직원이 사기가 저하되었다면 왜 그런지 심각하게 생각해볼 일이다.

4. 종업원들의 동요가 있는가

종업원들이 회사에 애착을 가지지 못하고 이직률이 높거나 회사를 비판한다면 이는 큰 제약요인이며, 회사에 큰 위기가 오고 있음을 예고하는 경우도 있다. 특히, 자금담당과(부)장이나 임원이 이직을 했을 경우는 심각한 현상이 일어날 수 있다. 왜냐하면, 회사의 일은 그 회사 직원들이 제일 잘 알고 있으며, 자금담당 직원은 회사의 자금동향에 대해 잘 알고 있으므로 회사의 자금상 위급한 일이 예견되면 문제가 발생하기 전에 자기만 먼저 피신을 할 수 있기 때문이다. 자금담당 이외의 부문별 현상도 유사하다고 보면 된다.

5. 인력 부족현상은 없는가

공장을 건설하고 난 다음 채용해야 하는 인력확보계획이 제대로 서 있지 않다면 부실로 가는 큰 징후다. 필요한 기술자나 숙련공이 부족하다면 생산이 제대로 될 리가 없을 것이다. 인력공급이 되지 않아 도산하는 사례는 많이 봤다. 인력확보계획을 확인해야 한다.

6. 악성노사분규가 발생하고 있는가

악성노사분규가 발생하면 생산부문이 흔들리게 된다. 타결이 되었다 하더라도 노사분규의 앙금은 지속된다. 어떤 시기가 오면 노사분규가 다시 고개를 들게 되고, 이런 현상이 잦아지면 생산에 큰 영향을 미치게 된다. 생산이 제대로 되지 않으면 업체의 수익은 줄어들 것이 뻔하고 수익이 줄면 회사의 유지가 곤란하게 되는 것이다.

7. 종업원 지분이 반이 넘는가

전체 주식 중에서 종업원 지분이 반이 넘는다면 경영에 대해 주의해야 한다. 종업원에게 경영에 대한 관심을 갖게 하고, 회사를 자기 회사로 여기게 하며, 종업원의 자산증식 기회로 삼기 위해 종업원지주제를 하고 있다. 그러나 종업원 지분이 반이 넘는다면 주의해야 한다. 왜냐하면, 경영권행사의 실권을 종업원들이 쥐고 있다면 명령계통이 서지 않을 수도 있고, 명령계통이 서 있지 않은 회사는 일이 제대로 돌아가지 않을 것이기 때문이다.

8. 판매나 생산직보다 사무직이 우대받는다

생산업체나 유통판매업체에서 판매나 생산직보다 사무직이 우대를 받는다면 이 회사는 행정 위주의 회사라고 봐도 틀림이 없다. 생산 판매가 수익의 근간이면서도 수익보다는 기업유지와 조직유지에 목표가 되어 있을 가능성이 크며, 이런 경우 생산, 판매직의 이직률이 높거나 노동력의 부족이 예상될 것이다.

반대로, 최근 H사의 경우, 노조쟁의를 매년 연례행사처럼 하고 있다고 하는데 생산직과 사무직의 임금이 역전되어 있어 생산직이 더 많이 받는 현상을 초래하고 있는데 이는 노조의 힘에 의해 영향을 받은 경우로 파악되고 있다. 이런 현상에 대응하여 그 회사에서는 외국의 자사공장에서 제품을 거꾸로 수입해 올 계획을 세우고 있다고 한다. 이런 회사에서는 생산직이 우대를 받고 있다고 볼 수 있는데 이런 회사는 노조에 의해 경영이 상당히 압박받게 되는 현상을 초래하게 될 것으로 보고 있다.

9. 외부에 자사를 비방, 푸념하고 있는가

우리네 보통사람들은 '임금님을 욕'하는 식의 모습을 종종 보인다. 종업원들의 특성도 자기의 상관이나 회사를 욕하는 버릇이 있다. 종업원들이 외부에 나가서 자기의 회사를 비방하거나 푸념하는 것을 가끔 듣는 경우가 있다. 불평이나 불만을 이야기하면서 한 잔 하는 것을 볼 수도 있다. 그렇다고 회사에서 이런 행동을 하지 말라고 할 수도 없는 노릇이다. 그렇지만 이런 행동이 자연스럽게 나타날 경우에는 조금은 신경을 써야 한다. 왜냐하면 그 회사의 어떤 부문에서 큰 문제가 대두되고 있을지 모르기 때문이다. 개인적인 불평이나 불만보다도 회사에 관련된 공개적인 이야기라면 신경을 쓸 필요가 있다는 이야기다.

이런 회사는 분명히 그 종업원이 이야기하는 어떤 문제를 안고 있을 것이고 그런 문제들 때문에 회사가 어렵게 될지도 모르기 때문이다. 한 마디로 말하자면 종업원들이 가볍게 이야기하는 말 중에는 대단히 중요한 이야기들이 섞여 있을 수 있다는 것이다.

또한, 종업원들 중에서 습관적으로 자사를 비방, 푸념하는 직원이 있을 경우에는 그 기업의 근무 분위기를 저해할 우려가 있다. 그런 종업원이 노동조합에 관련된 자라면 기업의 경영자들은 상당한 관심을 가질 필요가 있다. 이렇게 쉽게 말하는 이야기들이 진위를 떠나 종업원들이 어떤 동요를 일으킬 수도 있는 것이다. 기업 차원에서 어떤 대책을 가질 수도 있을 것이다. 기업이 아무런 대책도 세우지 않고 있다면 문제가 될 만하다.

10. 직원의 이직률이 급증하고 있는가

불명확한 사유로 직원의 이직률이 급증하고 있는 것은 아닌가? 직원의 이직률이 급증하는 경우 기업 내부에 어떤 문젯거리가 있어서 이를 직원들이 알고 있을 경우 동시에 다발적으로 이직하는 경우가 있다. 이런 현상을 기업 내부에서 알고 있다고 하더라도 이에 대한 대책을 세우지 못하고 있다든지 속수무책인 경우라면 기업에 있어서 큰일인 것이다. 불명확한 사유에 의해 이직률이 급등하는 경우 자세하게 관찰할 필요가 있다. 분명히 그 원인을 찾을 수가 있을 것이다.

그런 일이 기업에 미치는 영향은 어떤지 알아볼 일이다. 경리담당 직원이나 주요 임직원이 비정상적으로 교체되었거나 직원의 이직률이 급증하고 있다면 주의 깊게 살펴봐야 한다.

11. 유능한 종업원의 퇴사가 속출하고 있는가

유능하고 중요한 기술자 등 종업원의 퇴사가 속출하고 있는 것은 아닌가? 직원의 이직률이 급증하는 경우 기업 내부에서 알고 이에 대한 대책을 세우고 있다 하더라도 유능한 종업원이 포함되어 있어서 생산이나 기타 업무에 막대한 지장을 주게 된다면 그 기업에게 큰 문제인 것이다. 중요한 자리를 어떻게 유지할 수 있는지에 대해 따져볼 일이다. 기업에 미치는 영향은 얼마나 큰일인지 챙겨 봐야 한다.

생산직원이라면 생산은 어떻게 하고 있는지, 경리직원이라면 자금 등 경리에 관한 일은 어떻게 하고 있는지, 판매직원이라면 판매처별 외상매출금 관리나 제품 인계문제 등 여러 가지를 알아보고 있어야 한다.

12. 종업원들의 태도가 불순한 것은 아닌가

우리는 집에 찾아오는 손님을 가장 친절하게 또는 편하게 모시는 것이 동양적인 예의이며 어떤 경우에는 도리라고도 생각한다. 그런데 만나는 종업원들마다 불순하고 무엇인가 불편하게 행동을 하고 귀찮게 행동하는 경우 그 불순함은 찾아간 당신에게 하는 것이 아니라는 것을 알아야 한다. 불순하게 행동하는 종업원들은 아무런 생각 없이 그런 행동을 하겠지만 그 효과는 모두 사장에게 돌아간다. 그리고 그런 행동을 함으로써 어떤 투정을 하고 있는 것이고 그런 투정이 받아들여지기를 바라는 것이다. 그러나 그런 투정을 그냥 받고 있을 수만은 없는 것이 사장인 것이다. 통상 사장은 원인의 치료 없이 이에 대해 직원들에게 다른 어떤 행동하기를 강요할 것이다. 이러다 보면 사장과 직원 간에 균열이 생기게 되고 그 균열이 서서히 조직을 멍들게 할 수도 있는 것이다. 직원들이 몰려 앉아 회사에 대해 비평을 하는 일이 자주 발생하거나 경리를 담당하는 직원 등이 전화응대 태도가 불친절하다면 생각해볼 일이다.

13. 하위직급 직원들이 불친절한가

종업원들의 행동이 불친절할 경우 사장이나 경영자들에게 불만을 가지고 있는 경우가 많다. 하위 직급의 종업원일 경우 이렇게 고생해봐야 아무런 득이 없다든지, 사장이 말하는 조직을 위한다든지 종업원을 위한다는 그런 이야기에 귀 기울일 필요조차도 없다고 생각하고 있을 수도 있다.

금융기관 종사자들은 이런 기회를 절대로 놓치지 않는다. 그런 기회에 그런 직원들에게 접근하여 회사에 대한 이런저런 이야기들을 물으면 분명히 회사가 자기들에게 잘 못해 주고 있다고 불평하는 소리를 들을 수 있다.

만약, 신규직원이 불친절하게 행동한다면 한 번 물어 보자.

"보너스를 잘 받고 있습니까?"

그러면 아마도 이렇게 대답할지도 모른다.

"지지난 달 봉급도 못 받았어요!"

불평하는 불친절한 직원은 분명 회사에 어떤 불만을 가지고 있다. 불평하고 불친절한 직원이 많으면 그 조직은 오래 가기가 어렵게 된다. 왜냐하면 일은 직원들이 하기 때문이다.

14. 전화응대에서 이상이 감지된다

금융기관 종사자들은 기업에 대한 대출을 하고 나서 가끔은 자기가 대출을 해 준 기업에 별 일 없이 전화를 한다. 그러나 정작 일이 없는 것은 아니다. 자기가 대출해 준 기업에 무슨 이상이 없는지 여부를 이런 저런 루트를 통해 확인하고 있는 중인 것이다. 기업대출을 해 주고 나서 개인대출을 해 준 것처럼 그냥 덮어 버리는 직원은 하나도 없다.

통상 통화를 하던 기업의 직원 목소리에서 힘이 없다든지, 보통 때는 잘도 떠들어대던 직원이 말이 없다든지, 무슨 문제가 있을 것 같은 예감이 드는 경우가 있다. 분명히 느낌으로 문제가 발생했다고 느끼고 있는 것이다. 이런 경우에는 그 후속조치로서 그 원인을 파악해야 한다. 그냥 느낌으로 느끼고 말라는 것이 아니다. 그리고 나서 그 대책을 생각해봐야 할 것이다. 어떤 일이 생겼는지 말이다.

15. 사기가 저하되고 직장규율이 문란해졌다

기업에서 질서는 대단히 중요하다. 질서가 지켜지는 가운데 기업에 종사하는 직원들의 사기를 높일 필요가 있다. 그런데 규율이 문란해져 있고 사기가 저하되고 있다면 생각해볼 일이다. 무엇 때문에 사기가 저하되고 규율이 문란해져 있는가 말이다.

사고가 나고 기업이 부도가 나서 기업을 폐쇄하고 기업이 워크아 웃을 신청하는 기업들을 보면 직원들의 사기가 저하된 것을 볼 수 있다. 사기가 저하된 기업의 경우에 직장규율이 문란해지는 경우가 많다. 물론, 몇몇 간부들이 안간힘을 다 쏟아서 기업을 재건하려고는 하고 있지만 역부족인 경우가 많다. 왜냐하면 대부분의 회사들은 그 원인을 파악하지 못한 채 결과만을 놓고 치유를 하려고 하기 때문이 다. 원인을 치료하려면 상당한 시간과 자금과 노력이 필요해진다. 그 원인을 알게 된다면 기업에 어떤 대출이 가능한지도 금방 알아차릴 수 있다. 그렇지 않다면 대출은 요원한 것이다.

16. 수상한 전화나 방문자와 대화를 하나

기업을 방문했을 때 기업의 간부직원이 수상한 전화를 하고 있거 나 수상한 방문자와 대화를 하고 있는 사실을 발견했다면 금융기관 종사자들은 이것을 그냥 놓치고 말 일이 아니다. 당장은 어떤 결과를 예측할 수는 없지만 그런 이야기들이 원인이 되어 후에 상당한 문젯 거리가 대두될 수도 있는 것이다.

기업의 존폐문제부터 시작하여 자금문제, 생산문제, 원재료문제, 기 술자문제, 출하문제, 판매대금문제, 수출문제, 환경문제 등등 이루 헤 아릴 수 없는 기업에 관련된 일들이 이 한 통화의 전화나 대화를 통 해 예감할 수도 있는 것이기 때문이다.

또한, 금융기관 종사자 중에서 유능한 대출심사역은 기업의 현재 상황을 직감할 수도 있다.

17. 자금담당 직원이 퇴사나 부재중인가

자금담당 직원이 퇴사했거나 자리를 장기간 비우고 부재중인가?
자금담당자의 위치는 기업에 있어서 대단히 중요하다.

자금담당자가 기업의 모든 비밀에 관련된 비용 즉, 경비를 어느 정
도는 알고 있다. 이런 사람이 퇴사를 했다면 그 기업의 어떤 문제를
알고 있어서 퇴사했을 가능성을 배제할 수가 없으며, 이런 사람이 장
기간 자리를 비우고 있다면 기업의 자금은 당장은 돌아가지 않는다
는 이야기가 되는 것이다.

대기업에 있어서 어느 기업을 다른 기업이 인수했을 때 맨 먼저 하
는 것이 자금담당자를 교체하고 먼저 담당하던 사람을 그만두게 하
는 이유도 이런 맥락에서 하는 것이다.

18. 간부가 의욕상실이나 병약한가

기업에 있어서 간부의 역할이라는 것은 인체의 뼈와 같다. 뼈가 튼
튼하지 못하면 살도 흐느적거릴 수밖에 없고 행동도 생각도 바르지
못하게 되는 것이다.

마찬가지로 기업에 있어서 간부가 병약하다든지 의욕상실에 걸려
서 도무지 아무것도 하려 들지 않는다면 아무리 잘 훈련된 직원들이
라고 하더라도 진두지휘를 할 수가 없게 된다. 그 결과로서 경영의
악순환이 이어지게 되고 기업은 계속기업으로서의 존재가치를 잃을
수도 있는 것이다.

기업 도산의 직접적인 원인은 아니지만 병약하거나 의욕을 상실한
경영진이나 간부에 의해 서서히 기업의 경영이 좀먹게 된다.

19. 퇴근시간이 지연되고 심야작업을 하나

일시에 어떤 업무가 집중이 되어서 시간을 미루면서 할 수가 없을 경우 아니면 어떤 일을 일과를 마치고 나서 할 경우에 야근을 하게 된다. 물론, 어떤 직원들은 습관적으로 야근을 하기도 한다.

업무분장이란 직원들의 능력에 맞게 부여해야 한다. 분장이 잘못 되었든지 아니면 능력이 없을 경우 어느 직원은 항상 야근을 할 수밖에 없는 것 아닌가? 기업에 있어서 업무의 조정능력이 있어야 하는 데, 이 조정능력이 없거나 미약할 경우 직원들은 야근을 할 수밖에 없을 것이다. 그러나 보통의 경우 대부분의 기업에 있어서는 관리를 잘하고 있다.

조정능력이 있는 상태에서 야근을 하고 있다면 기업에 무슨 일이 일어난 것 아닌가? 종전에는 야근이라곤 하지 않던 기업이 야근을 계속하고 있다면 의심해볼 일이고, 기업에 특별한 일이 발생하여 퇴근시간이 지연되고 심야작업을 하게 되는 것 아닌가? 의심해볼 일이다.

20. 빈약한 보수가 지급되고 있나

종업원에게 지급되는 보수는 동일업종의 평균이상은 되어야 종업원을 지속적으로 근무하도록 유도할 수가 있다. 종업원을 유지시키는 첫 번째가 종업원의 보수이다. 그 다음이 인간적인 대우다. 아무리 인간적인 대우를 잘해 준다고 하더라도 보수가 미약하다면 종업원들이 그 회사에 앉아 있으려고 하지 않을 것이고, 종업원들의 퇴사는 밥을 먹는 듯이 할 수도 있을 것이다.

최소한의 급여 지급으로 경영을 하는 것이라고는 하지만 훌륭한 종업원을 지속적으로 종사시키기 위해서는 동종업계 평균 이상으로 급여나 보수를 지급해야 할 것이다.

21. 업무상 횡령이나 배임행위가 있었나

기업이 정상적으로 운영된다고 하더라도 이런 저런 문제들로 복잡한 것이 기업경영이다. 그런데 그런 와중에서 종업원들이 정상적으로 일을 하지 못하고 다른 문제들을 일으킨다면 이를 정리하느라고 또 엉뚱한 정력을 낭비하게 될 것이고 아마도 정신없이 돌아갈 것이다.

종업원 중에서 업무와 관련하여 횡령이나 배임행위가 발생했다면 조직의 기강은 무너지고 평소에 하던 대로 업무를 하기가 어려워질 것이다. 또한, 직원들간에도 설왕설래하는 등 어수선하여 생산성도 낮게 나타날 것이고 그 여파로 또 다른 문제들이 나타날 수도 있을 것이다.

기업에 있어서 직원들이 동요하는 한 직장으로서 안심을 할 수 없고, 마음이 떠 있어서 제대로 일을 할 수 없을 것이다. 여러모로 보아 직원들을 믿지 못하게 하는 이런 행위는 경영의 위축으로까지 발전할 가능성도 있다.

22. 직원 상하 간 의사소통이 두절되었나

조직에서 제일 좋은 것은 하의상달이라고 할 수 있다. 어느 조직이나 상의하달은 잘되고 있다고 생각할 수 있으나 그렇지 않은 조직도 많다. 그러나 분명히 상의하달이 없는 조직이라도 하의상달은 있어야 하는 것인데 이것이 제대로 되지 않는 조직도 있다. 모두 경영상 문제로 지적할 만하다.

그런데, 직원상하간에 의사소통이 되지 않는다면 생산이나 경영에 있어서 막대한 지장을 초래하게 된다. 서로 어떤 관련이 있어서 일을 하게 되는 것인데 이런 일들이 의사소통 없이 이루어지고 있다면 문제가 아니겠는가?

의사소통 없이 잘만 되어준다면 누가 뭐라고 하겠는가? 하지만 그렇게 잘 될리가 없는 것이다. 직원들도 상하관계가 성립되어 있어서 OJT도 하게 되는 것이고 다른 직원들에게 도움을 청할 수도 있는 것이다. 서로 의지하고 살아가는 직원들끼리 의사소통도 되지 않는다면 같이 근무하는 직원들이라고 하기에 너무한 것 아닌가? 그렇게 살고 있는 조직에서 당신은 어떻게 일하고, 인생을 이야기하며 대화를 할 수가 있겠는가?

이런 조직에서는 어떤 문제가 발생하여도 남의 일이요, 나와는 상관이 없는 일로 여기고 있는 것 아닌가? 과연 이런 조직에서 생산성이 제대로 나타날 것인가?

23. 인사이동이 상식을 벗어나게 빈번한가

인사이동이란 필요에 따라서 제때에 해야 한다. 옛날에는 주기적으로 인사이동을 했지만 지금은 시도 때도 없고 예고 없이 인사이동이 이루어지고 있는 것이 현실이다. 그러나 상식을 벗어나게 인사이동을 자주 한다거나 인사이동의 폭이 상식적이지 못하게 크고 많다든지 하는 경우에는 전 조직이 일시에 움직이지 못하게 하는 결과를 가져오게 된다.

인사이동은 조직에 활력을 불어넣고 개인의 계발을 도모하고 생산성을 높이는 등 여러 가지 목적에 의해 행하게 되는 것인데 인사이동을 한답시고 조직을 뒤집어엎듯이 하는 인사이동과 조직을 마비가 될 정도로 대폭 인사이동 하는 경우 등은 경영에 치명적일 수도 있다.

그렇다면 왜 이런 인사이동을 했을까? 그렇게 하지 않으면 조직운영에 문제가 대두될 것이라는 판단이었을 것이다. 즉, 다른 큰 문제가 도지기 전에 인사이동을 통해 문제의 발단을 사전에 막아 보자는 의도일 것이다. 그렇다면 여기서 두 가지를 집고 넘어 가야할 것 같다. 우선 어떤 문제가 대두될 것으로 보고 인사이동을 했을 것인가 하는 문제다. 그렇게 인사이동을 실시하여 문제가 치유될 수가 있었다면 다행일 수도 있다. 그렇지 않다면 더 큰 문제로 부각될 수도 있다. 또 다른 하나는 이렇게 인사이동을 하여 각 직원들이 느끼는 부담감이다. 부담감이 집중되어 전 종업원들이 똑같은 입장이 되어 당장은 업무가 돌아가지 않을 수 있다는 위험이다. 어떤 것이 더 나은 것인지는 따져봐야 할 것이나 개별 기업별로 판단해봐야 할 것이다.

🌐 사람을 보는 지혜

어떤 사람을 만나느냐에 따라서 나의 삶이 바뀐다고 한다. 그러면 어떤 사람을 직원으로 채용하고 어떤 사람들을 만날 것인가? 사람에 대해 알아보자.

『신들의 고향』 등을 집필한 박기현이 쓴 『사람을 보는 지혜』라는 책 내용 중에는 사람을 여러 가지 유형으로 구분하고 있다. 그 중에서 몇 가지만 알아보자.

◆ 사람과 조직을 망하게 하는 사람 유형

권모술수형, 기회주의형, 책임회피형, 자화자찬형, 돌격영웅형, 최고지상주의형, 간사와 아첨형, 도적질하는 형, 오직 자기중심형, 끝없이 비난하는 형 등

우리가 언뜻 봐도 알 수 있을 것 같다.

◆ 절대로 피해야 하는 유형

나쁜 소식만 단골로 전해 주는 사람, 허무주의자, 칭찬에 인색한 사람, 말을 하다 얼버무리는 사람, 아첨하는 사람, 결과만을 중시하는 사람, 비겁한 사람, 질서 의식이 없는 사람 등

이런 말도 나온다. "사람은 자기 일보다 남의 일을 더 잘 알고 더 잘 판단한다." 이렇듯 이 책은 사람을 어떻게 볼 것인가에 대하여 소상하게 설명하고 있다.

기업에는 기업문화라는 것이 있다. 어떤 회사를 가보면 그 회사의 특징적인 문화가 있다. 기업조직을 구성하고 있는 사람들이 어떤 사람들인가를 판단하는 것이 대단히 중요하다.

7장
원재료, 재고

정보를 입수할 수 있는 방법은 헤아릴 수 없이 많다. 외부에서 정보를 입수할 수 있는 입수처는 동업자, 회사의 원재료 구매처, 제품 구매처, 불평불만이 비교적 많은 직원 등이다.

1. 원재료 구입처가 자주 바뀌는가

원재료 구입처가 자주 바뀐다면 주의해야 한다. 원재료를 제때에 조달하지 못하면 생산에 치명적이다. 원재료를 공급하는 업체가 거래를 끊어서 다른 원재료 공급처와 거래를 한다면 거래관계가 원만하지 못하다는 것을 증명하는 것이다. 생산은 확실한 원재료 공급처를 확보하는 것이 관건일 경우도 상당히 많다. 원재료 공급처가 계속 바뀐다면 생산은 제대로 될리가 없을 것이다.

2. 수입원재료 가격의 폭등은 없는가

원재료를 주로 수입재로 조달하는 경우 외국의 원재료가격 상승 시 원가가 상승하게 되어 제품의 판매가격을 올려야 하는 결과를 초래하게 된다. 소비자는 가격인상으로 구입을 늦춘다든지, 대체품을 구입한다든지, 구입을 포기하는 경우가 발생할 수도 있다. 따라서 원재료가격의 지속적인 상승은 특별히 원가 면에서 커버하지 않는 한 판매에 치명적이다.

3. 재고자산이 급증하고 있는가

도산의 큰 원인 중의 하나는 생산한 제품의 판매부진이다. 재고자산이 급증하고 있으면 면밀한 검토가 필요하다. 재고자산의 과다에 의해 운전자금 소요자금이 많아져 대출할 금액이 많아진다고 좋아할 일이 아니다. 재고자산의 급증은 판매부진에 의한 재고증가, 불량품에 의한 재고증가 등 여러 가지 원인이 있겠지만, 재고자산의 증가는 유동성 부족을 가져오게 될 것이고, 이는 자금압박으로 이어져 도산의 위기가 올 수도 있는 것이다.

홀륭한 판매는 왕이다. 아무리 훌륭한 인재가 많다고 하더라도 판매가 되지 않으면 인재도 필요가 없는 것이다.

4. 원재료 매입처가 도산했나

원재료 매입처가 도산했다면 경계해야 한다. 원재료를 일정한 회사로부터 공급받다 보면 다른 회사로부터 갑자기 원재료를 공급받는다는 것이 어려워지게 되고 그 영향이 생산에 미치기 때문에 생산에 치명적일 수가 있다. 또, 원재료 매입을 위해 선도금을 지급한 경우에는 선도금을 떼일 가능성이 충분할 수도 있다.

원재료를 공급하는 업체로부터 거래가 끊겨서 다른 원재료 공급처와 거래를 다시 시작한다면 회사에서 요구하는 원재료를 제대로 공급받지 못할 수도 있는 것이다.

5. 마감일 직후의 수주쇄도인가

원재료를 구입하기 위해 마감일 직후에 발주를 한꺼번에 한다면 분명히 결산시점의 재무자료에 문제가 있거나 문제를 내포할 가능성이 있다. 결산시점의 재무자료를 인위적으로 조정하기 위해 즉, 마감일의 원재료의 비중을 축소하여 회전율을 높이거나 마감 시의 외상매입금을 줄이기 위한 목적으로 마감일이 지나고 나서 원재료 구입 발주를 했다고 볼 수도 있다.

기업의 재무는 일정시점의 자산·부채·자본 등을 측정하고 일정기간의 경영성과를 측정하기 위한 것이기는 하나, 이와 같이 지급해야 할 항목을 기말에는 그 금액을 줄여서 부채를 줄이고자 하는 것이 경영자의 생리인 것이다.

이런 현상이 나타날 경우에는 분식도 있었는지 여부를 같이 검토해야 하고, 여타 다른 현상이 또 있는지 생각해봐야 한다.

6. 수입업자의 횡포가 있는가

원재료 중 수입원재료의 경우 회사에서 수입을 직접 하지 않고 수입업자가 수입한 원재료를 구입해 오거나 수입업자에게 대행을 의뢰할 경우가 있다. 이런 품목이 많을 경우 수입업자의 횡포가 있는지 알아봐야 한다. 수입업자가 원재료의 가격을 높이려고 한다든지, 원재료의 인도일을 수입업자 마음대로 늘려 잡으려고 하는지 따져볼 일이다.

 이런 기업 부도난다

수입원재료 구입처로부터 당장 회피하기 어려운 횡포를 해 올 경우 보통의 중소기업들은 일방적으로 당할 수밖에 없다. 원재료를 제때에 조달받기 위해서는 그런 횡포도 감수해야 하는 것이 현실인 것이다.

7. 원자재, 중간제품 거래가 급증하는가

원자재나 중간제품을 처분하고 있지 않은가? 자금부족이 예상되는 경우나 의도적으로 자금을 도피하기 위한 경우 또는 사업을 그만두려는 경우 보유하고 있던 원자재나 중간제품을 갑자기 대량 처분하는 일이 있는데 이는 중요한 도산징후이다. 자금이 긴급하게 필요하기 때문이다. 동종업계나 업체의 풍문을 통해 알 수 있다.

8. 조건이 나쁜 매입의 실행이 있는가

수입원재료의 경우 인수일을 마음대로 늦춰 잡으려고 한다든지, 질이 저하된 제품을 강제로 인도하려고 한다든지, 판매가격을 높여 팔려고 한다든지 하는 횡포처럼 조건이 나쁜 매입을 실행하는 경우를 발견할 수 있다.

중소기업의 경우 어떤 때는 할 수 없이 악조건의 매입을 하는 경우도 있을 것으로 본다. 이런 경우 제품의 질 저하나 가격인상 등의 경영상 문제점들을 내포하게 된다.

9. 검수의 지연이 있는가

원재료 구입 시 검수의 지연이 있는지 알아보자. 검수가 지연되고 있다는 것은 원재료의 하자 또는 규격미달과 검수요원의 직무와 관련된 직무유기를 손꼽을 수 있다.

원재료의 하자 또는 규격 미달 시에는 생산제품의 질 저하 또는 하자로 연결될 수 있음을 간과할 수 없다. 또한, 검수요원의 직무상 직무유기란 검수와 관련하여 납품업체로부터 경제적인 도움을 얻기 위해 검수를 지연시키는 것 등을 말하는데, 직원들의 감독과 자율을 잘 조정하는 기업에 있어서는 있을 수 없는 일이나 감독을 제대로 하지 못하는 기업에 있어서는 비일비재한 일이 될 수도 있다.

10. 불량품, 반품이 증가하고 있나

원재료의 구입 후 불량품이나 반품이 증가하고 있다면 생산제품의 질 저하를 의심할 필요가 있다.

원재료의 하자 또는 규격미달에 의해 생산제품의 질 저하 또는 하자로 연결되어 제품의 판매에도 지장을 초래할 것이기 때문이다.

11. 비상식적인 납품주기가 있는가

비정상적인 납품주기가 있는가? 납품주기가 비정상적이라는 것은 여러 가지 원인이 있을 수 있다. 우선, 지금하고 있는 제품의 생산을 중단하고 다른 제품으로 갑자기 변환하는 경우 납품주기가 비상식적일 수 있고, 기존제품 생산을 위한 부족한 원재료를 갑자기 매입하는 경우도 예상해볼 수 있다.

제품을 바꾸어 생산하는 경우 생산계획성의 결여로 시행착오를 일으킬 수 있고, 계획생산이 되지 않을 경우가 있다. 또한, 부족한 원재료를 갑자기 조달하는 경우 그 회사의 자금사정이 좋지 않다는 증거

 이런 기업 부도난다

일 수도 있다.

모든 것이 그러하듯이 생산도, 판매도 계획적이라야 한다. 이런 계획성의 결여는 경영성과에 그대로 나타날 수 있다. 예를 들면 원가의 급증, 판관비의 급증, 외상판매대금 회수지연 등 여러 재무자료에서 이를 확인할 수 있다.

12. 재고관리의 혼란이 있는가

제품생산을 하는 기업의 경우 원재료의 관리는 철저하게 하여 생산과정에 정확하게 투입되도록 해야 한다. 그래야 정확하고 빠르게 생산을 할 수 있을 것이다.

재고관리가 제대로 되지 아니하여 원재료 투입의 혼란을 가져오고, 투입할 원재료를 잘못 선택한다든지 하는 오류를 범할 경우 생산한 제품의 재생산 등 여러 가지의 혼동을 가져올 수 있다. 또한, 이렇게 재고관리를 어렵게 해 놓고 있는 기업의 경우 실제로 주먹구구식 생산을 하는 경우를 볼 수도 있다. 어떻게 하면 보다 효율적으로 시간을 절약하면서 생산을 할 것인가 하는 문제가 뒷전이라면 생산을 다시 검토해봐야 한다.

13. 구입대금 지불의 장기화가 있나

원재료의 구입대금 지급에 장기간이 소요되고 있는 것은 아닌지 확인하자. 자금 부족 시에는 원재료뿐만 아니라 임금도 늦게 지급할 것이지만 생산에 투입되는 원재료대금을 지연지급하고 있다는 것은 극단에 가서는 생산을 하지 못할 수도 있는 것이다. 원재료 판매업체가 대금을 지급받지 못하면 원재료공급을 중단할 수도 있는 것 아닌가?

외상매입금을 무작정 늦게 지급하는 것이 능사가 아니다. 적정한 기일을 두고 대금을 지급하고 있는지 알아볼 일이다.

14. 재료부족, 자재결함이 현저한가

원재료가 부족한가? 원재료의 결함이 나타나고 있는 것은 아닌가? 원재료가 부족할 경우 생산중단을 염려하지 않을 수 없다. 생산이 중단된다면 자연히 경영은 위태롭게 될 것이고 이어서 자금의 경색을 지나 자금지급의 중단 즉, 부도가 얼마남지 않았을지도 모른다.

원재료의 결함이 자주 나타날 경우 생산제품의 결함으로 이어질 것이고, 생산제품의 결함은 판매의 부족으로 나타날 것이고, 판매의 부족은 자금의 부족으로 이어질 것은 뻔한 일이다. 결국 원재료의 결함은 사업의 중단까지도 이어질 가능성을 배제할 수 없다.

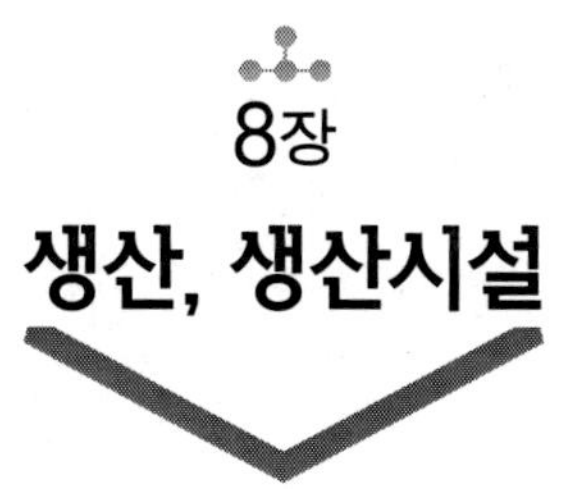

8장
생산, 생산시설

    대기업이 진출하지 못한 시장을 개발해 성공한 중소기업이 수없이 많다. 중소기업은 대기업의 경영방침을 확실히 메모한 뒤 대기업의 방침과 반대로 비즈니스를 전개하면 성공할 수 있다는 사실을 알 수 있다. 대기업이 결코 손대지 않는 시장의 조건은 다음과 같다. ① 제품생산이 까다롭다. ② 대량으로 팔 수 없다. ③ 판매루트가 복잡하다. 또, 중소기업에는 중소기업만의 특색이 있다. 그런데도 금방 대기업 흉내를 내려고 하는데 이런 회사는 미래가 없다. 무엇보다도 자사의 개성, 가장 잘하는 기술이 어떤 것인지 깨닫고 거기에 매진해야 성공할 수 있다.(『성공한 사람들의 메모하는 방법』, 나카지마 다카시 지음, 시간과 공간사)

    성공하는 방법에는 여러 가지 갈림길이 있겠지만, 위와 같이 성공하는 중소기업이 가는 길이 아닌 길로 가는 기업은 실패할 확률이 높다. 실패하는 회사는 경영측면을 들여다보면 어딘가 모르게 어수룩하다는 느낌을 지울 수가 없다.

1. 가동률의 저하현상은 없는가

제품생산능력에 비하여 실제가동률이 얼마인가는 생산업체의 상태를 보는 대단히 중요한 요소이다. 생산능력도 문제지만 가동률이 정상이라야 한다. 가동률이 낮으면 수주상 문제인지, 생산상 문제인지, 판매상 문제인지, 노사분규, 직원부족 문제인지 등을 검토해야 한다. 가동률이 정상적이지 못하고 낮은 수준에서 유지되거나 증가하지 않으면 인건비 등 고정비 지급은 계속되어 당기순이익은 그만두고 당기순손실을 시현하게 된다. 가동률의 정상궤도 진입이나 상승이 예견되지 않는다면 이들 업체에 대한 대출은 위험하다고 판단해도 무리가 아닐 것이다. 공장가동률이 50% 정도 이하라면 위험하다고 판단해볼 일이다.

2. 근무환경이 불량하지 않은가

일반적으로 좋은 환경에서는 좋은 생각이 나게 되어있고 열악한 환경에서는 좋은 생각이 나지 않게 되어있다. 근무환경이 불량한 곳에서 근무하는 직원들에게 기대할 수 있는 것은 인내뿐이다. 좋은 생산성을 기대하려면 좋은 환경을 만들어 주어야 하는 것은 당연하다. 그렇기 때문에 앞다투어 환경개선을 하고 격려를 아끼지 않는 것이다.

근무환경이 부실여신으로 직결되는 경우는 거의 없다. 그러나 열악한 근무환경 때문에 사고가 나고 그 이유로 기업도산의 불씨가 되는 경우는 가끔 있다. 좋은 환경과 관련하여 경영자가 얼마나 관심을 가지고 있는지 알아볼 수도 있을 것이다.

3. 자동화만 믿지 말자

　최근에 설치된 공장의 경우 자동화, 반자동화시설을 갖춘 공장이 많다. 대출을 하기 전에 생산시설에 고장이 있을 때 어떻게 대비를 하고 있는지 대비책을 확인해야 한다. 고장이 났을 때 외국 기술자가 와서 고친다면 공장은 가동을 중단해야 할 것이다. 만약, 그 시설물이 원예작물시설이라면 겨울철에 고장이 났을 때는 원예작물들이 모두 얼어 버린 후에 기술자가 올지도 모르기 때문이다.

4. 생산설비는 진부화된 것이 아닌가

　진부화된 생산설비로는 신제품을 생산할 수 없다. 어떤 제품을 생산한다면 생산에 필요한 설비와 장비가 있어야 할 것이다. 생산에 사용되는 설비와 장비가 진부화된 것이라면 새로운 제품을 제대로 생산할 수 없을 것이고, 설비와 장비에 맞는 제품 밖에는 생산할 수 없을 것이다.

　후진 경영방식보다는 후진 설비와 장비가 제품생산 판매에 보다 치명적이다.

5. 조업 중단 중인가

　현재 조업중단 중이라면 신규여신이 어려울 뿐만 아니라 기존여신에 대한 채권회수대책을 강구해야 할 것이다. 매출액이 발생하지 않는 회사는 이익을 발생시킬 수 없을 것이고, 이익이 나지 않으면 부실로 가는 것은 뻔한 것이기 때문이다. 조업 중단이 장기화할 경우는 경영상 치명적이다.

6. 유휴인력, 유휴설비가 많은가

생산업체의 가동률이 높건 낮건 간에 유휴인력과 유휴설비가 많은지 알아보자. 가동률이 높은 상태에서 유휴인력과 유휴설비가 많다면 인력의 과잉투입과 시설의 과잉투자라고 판단해야 한다. 이런 상태에서는 과잉 투입된 인력을 빼 버려야 할 것이고, 과잉 투자된 시설을 처분해야 할 것이다. 그런데도 이와 같은 조치를 하지 않는다면 분명히 무슨 사연이 있을 것이다. 그 원인을 밝혀야 경영의 리스크를 확인할 수가 있다.

가동률이 낮은 상태에서 유휴인력과 유휴설비가 많다면 생산이 제대로 되지 않고 있다는 증거다. 이런 상태에서는 인력과 시설의 100% 가동을 위해서는 생산수주를 받아 와야 할 것이다. 수주를 받을 수가 없다면 기업 내부에서 특별한 조치를 해야 할 것인데 이를 할 수가 없다면 그 원인도 밝혀야 경영의 리스크를 확인할 수가 있다.

어떻든 유휴인력과 시설이 있다는 것은 고정비인 인건비 등은 계속 지급되어야 하고 결국은 비용이 증가되어 당기순손실을 시현하게 될 것이다.

7. 생산계획의 혼란을 가져오지 않았나

생산은 계획대로 이루어져야 하며 계획생산이 되어야 재무나 자금관리 등이 순조롭게 되는 것이다. 어느 기업이든지 생산업을 영위하고 있는 기업은 생산부터 판매대금의 회수까지 원활해야 하는 것이다. 이 과정에서 어느 하나라도 잘못되면 기업의 자금관리에 구멍이 생기게 되는 것이고 자금관리에 구멍이 생기면 기업의 위기를 초래하게 되기도 하는 것이다.

생산계획이 제대로 서 있지 아니하면 생산하려는 종업원들의 의지와 무관하게 생산성의 저하현상을 가져오게 된다. 생산계획의 혼란은 종업원들의 사기를 저하할 수도 있으며 고정비의 증가를 가져오기도 한다.

8. 청소상태가 불량하지 않은가

생산라인과 책상서류의 정리정돈의 미비는 없는가? 정리정돈이 잘 되어있는 공장에서는 생산성이 올라갈 수가 있는데 그렇지 못한 생산공장에서는 가동률이 아무리 높다고 하더라도 생산성은 목표에 미치지 못하게 될 것이다.

정리가 되어있지 못한 공장에서는 한 가지 공구를 찾는 데 이리저리 찾느라고 허비하는 시간이 상당하게 될 것이고 효율적인 생산을 할 수가 없게 될 것이다.

한 마디로 말하면, 청소불량이나 정리정돈이 잘되지 못한 기업에서는 효율적인 생산성과 정상제품의 출하를 기대하기가 어렵게 되는 것이다.

9. 부자연스런 휴업

기업에 있어서 사무실이나 공장이 지속적으로 영업을 해야 하고 그 영업성과로 종업원에게 임금도 지급할 수가 있을 것이다. 그런데 어떤 사유든지 간에 휴업을 한다면 일단 적색경보 정도로 인식해야 할 것이다.

휴업이 장기간 유지되면 휴업이 아니라 폐업으로 갈 확률도 높아지게 되기 때문이고 다른 사람에게 이해가 가지 않을 정도로 휴업 자체가 부자연스럽다면 더욱 의문이 가게 될 것이다. 부자연스런 휴업은 더욱 경계해야 할 것이다.

10. 생산과 판매부문의 마찰

생산부문과 판매부문이 마찰을 빚고 있다면 주의해야 한다. 생산은 생산부문대로 판매는 판매부문대로 업무를 수행하고 있지만 판매는 생산부문이 받쳐 주어야 하는 것인데 판매부문에서 얻은 정보를 생산부문에서 제대로 수용하지 못한다면 마찰을 일으킬 수밖에 없을 것이다. 생산과 판매부문 간에 마찰이 생기면 결국은 판매부문에서 치명적일 수밖에 없고, 그 결과는 자금의 원활한 회수에 지장을 줄 것이다.

9장
제품

1. 수요자가 찾지 않는 제품인가

제품을 아무리 잘 만들어도 수요자가 찾지 않고 팔리지 않는다면 큰 문제인 것이다. 시대에 따라서 산업이 바뀌는 것처럼 소비자의 취향도 시대에 따라서 바뀌어 가고 있다. 지금까지 잘 팔았다는 것으로는 안 된다. 시대에 따라서 소비자의 취향을 잘 알고 있어야 하고 거기에 맞춰서 제품을 개발하고 생산해야 한다. 수요가 정체되거나 감소할 기미가 없는지 적극적으로 검토해야 한다. 적극적인 제품개발계획이 없다면 주의해야 한다.

2. 강력한 경쟁상품 출현

강력한 경쟁상품이 출현했는가? 소비자의 선호도가 변하여 시장점유율이 갑자기 떨어질 가능성이 있는가?

시장점유율이 떨어지는 것은 여러 가지 원인이 있겠지만 그 원인을 잘 알아보고 회사에 어떤 영향을 미칠 것인지에 대해 검토해야 한다.

3. 시대에 뒤진 제품인가

생산하는 제품이 라이프사이클 상 쇠퇴기에 진입한 경우 그런 제품을 계속 생산하고 있다면 혹시 시대에 뒤진 제품인가를 확인해야 하고 여신 취급 시 주의해야 한다. 이런 경우 제품판매활동이 부진하게 될 것이고, 수익성이 악화되어 부실로 이어질 가능성이 크다.

4. 국제적 환경에 적응을 잘할 제품인가

환율의 급격한 변동, 국제 원자재 가격의 상승 등으로 제품이 가격경쟁력을 상실한 제품은 아닌가? 만약, 환율이 급격히 변동하여 수출에 부담이 되거나 국제 원자재가격의 상승으로 제품원가에 큰 폭의 상승요인이 생긴다면 주의해야 한다. 이들 기업이 가격상승의 부정적인 효과를 제품가격에 그대로 전가를 하지 않고 자체 해결하려는 의도나 감수하려는 노력이 있는지 여부를 확인해야 한다.

5. 불량품이 증가하고, 공장이 축소되었는가

생산하는 제품 중 불량품이 증가하고, 클레임이 증가하고 있다면 생산부문에 큰 문제가 발생한 징후이다. 이런 경우의 징후는 공장의 생산라인을 놀리게 되어 가동률이 적어지게 되거나 불필요한 공장라인을 축소 또는 폐쇄하여 공장을 처분하는 일이 발생하게 된다. 생산과 판매가 제대로 되지 않는다면 회사의 수명은 다하는 것으로 볼 수 있다. 특히, 이런 상황에서 지금까지 하던 사업과 관련이 없는 사업으로 사업전환을 꾀한다면 상당한 위험이 뒤따를 것으로 볼 수 있다.

6. 제품과 A/S 등에 대한 평가절하

제품에 대한 가격수준에 대한 평가절하, 제품의 질에 대한 평가절하, A/S 등에 대한 평가절하가 있었는가? 제품에 관련된 이러한 평가절하는 결국은 제품의 판매와 직결되고 판매량의 감소는 자금회수의 문제점으로 지적될 수 있으며, 급기야는 제품의 생산에 영향을 미치게 되는 것이다.

7. 대규모 클레임의 증대, 반품 증가

대규모 클레임의 발생이나 반품이 증가하고 있는가? 대규모 클레임이 발생했다면 제품의 생산과 판매와 자금의 조기회수에 큰 문제점을 안게 된다. 특히 판매과정에서 반품이 증가하고 있다면 생산은 더욱 위축되고 반품에 따라서 기업의 이미지가 나빠질 것이고 반품을 정리하고 재생산하는 과정에 또 다른 비용이 수반되기도 한다.

8. 상품가격이 터무니없이 오른다

제조하는 제품의 가격이 터무니없이 오른다면 우선 제품의 판매가 제대로 될 수가 없을 것이고 제품의 수요가 갑자기 줄어들 수도 있을 것이다. 이어서 제품의 판매대금 회수는 어려워질 것이다.

9. 제품다양화가 실패하고 있지 않나

제조 생산하는 제품을 다양화하고 있는데 이 제품다양화가 실패하고 있는 것은 아닌지 검토해볼 일이다. 제품다양화에 실패하고 있다면 장래 수익원인 제품의 판매는 무리가 따르게 되어있다.

생산계획 중에서 제품의 생산이 제일 중요한 것인데 이 중에서 제품의 다양화에서 성공하지 못한다면 문제인 것이다. 제품의 다양화에 성공해야 장래 수익원이 확실시되는 것이다. 총자산의 약 3분의 1 이상 투자한 신제품 개발이 실패했다면 치명적일 수 있다.

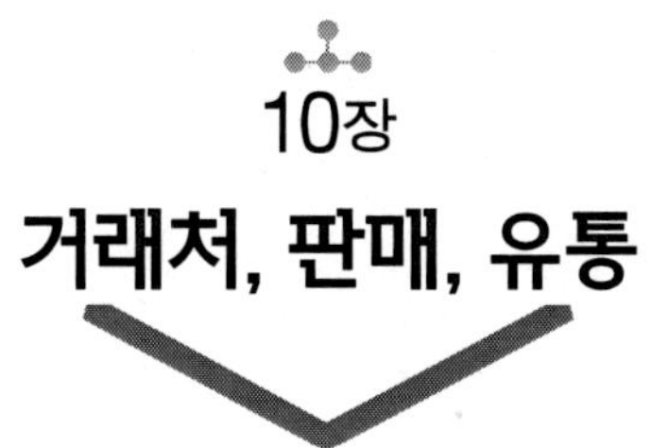

10장
거래처, 판매, 유통

다음은 거래처에서 나타나는 내용들이다. 거래처의 정보입수는 거래처의 영업에 지장이 되지 않도록 조심스럽게 해야 한다.

1. 거래업체가 자주 바뀌는가

원자재나 부품공급업체, 제품판매업체, 하청업체가 수시로 바뀐다면 주의해야 한다. 거래고객이 얼마나 다양한지, 얼마나 오랫동안 거래하고 있는지, 고객들의 영업전망은 좋은지, 향후에도 계속 해당기업의 고객이 될 것인지, 판매조건은 어떤지 등을 알아보면 해당기업의 영업을 어느 정도 이해할 수가 있다.

거래조건의 악화에 의해 원자재공급업체가 원자재공급을 꺼리게 되거나 제품판매업체가 제품구입을 꺼리게 되는 경우 또는 하청업체가 하청을 꺼리게 될 경우 제품생산 및 판매에 지장을 가져올 것은 뻔한 일이고, 거래업체가 자주 바뀌는 경우 기업을 유지하는 데도 힘들게 될 것이다.

2. 주요거래처의 경영불안, 부실발생

주요거래처가 경영불안을 가지고 있거나 부실이 발생하고 있다면 주의해야 한다. 주요거래처가 원재료공급처라면 갑자기 원재료공급을 받지 못할 수도 있을 것이고, 재품의 판매처라면 판매대금의 회수에 지장을 초래할지도 모른다.

주요거래처의 부실 때문에 동반하여 부실이 될 수도 있는 것이다.

3. 주요 거래선의 이탈 및 거래조건 변경

주요 거래선의 이탈 및 거래규모 축소나 중요한 거래조건의 변경이 있었나? 주요 거래선이 이탈하는 경우 원재료를 제대로 공급받을 수가 없을지도 모르고 판매처를 한꺼번에 잃어버릴 수도 있을 것이다. 주요 거래선이 거래규모를 축소하는 경우도 물론 위와 같은 지장을 초래할 수도 있다. 중요한 거래조건의 변경은 결국은 경영에 여러 가지 문제점을 일으킬 수가 있는 것이다.

4. 수출업체가 내수로 바뀐다

수출업체가 내수로 돌아선다면 주의를 해야 한다. 왜냐하면 국내 소비를 위한 유통조직이 제대로 되어있지 않을 것이므로 판매에 지장을 초래할 것이고, 따라서 제 가격을 받지 못할 것은 뻔하기 때문이다. 만약 그 업체가 당초에 내수가 수출보다 수익성이 있었다면 내수를 했을 텐데 수출이 더 유리했기 때문에 수출을 했을 것이다. 그런데 이제는 수출이 잘되지 않는다는 징후다. 수출이 잘되지 않는다고 내수로 돌릴 경우 내수가 갑자기 느는 종목은 거의 없고 제값을 받기가 어려우며 유통경로의 부재로 판매고를 높이기가 사실상 어려운 것이다.

5. 과도한 바이어 접대, 뇌물수수

바이어에게 과도하게 접대를 한다든지 뇌물을 제공하려는 기업인가? 과도한 접대와 뇌물제공은 본업이나 제품에 관련된 일에 무엇인가 문제점들이 있어서 이를 만회하려는 행동인 것이다. 물론 고마워서 하는 경우도 있을 수 있으나 요즘 같은 세상에 그리 흔하지는 않은 것 같다. 분명히 무슨 문제점들을 잘 봐 달라고 하는 의도인 것으로 받아들여야 할 것이다.

또한, 이런 기업은 본업에 관련된 일에 전력을 다하지 못하고 업무 이외의 방법을 통해 해결하려는 의도를 가지고 있는 것이다. 정도를 지키지 못한다면 경계할 필요가 있다.

6. 거액 거래선의 도산

원재료를 공급하는 거래선이나 생산물을 판매하는 거래선이 도산했다면 치명적일 수가 있다. 원재료를 제대로 공급받기가 어려울 것이고, 제품판매대금을 받지 못할 수도 있으며, 향후 생산할 제품의 판로를 새로 개척해야 하는 어려움이 도사리고 있게 되는 것이다.

기업에서 이런 어려움을 겪게 될 것이라고 예상을 한다면 여기에 맞는 대책을 세워서 생산과 판매에 임해야 하는데 그런 대책도 제대로 세우지 못하고 대응도 제대로 하지 못한다면 그것도 문제인 것이다. 거액 거래선의 도산은 이처럼 기업에 있어서 동반자 관계인 것이다. 같이 살고 같이 죽을 수가 있는 것이 거액 거래선의 관계인 것이다.

다음은 판매·유통에서 나타나는 내용들이다.

1. 유통망은 정상적인가

최근 들어서 제품판매체계에 상당한 변화가 있었다. 점포 없이 TV
와 인터넷을 통해 판매를 하기도 하고, 창고 같은 건물에 매장을 설
치하여 할인가격으로 판매하는 대형할인점포들도 있다. 업종에 따라
다르겠으나 판매원에 따라서 판매량이 증감될 수 있는 유통구조나
기존의 점포에만 판매를 의지하는 방식은 판매신장률이 높을 리가
없다. 오히려 줄어들고 있는 업종이 더 많다. 종전의 판매방식만으로
제품을 유통시키겠다는 고집은 금물이다. 세상이 바뀜에 따라서 회
사의 제품유통방식도 달라져야 한다.

2. 경쟁업체가 출현한 것이 아닌가

지금 이 회사에서 생산하는 제품이나 유사한 제품을 생산하는 업
체가 출현한 것은 아닌지 점검을 해야 한다. 현재 생산하는 제품과
같거나 유사한 제품을 생산하는 경쟁업체의 출현은 판매상 상당히
위험한 신호다. 새로 출현한 업체가 자금력과 충분한 유통망을 가지
고 있다면 더욱 경계하고 대책을 세워야 한다. 특히, 새로 출현한 업
체가 계열기업에 속한 업체라면 경계해야 한다. 계열사를 통해 충분
한 지원을 받을 가능성이 있기 때문이다. 이러한 업체가 출현했다면
대책을 수립해야 할 것이고 적극적으로 대응해야 할 것이다. 만약, 대

응을 제대로 하지 못한다면 경쟁에서 뒤질 것은 뻔한 것이다.

3. 과당경쟁을 하고 있는 것이 아닌가

몇 개 업체가 과당경쟁을 하고 있는 것이 아닌지 검토하자. 어떤 제품을 몇 개 업체가 생산, 판매할 경우 국내시장은 뻔한데 서로 광고를 해대고 서로 시장점유율을 높이려 할 경우 과당경쟁을 하게 된다. 결국 이들 업계 전체적으로 상당한 비용을 지출하게 되고 이를 이기지 못하는 자금력이 약한 업체는 도산하게 된다.

4. 대기업의 진출이 있는가

중소기업이 생산하던 제품을 대기업이 참여하여 생산할 경우 종전에 생산하던 중소기업은 큰 위기에 직면하게 된다. 소비구조의 변화로 중소기업의 입지가 약화되는 경우도 큰 위기로 대두될 수 있다. FTA 등 시장개방으로 누구나 대기업이나 중소기업이 생산하던 제품을 수입할 수도 있다. 이들 제품들이 수입될 경우의 대책이 무엇인지 살펴볼 일이다.

5. 적자판매(덤핑)는 없는가

덤핑판매를 하고 있지는 않은가? 하자가 있거나 때가 지난 제품을 덤핑 판매하는 경우에는 어쩔 수 없지만 극단적인 할인판매(덤핑)는 자금을 조기에 회수하려는 의도인 것이다. 자금이 쪼들리고 있다는 증거다. 때에 맞지 않는 덤핑판매는 조심해야 한다. 이런 때 재고자산은 많을 것이고 따라서 운전자금 소요자금은 충분하여 대출한

도에는 구애를 받지 않을 것이다. 그러나 운전자금 소요자금이 많이 나온다고 대출을 금방 해 주었다가는 부실여신이 되기가 쉽다. 다시 한 번 생각해 본 다음에 대출을 해 주어도 늦지 않을 것이다. 재고자산을 검토하자. 왜 덤핑판매를 하고 있는지. 덤핑판매가 급증하고 있다면 검토해볼 일이다.

6. 타사에서 신제품이 출하되고 있는가

생산하는 상품의 질, 성능이나 기술이 시장에서 요구하는 수준에 미달하거나 현재 판매하는 제품보다도 질이 좋은 신제품이 타사에서 출하되고 있다면 판매위험이 도래할 것이라고 판단해야 한다. 기업의 생명은 이익이고 이익은 생산한 제품의 판매를 통해 이루어지기 때문이다. 유행을 타는 제품일 경우 특히 이런 현상이 있을 수 있다. 생산한 제품이 판매되지 않고 재고로 쌓인다면 재고자산 때문에 소요자금이 더 많아지고 소요자금 한도가 더 커지는 만큼 대출을 더 해 줄 수는 있을 것이다. 그러나 이는 대출금의 고정화현상을 도와주게 되고 위험한 대출로 가는 지름길일지도 모른다.

7. 보완제품이 시장에 나타났는가

업체에서 생산하는 제품을 대체할 수 있는 보완제품이 시장에 나타나고 있다면 주의해야 한다. 생산하는 제품이 라이프사이클 상 성장기에 있다 하더라도 보완제품에 의해 시장을 빼앗길 수도 있다. 제품에 따라서는 성숙기도 못 가서 퇴출되는 경우도 있다. 기계부품이나 유행을 타지 않는 제품일 경우 이런 현상이 나타날 가능성이 짙다. 보완제품이 새로 시장에 진입했는데 종전의 제품을 계속 생산하고 있다면 주의해야 한다. 제품 판매활동의 부진은 자금압박을 가져오게 되고, 자금압박은 경영부실로 이어질 가능성이 큰 것이다.

8. 납기 지연

제품의 납기가 지연되고 있는 것은 아닌가? 그 이유는 무엇인가? 생산하는 제품의 납기는 기업마다 다르겠지만 제대로 지켜져야 기업의 신용이 살아 있다고 볼 수 있는 것이다. 그런데 이를 지키지 못하고 있다면 그 이유를 따져보든지 생각해보자. 원재료가 제대로 공급이 되지 않아서인지, 생산을 위한 기계나 기구 등이 부족해서인지, 노동력의 부족이나 전력 등의 단절에 의한 것인지 그 이유들을 알아봐야 한다. 이유에 따라서 기업의 생산에 관한 평가를 해봐야 한다.

9. 경기추세와 수요변화 무시

기업에서 생산하는 제품은 팔기 위해 생산하는 것이다. 판매란 기업의 의지와는 무관하게 경기나 경제상황에 따라서 상황이 달라질 수가 있다.

경기가 하향추세이고 수요가 줄어들고 있는 상황인데 생산을 배가한다든지, 판매가 되지 않고 있는 상황에서 생산량을 늘린다든지 할 경우 판매와 판매대금의 회수는 문제를 안고 있을 것이다. 수요를 무시하는 경우 제품판매대금의 회수에 큰 문제가 야기될 가능성이 있다. 경기변동이 심하고 침체는 아닌지 생각해보자.

10. 활기, 끈기, 친절 등의 부족

영업부문에서의 활기, 끈기, 친절 등의 부족이 보이고 있지 않은가? 종사 직원들이 친절하지 못하고 끈기나 활기가 없다면 직원들이 생각하는 기업의 비전이 없다는 것일 것이다. 직원들이 느끼는 비전이 없거나 부족할 경우 아무리 상관이 독려를 하고 화합을 위해 행사를 자주 한다고 하더라도 모두가 허사인 것이다. 그냥 시간만 갈 뿐이다. 종업원들은 자기의 미래가 보이지 않기 때문에 친절할 수도 없고 활기 있게 영업을 할 수도 없을 것이다. 이런 기업은 결국은 매너리즘이나 나태한 행동에 의해 서서히 하향하는 경영성적을 나타낼 수밖에 없을 것이다.

11. 자회사 등에의 판매증가, 강제판매

자회사나 직원들에게 강제로 자사제품을 판매한다든지 아니면 자사 제품을 봉급대신 지급하는 회사가 있는지 모르겠다. 1980년대까지는 이런 현상이 발생하기도 했으나 지금은 이런 기업을 찾아보기가 어렵게 되었다. 그러나 자회사나 직원들에게 강제로 급여 대신 자사제품으로 준다든지 하는 경우 직원들의 사기는 땅에 떨어질 것이다. 이런 일이 계속되면 이제는 신규직원들을 채용하기가 어려워질지도 모를 일이다.

이제는 아무리 어려운 기업이라고 하더라도 봉급으로 자사제품을 지급하는 회사는 없으리라고 본다.

12. 시장점유율의 급격한 축소

어떤 제품이라도 시장에서 얼마의 시장점유율을 가지고 있게 마련이다. 이 시장점유율이 지속적으로 신장을 할 경우 기업과 직원들은 신이 날 것이고, 그렇지 못한 경우에는 패기가 없을 것이다. 그런데 이 시장점유율이 갑자기 축소될 경우 무엇인가(특히 제품) 문제가 있다는 징후인 것이다. 이런 현상이 지속될 경우 기업에 있어서는 치명적이다.

오래 전의 일이다. 맥주로 이름난 OB와 크라운이 지하암반수로 광고전을 벌이고 있었는데 결국은 점유율이 낮은 크라운(지금의 하이트)에서 이기고 말았다. 이 경우에는 일반소비자들이 느끼는 것은 제품에 문제가 있는 것이 아니고 제품의 원재료에 차이를 느끼게 되어 결국은 천연암반수를 원료로 쓴다고 하는 크라운의 제품을 일반소비자들이 선호하기 시작했다. 그 결과 두 회사의 시장점유율은 역전이 되었고 지금은 OB맥주보다는 하이트맥주를 선호하게 되었다.

13. 채산이 나쁜 수주개시

공장이란 기계가 쉬지 않고 꾸준히 돌아가야 한다. 생산이 멈추게 된다면 그 공장의 고정비는 지속적으로 발생되지만 생산이 되지 않는 이유로 고정비의 분담률이 높아져서 결국은 제품의 생산가격인 제조원가가 높아지게 되어있다.

기계를 잠시 쉬는 것이 아니고 제품을 생산하고 나서 후발 제조품이 없을 경우에는 인건비라도 뽑으려고 채산이 나쁘더라도 수주를 하는 경우가 있다. 이런 경우를 제외하고는 지속적으로 생산활동이 이루어지고 있을 경우 채산성이 없는 수주를 하는 것은 있을 수 없을 것이다. 이런 경우가 있는지 알아보자.

14. 때 아닌 바겐세일 등 빨라지는 현금회수

기업들도 일정한 때에 한하여 바겐세일을 하고 있으며 경쟁기업들 간에도 때가 되어야 바겐세일을 한다는 것은 기정사실화 되어있는 것이다. 그런데 때도 아닌데 바겐세일을 한다면 혹시 현금회수를 빨리하려고 그러는 것이 아닌지 검토해볼 일이다. 현금회수가 급할 경우에는 바겐세일뿐만 아니라 외상매출금의 독촉과 외상매입금의 지급지연등이 같이 나타날 수가 있다. 그래야 다량의 현금확보가 가능하지 않겠는가?

현금을 많이 확보하려는 이유에는 여러 가지가 있을 수 있다. 그런 이유가 무엇인지, 왜 그래야 되는 것인지 등을 알아볼 필요가 있다. 급한 일이 예상되어 그러는지, 아니면 대량의 현금을 확보하여 결제를 해야 한다든지 무슨 이유가 있을 것이다. 그 이유에 따라서 판단해야할 것이다.

15. 채산성악화로 영업활동부진

매출부진 또는 채산성악화로 영업활동이 부진해지고 있는 것은 아닌가? 매출이 부진해진다든지, 채산성악화로 영업활동이 부진해진다면 향후에 경영성과는 악화되는 길로 가고 있다고 해도 과언이 아닐 것이다. 현금흐름이란 영업에서 이루어져야 하는 것이다. 영업에서 현금이 남지 않고 관리부문에서 현금이 남는다면 영업활동은 별 볼 일이 없게 되고 경영성적은 나빠질 것은 뻔한 것이다.

16. 매출처 확보에 급급

매출부족으로 매출처를 확보하기에 급급하다면 챙겨 보자. 매출이란 수익의 근원이다. 매출이 되지 않는다면 제품에 하자가 있는지, 제품이 시대와 맞지 않는지, 기술이 부족한지, 판매가격이 비싸지 않은지, 유통관리가 제대로 되지 않은 것인지 등을 따져봐야 한다.

또한, 자금의 긴급한 수요사항이 발생하지 않았는지도 생각해봐야 한다. 자금이 부족할 경우 가격이 싸더라도 우선 매출해서 수익을 얻으려는 경우도 있을 수가 있다. 매출처 확보에 급급하다는 것은 긍정적인 면보다는 부정적인 면이 많은 현상이다.

17. 무거래자료의 표출

매출부문이나 매입부문에서 무거래자료가 발생했다면 원가조작이나 판매대금조작의 의문이 갈 수가 있다.

매출부문에서 무거래자료가 나타났다면 허위매출일 가능성을 배제할 수가 없으며, 매입부문에서 무거래자료가 나타났다면 비용을 원가로 처리하는 과정에서 원가를 높이려는 효과를 가져 올 수도 있는 것이다.

18. 대규모 부실채권 발생

주요거래처의 부도로 대규모 부실채권이 발생하여 운전자금이 급속도록 악화되는 것이 아닌지 판단해볼 일이다. 대규모 부실채권의 발생은 수익의 악화를 가져오게 되고 받지 못할 미수수익이 계상되기도 하며 재무자료의 허위 또는 분식을 가져올 수도 있다.

중요한 것은 매출대금의 회수불능으로 자금부문에서 치명적일 수가 있다는 것이다. 자금의 회수가 되지 않으므로 해서 생산과 판매의 지연 또는 중단을 초래할 수도 있을 것이다.

19. 판매방법, 기술의 변화

업계의 판매방법과 기술이 변화하고 있는 것은 아닌가? 업계의 제품판매방법이 바뀌고 있는데 회사는 종전의 방법을 그대로 유지하고 있는 것이 아닌지 검토해야 한다. 요즘은 대형유통망을 가지고 판매를 하고 있는데 그 제품의 종류가 날로 증가하고 있다. 인터넷을 통해 판매하기도 하고 할인유통망을 통해 판매하기도 한다.

이와 같이 유통구조가 변하고 있고, 판매하는 방법이나 기술이 변하고 있는데 종전의 방법을 고수하고 있는 것이 아닌지 판단해보자.

20. 스타일과 유행이 빠르다

스타일과 유행의 변화가 빠른가? 생산하는 제품이 스타일이나 유행이 빨리 변하고 있다면 생산하는 제품의 수명주기가 짧은 것이다. 이런 제품일수록 제품의 가격은 비싸며 이에 대응하는 생산도 빠른 것이 보통이다. 그런데 이런 경향을 읽지 못하고 지속적인 생산이나 판매를 고집한다면 착각일 가능성이 있는 것이다.

21. 대기업이 시장을 지배하고 있나

대기업의 집중계열화로 시장이 지배되고 있는가? 공산품에서의 시장은 완전경쟁시장이 거의 없다. 대기업에서 집중적으로 기업의 제품에 대해 지원을 할 경우 소기업이나 이에 제대로 대응을 하지 못하는 기업의 경우는 치명적일 수가 있다. 대기업이 집중적으로 지원하고 있는지 그런 효과가 나타나고 있는지를 판단할 필요가 있다.

22. 유통망 일실

매출을 하기 위해서는 충분하고 훌륭한 유통망을 가지고 있어야 한다. 어떤 제품은 이런 유통망이 필요가 없는 경우도 있지만 일반 소비자를 상대로 하는 제품일 경우 반드시 유통망이 잘 돼있어야 제품판매에 지장이 없을 것이다. 그렇지 않으면 판매는 물 건너간 이야기가 될 수도 있다. 물론, '좋은 술은 광고가 필요 없다'는 영국의 속담도 있지만 이런 경우는 별로 흔하지 않은 일이고 일단은 홍보가 되어 있는 상태라야 가능한 이야기다.

일반적인 경우 좋은 제품과 잘 짜인 유통망이 반드시 필요하다. 유통망이 어떤지, 어떻게 유통을 하고 있는지, 판매에 어떤 영향이 있는지 등을 잘 검토해봐야 한다.

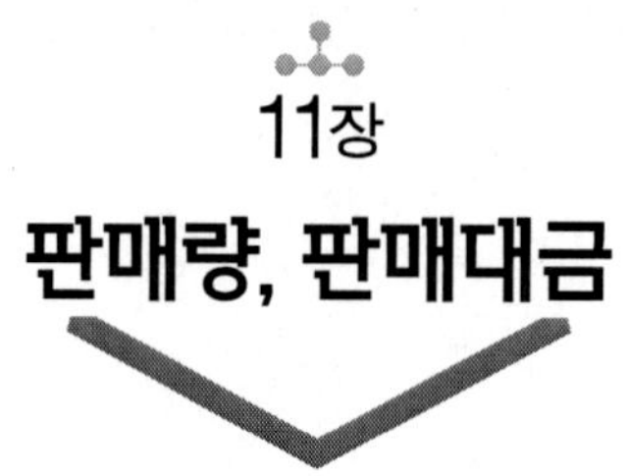

11장
판매량, 판매대금

1. 판매량의 변동이 크다

제품의 판매량에 변동이 크다면 조심해야 한다. 판매량은 기업의 중요한 자금원이다. 판매량이 커졌다가 줄어들었다 한다면 언제 경영 위험이 올지 모르기 때문이다. 이런 회사에 대출을 해 주고 나면 판매량이 늘어나기만을 기대할 것이나 판매량이 한 번 하강을 하면 좀처럼 증가되기 어려운 경우가 많다. 판매량을 분석하여 주기적으로 변동하는지, 경기에 따라 변동하는지, 제품에 따라 변동하는지, 지역에 따라 변동하는지 등을 분석해야 한다. 만약 연중 주기적으로 변동한다면 주기적으로 제일 많이 팔릴 때를 기준으로 평가를 해야 할 것이고, 경기에 따라서 변동한다면 경기상황을 분석하여 평가해야 할 것이고, 제품에 따라서 변동한다면 제품의 수명사이클을 검토해야 할 것이고, 지역에 따라서 변동한다면 지역별 판매량분석을 통해 여신을 결정해야 할 것이다.

2. 판매량이 지속적으로 감소된다

판매량이 매년 지속적으로 감소하고 있다면 경계해야 한다. 판매량의 감소는 수익의 감소를 가져오고, 나아가 지급자금의 부족현상을 가져오게 된다. 판매량의 지속적 감소는 경영상 치명적이다. 판매량이 지속적으로 줄어들고 있고 결산이익이 지속적으로 줄어들어 적자를 시현하다가 도산하는 것이다. 만약 판매량이 지속적으로 줄다가 금기에 들어 생산은 늘어나지 않고 매출액만이 상당히 많아졌을 경우 특별히 판매활동을 강화하지 않았다면 재고자산을 이용한 분식의 가능성이 큰 것이다. 이런 경우 실제로는 판매되지 않은 것을 외상매출이나 계열사 매출을 통해 분식할 가능성이 짙다. 최근 3개년간의 매출액이 지속적으로 감소하고 있고 그 감소율이 평균 10% 이상이라면 위험이 많다고 볼 수가 있다.

3. 외상매출금이 급증하고 있는가

외상매출금이 급증하고 있으면 주의를 해야 한다. 기업이란 당장 판매대금의 회수가 되지도 않을 것을 알면서도 제품, 상품을 외상으로 판매하는 것이 보통이다. 그러나 외상매출금이 갑작스럽게 증가했을 경우 분식결산을 하여 매출액을 증가시키고, 회수할 수 없는 외상매출채권 자산과 당기순이익을 많게 하여 판단에 착오를 일으키게 하기도 한다. 또한, 외상매출금이 급증했을 때는 상당한 금액이 외상매출금 중에서 불량채권으로 남아있게 되는 경우도 많다. 불량채권은 자산으로 남아 영원히 받지 못할 가능성도 있기 때문이다. 매출채권회전율을 연도별로 점검하여 판단할 수 있다.

4. 채권 회수불능은 없는가

회사가 자금이 어려운 상태가 되면 매출대금 회수위험이 높은 판로를 개척하게 되고 이로 인하여 불량채권이 발생하게 되고, 불량채권은 가까운 시일 내에 회수되지 않아 경영상 자금압박의 요인이 되고 운전자금 소요자금이 많이 나오게 하는 결과를 낳게 된다.

매출채권을 제대로 회수하지 못하면 도산 가능성은 크다. 연쇄도산의 경우 채권회수불능이 원인이 되는 경우가 많다. 채권회수불능은 동종업계의 풍문으로 알 수 있다.

동종업계에 조회를 할 경우 조심스럽게 조회해야 한다. 금융기관에서 조회 시 그 업체에 아무런 일이 없는데도 조회를 받는 업체 등이 이상한 시각으로 해당 업체를 볼 가능성이 크고 그 결과로 금융기관이 우려한 방향으로 결과가 나타날 수가 있기 때문이다.

5. 장기의 매출채권 회전율

재고자산이 적정범위 내인지 재고자산회전율이 적정범위 내인지 등을 따져보자.

매출채권회전율이 장기화되면 운영자금의 부족이 예상되고 이어서 자금의 애로가 발생하게 된다. 자금의 애로는 재무의 유동성결여로 나타나게 된다.

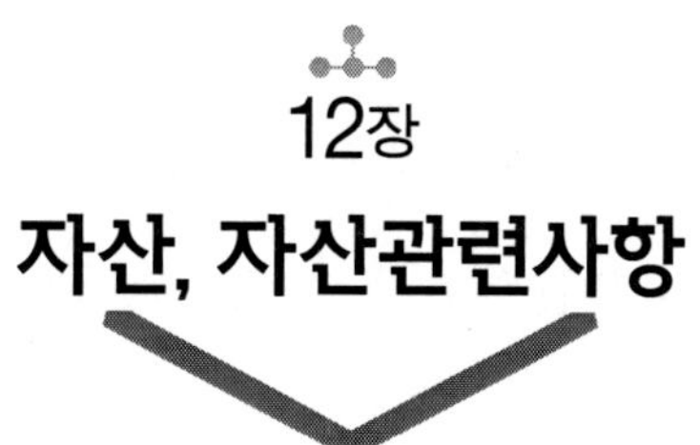

12장
자산, 자산관련사항

자산, 자금면의 부실징후는 도산 6개월 전 기간에 활발히 발생한다. 다음은 자산에서 나타나는 내용들이다.

1. 불건전자산이 많다

비업무용자산 등 불건전자산이 많을 경우는 주의해야 한다. 자산이 많다는 것으로 담보가 충분하다든지 재무상태가 좋다고 그냥 넘길 일은 아니다. 비업무용자산을 많이 보유하고 있을 경우 자금을 효율적으로 이용하지 못하여 부족자금을 외부차입금으로 조달해야 하는 경우를 많이 봤고 운전자금의 용도유용 가능성을 배제할 수가 없기 때문이다. 대부분의 대기업들이 겪었듯이 부동산 특히, 땅을 필요 이상으로 취득하여 자금이 묶여 있는 경우가 많고 또 운전자금을 고정화시킨 경우가 많다. 소유하고 있는 땅을 팔아서 경영자금으로 쓸 수 있다면 좋을 것이나 땅을 팔고자 하여도 팔리지를 않고 있다. 어떤 기업도 실질경영과 경영향상을 추구하고 있기 때문이다. 시대가 변하고 있는 것이다.

필자의 경우 이런 경험이 있다. 이런 지점장도 있다. 모 지점장이 빚

바래고 너저분한 외부기관의 감정서를 들고 찾아와서는 사업성이 좋아 이런 기업을 유치했다고 자랑하며 대출을 해 주어야 한다는 것이다. 급하다고 해서 우선 지점장 전결로 얼마를 대출해 주었던 것 같았다. 자! 빛바랜 너저분한 감정서에 대해서 이야기해보자. 우리 은행에 오기 전에 압력을 받을 만한 만만한 은행은 모두 거쳐 왔을 것은 뻔한 일이다. 게다가 그런 은행에서 대출을 해 주지 않자 결국 우리 은행까지 온 것 아닌가? 왜냐하면, 그 부동산은 자산가치는 있을지는 몰라도 담보로서의 가치는 없는 비업무용 부동산이기 때문이었다.

2. 본사나 공장 등 주요자산을 처분했다

특별한 계획 없이 본사, 공장 등 주요 자산을 처분했다면 이는 심각한 자금 압박이 있거나 사업을 포기했다는 증거다. 비업무용자산을 처분하여 운전자금으로 쓴다면 좋은 현상이지만 본사나 공장 등 업무용부동산을 처분하여 자금을 조달하고 있다면 극히 자금 면에서 어렵다는 징후다. 외부에서 자금조달이 되지 않기 때문에 자기 재산을 처분하여 마지막으로 투자를 하는 것이다. 물론 경영계획을 철저히 세워 미리 불필요한 자산을 처분하는 경우도 있지만 대부분의 이런 업체의 재무상태를 보면 튼튼하지 못한 것이 보통이다. 흔히, 업체는 거짓으로 다른 지역에 공장을 짓기 위해 팔았다고 할 것이다. 그러나 속마음은 그렇지 않은 경우가 많다. 자기 집을 팔아 그 자금으로 장사를 하는 사람이 사업이 잘된 경우는 극히 드물다.

3. 시설자금대출 후 시설의 감정가격이 낮다

시설자금대출의 경우 시설이 완공된 후에 감정을 해본 결과 감정가격이 시설자금 대출금액에 비하여 적다면 차주의 시설자금 용도유용을 의심해볼 필요가 있다. 만약, 그 차액이 크다면 시설자금을 제대로 투입하지 않고 현금으로 유출했든지 아니면 다른 시설에 투입했을 것이다. 자금을 유출했을 경우 시설자금대출금의 원만한 회수는 어려울지도 모른다. 왜냐하면 기업의 오너가 사업보다는 사업에 관련된 자금 빼먹기에 재미가 들어있을지도 모르기 때문이며, 만약 도산 시는 자금을 투여한 시설을 처분하여도 당초에 계산한 어느 정도 금액의 처분대금이 회수될 수가 없기 때문이다.

4. 운전자금대출 후 고정자산이 증가했나

운전자금대출 후 고정자산이 증가했는지 알아보자. 운전자금이 운전자금으로 쓰이지 않고 고정자산으로 투입이 되었다면 운전자금 부족현상을 초래할 것이기 때문이다. 어느 금융기관도 운전자금으로 대출된 총 금액을 계산하고 있지만 기업 내부에서는 고정자산으로 투입한 금액만큼 또는 그 금액 이상으로 자금의 부족을 느끼게 될 것이다.

이런 현상이 누적이 되면 기업은 자금의 압박을 받게 되고 경영의 안정성을 잃을 수도 있기 때문이다. 대기업들 중에서 사옥을 지었다가 도산한 경우를 우리는 많이 봤다.

5. 양도담보의 설정변화

양도담보란 유동자산을 담보로 제공할 때 양도한 것처럼 담보를 제공하는 것이다. 그런데 양도담보를 이중, 삼중으로 설정한다면 견질담보일 가능성은 있지만 설정금액을 늘려서 담보금액을 확대하려는 것이다.

필자는 도산 전에 양도담보를 여러 번 한 후 도산한 경우를 많이 봤다. 단순히 양도담보를 더 설정한다고 뭐가 문제냐고 할지도 모른다, 그러나 이제는 담보를 제공할 것을 이것저것 찾다 보니 동산에 여러 번의 담보설정을 하게 되는 것이다. 이런 경우 자금의 경색을 지나서 담보가 있기만 하면 담보를 제공하고 차입하려고 한다는 느낌을 지울 수가 없을 것이다. 자금이 매우 어렵다는 증거이기도 하다. 한 개의 양도담보물을 가지고 이렇게 여러 번 양도담보를 해도 되는가?

6. 소유 부동산의 과중한 담보설정

소유 부동산의 담보여력이 전무하거나 이중, 삼중의 담보를 설정하는 경우 양도담보의 경우와 마찬가지로 자금의 심한 경색과정이라고 봐도 된다.

이 과정을 지나면 담보로 제공할 것이 거의 없기 때문에 그 다음 차례로 사채를 쓰게 되고 이어서 친인척들에게 자금을 빌리려고 하는 행동을 볼 수가 있는 것이다. 이 정도 되면 거의 막다른 골목길에 갔다고 해도 과언이 아니다. 사채업자의 자금은 기업을 그냥 놔두지 않게 되기 때문이다.

7. 외상매출금 회수에 분주

상품이나 제품을 판매한 지 얼마 되지도 않았는데 외상매출금 회수를 독려한다든지, 외상매출금 회수기일을 약속했는데도 그 기일 이전에 회수를 독려한다든지, 특별한 이유가 없는 것처럼 보이는데도 손수 쫓아다니면서 구걸하다시피 외상매출금 회수를 하려고 하는 경우 그 기업은 심한 자금경색의 과정을 겪고 있을 가능성이 있고, 다른 면으로는 긴급하게 자금을 쓸 이유가 생긴 결과인지도 모른다.

상거래 도의에 의하면 구두로 약속한 자금의 결제일등은 참으로 중요하여 그 기일을 지면으로 약속한 것은 아니지만 이 일자를 지키려고 노력을 하고 있다. 그런 상거래 도의를 저버리고 특이한 행동을 할 경우 유심히 판단해볼 필요가 있다. 무엇 때문에 자금회수를 하고 있는가?

8. 외부자금에 의한 설비투자

무리하게 외부자금으로 투자한 사업의 성공불확실성은 높다. 특히 사업을 할 때 자기자본 없이 모두 외부자금으로 조달한다면 외부자금의 상환독촉이 있을 수도 있고, 사업이 제대로 되지 않으면 외부자금에 대한 이자지급을 못할 수도 있게 된다. 이런 경우 이자지급을 위해 또 다시 외부자금을 들여와야 하는 악순환이 있게 되는 것이다.

금융기관 종사자들은 이런 기업에 절대로 대출을 해줄 사람은 없다. 이런 경우 대부분 부실여신으로 갈 확률이 높기 때문이며, 부실여신을 만들게 되면 인사상 불리한 조치를 받을 뿐만 아니라 잘못하면 그 금액에 대해 관계자들이 변상을 해야 하는 일도 생기기 때문이다. 우리는 흔히 정책자금을 배정받았다고 하면서 무조건 왜 돈을 주지 않느냐고 항의하는 차주들을 보곤 한다. 정말로 말도 되지 않는 이야기이다. 대출이 잘못되면 관계자들이 변상도 해야 하는 것인데 마치 자기 돈인 것처럼 돈을 달라고 하는 사람들은 도대체 어느 나라 사람들인지 알 수가 없다. 화가 나기도 하지만 금융기관 종사자들은 서비스업종이기 때문에 조용하게 이를 거절하고는 손님이 가고 난 뒤에 마음속에 얽혀 있는 말도 안 되는 이야기들을 되새기면서 무지한 차주를 욕하기도 한다. 그런데, 이렇게 욕만 하고 있는 것이 아니라 이런 기업에 종전에 빌려 준 대출금에 대해 면밀하게 검토를 하기 시작하는 것이다. 과연 갚을 수가 있을 것인지 말이다.

9. 설비의 갑작스런 투자

사업이란 주먹구구식으로 할 수 있는 것이 아니다. 대출을 하기 위해 금융기관도 기업에 사업계획을 요구하게 되는 것이고, 그 사업계획에 의해 대출을 할 수 있는지 여부를 따지는 것이 대출심사인 것이다.

설비를 설치하는 일에 있어서 갑작스럽게 한다는 것은 있을 수가 없는 일이다. 왜냐하면, 설비를 설치하는 데에는 상당한 자금이 들어가게 되고, 그만한 준비가 또 있어야 하는 것인데 이런 일을 갑자기 한다는 것은 보통의 기업인으로서는 이해하지 못하는 일이다.

이런 일을 갑자기 한다면 그 내용을 알아봐야 한다. 관계회사로부터 어떤 일 때문에 그런 시설을 갑자기 하게 되었다든지, 새로운 상품이 갑자기 수주되어 이를 위해 갑자기 시설을 증설하게 되었다든지 무슨 이유가 있을 것이다. 그런데 그런 이유는 이유인 것이고 그렇게 함으로써 그 기업에 어떠한 무리가 있게 되는가를 점검해볼 필요가 있는 것이다. 그 영향이 자금이나 경영면에서 대단히 불리하거나 자금의 경색을 가져오게 된다면 더 자세히 검토해볼 필요가 있는 것이다. 모든 일이 갑자기라는 것은 좋은 일이 아니다. 어떤 일이든지 간에 계획이 되어있어야 하고 그런 계획에 의해 차근차근 진행되어야 하며 그런 결과로서 기업경영의 성과를 따질 수가 있는 것이다. 개인도 마찬가지이지만 경영에 있어서 '갑자기'라는 것은 좋지 않다.

10. 주요 부동산의 압류, 가압류

일반 여신에서도 압류, 가압류가 있으면 금융기관은 대출을 해 주지 않으려고 하고 있고, 기존에 대출이 되어 있어도 압류나 가압류가 발생하면 대출에 대해 '기한의 이익상실'을 시켜서 대출금을 회수하려고 하고 있다.

주요 부동산에 압류나 가압류가 발생되고 있다면 상당한 경계를 해야 한다. 경영을 하다보면 어떤 사고가 나서 이에 따른 가압류를 받게 되는 경우가 있다. 대부분의 회사에서는 이런 경우 가압류를 해제하고 공탁을 하는 것을 볼 수가 있다. 그런데 공탁을 하지 않고 그대로 있는 경우가 있는데 주요 부동산에 대해 가압류나 압류가 들어오고 있다면 공탁도 하지 못하는 일이 발생했다고 봐도 과언이 아닐 것이다. 가압류가 있는지, 발생이 예상되고 있는지 재산조사를 하는 과정에서 알아볼 수가 있을 것이다.

11. 기존 업종과 무관한 투자

기존 영위업종과 무관한 업종 진출을 위한 투자와 이에 대한 차입 신청 급증이 있는지 아니면 금차 차입하려는 것이 이런 종류의 차입인지를 확인할 필요가 있다.

기업이란 기존에 하던 업종을 제대로 영위해야 경영성과를 올릴 수가 있다. 그런데 기존에 하지 않던 업종을 충분한 검토와 충분한 자금 없이 시작하려는 것은 위험천만한 것이다. 아무래도 처음이라서 좌충우돌하는 일이, 시행착오를 하는 일이 많이 발생할 수밖에 없을 것이고, 아무래도 처음 하는 일이라서 생산한 제품에 대한 판매에 있어서도 어려운 일일 것이다. 그러다 보면 자금과 영업에 충격을 받을 수도 있는 것이다.

기존 업종과 무관한 업종인지 아닌지, 이에 대한 충분한 검토와 자기자본이 있는지 검토해보자.

12. 유가증권, 골동품, 귀금속 등의 매각

유가증권, 부동산, 골동품, 귀금속, 골프회원권 등을 매각하고 있고 그런 현상이 현저한가?

기업이 갖고 있거나 대표자가 갖고 있는 유가증권, 부동산, 골동품, 귀금속, 골프회원권 등을 처분하고 있다면 어지간히 기업에 자금이 부족하다는 증명이 되는 것이다.

기업이 자금이 모자라면 우선 내부에서 조달을 하려고 할 것이지만 그 조달하는 과정이 당장은 쓰지 않거나 급하지 않은 물품들을 처분한다면 자금의 내부조달과정 중에서 제일 마지막 과정일 가능성이 있는 것이다.

　누가 뭐라고 하더라도 이런 부류의 물품들을 처분하여 기업에 조금이나마 자금의 숨통을 트게 하려는 것이다. 그런 다음에 외부조달을 하게 되는 것이다,

13. 매출액 증가와 관계없는 자산증가

　경기 하강 시 매출액 증가와 관계없는 자산의 증가는 경영에 필요가 없는 경우가 허다하다. 회계상 자산일 뿐이라는 이야기다. 이런 자산의 증가가 회계분석을 할 경우 잘 지나칠 수가 있는 부문이다. 그러나 명목상 자산일 뿐 경영에 아무런 도움이 되지 않는다.

　부채가 변동이 없으면서 자산이 늘면 자본이 늘 것이고, 비용으로 지급한 것을 자산으로 처리한 것이라면 자산이 늘고 이익이 늘어 자본이 증가하는 결과를 가져올 것이다. 매출액 증가와 관련이 없거나 매출액 증가에 영향을 미치지 않는 자산이 얼마나 있는지를 판단해 볼 일이다.

다음은 자산관련사항에서 나타나는 내용들이다.

재무적인 부실징후는 자금상황, 영업실적, 재무구조 및 손익항목에서 3년 내지 5년 정도의 데이터분석으로 가능해진다. 재무적인 부실징후들을 비재무적인 사항과 동시에 체크해보면 부실징후가 명확해지기도 한다. 각종 비율의 적정성은 구성요소의 건전성 여부에 따라 달라질 수 있다.

1. 자기자본비율이 높은가

자기자본비율은 총자산 중에서 자기자본이 차지하는 비율을 말한다. 이 비율이 높으면 바람직하다. 자기자본은 자본금과 각종 잉여금으로 구성되는데 자기자본비율이 낮은 회사는 경영안정성이 없다고 볼 수 있다. 산업위험이 높은 사업일수록 자기자본비율이 높아야 한다. 자기자본이 부족한 회사는 부족자금을 타인자본에 의존할 수밖에 없을 것이고, 타인자본의존형 기업은 금융비용 때문에 경영상태가 위태로울 수도 있는 것이다.

$$자기자본비율: (자기자본/총자산)\times100$$

2. 당좌비율은 100% 이상인가

유동자산 가운데 더욱 유동성이 강한 현금, 외상매출금 등 유동채권의 비율을 보려는 것이다. 100% 이상이면 양호하다고 볼 수 있다.

당좌비율이 약50% 이하가 지속된다면 유동성악화를 불러들일 가능성이 크다.

> 당좌비율: (당좌자산/유동부채)×100
> 당좌자산=현금·예금+기타의 예금+받을 어음+외상매출금

3. 유동비율은 안정적인가

유동비율은 당좌비율과 더불어 안정성분석의 대표적인 비율이다. 단기차입금을 상환하는데 필요한 재원을 비교하는 비율로 이 비율이 크면 단기지급능력이 있다고 본다. 기업의 신용도를 나타내는 것으로 200% 이상을 확보하는 것이 바람직하나, 동종업계 수준과 비교해 보는 것도 좋다. 또, 유동비율의 전년 또는 전전년의 수준을 시계열적으로 검토하여 안정적인지 여부를 확인하는 것도 중요한 일이다.

> 유동비율: (유동자산/유동부채)×100

4. 총자산증가율은 양호한가

총자산증가율은 성장성분석의 대표적인 비율로 총자산이 일정기간 동안 얼마나 증가했는지를 분석하는 비율이다. 일반적으로 전년도 또는 동종업계 평균 대비 총자산증가율이 높아졌으면 양호, 총자산이 감소하여 낮아졌다면 불량한 것으로 판단한다. 그러나 꼭 그런

것은 아니다. 이 비율의 증가이유가 자산재평가에 의한 것이거나 차입금증가에 의한 것 또는 불량채권이나 재고자산의 증가에 의한 것 등 감가상각을 누락하여 생겼다면 별 의미가 없는 것이다.

총자산증가율: (금년도 총자산/전년도 총자산)×100(%)-100(%)

5. 고정장기적합률이 100% 이상인가

장기자본(자기자본+장기차입금)이 어느 정도 고정자산에 투자되어 있는가를 나타내는 비율로 100% 이내면 정상이다. 이 비율이 100%를 넘으면 고정자산에 투입한 자금이 단기성 자금으로 조달된 것을 의미한다. 이 비율은 운전자금은 단기성 자금으로 조달하고 시설자금은 자기자본, 고정부채 등 장기성 자금으로 조달하는 것이 바람직하다는 것이다.

고정장기적합률: (고정자산+투자와 기타자산/자기자본+장기차입금)×100

6. 총자산회전율이 높은가

총자산회전율은 활동성분석의 대표적 비율로 일정기간 동안 총자산으로 몇 회의 매출을 실현했는가를 알아보는 비율이다. 회전율이 높으면 자산이 효율적으로 사용되었다고 보며, 낮으면 비효율적으로 사용되었다고 보는 것이다. 이 비율은 도·소매업은 높게 나타나고 장치산업은 낮게 나타나는 등 다른 업종 간 비교는 의미가 없고, 동종 업계 평균에 의해 비교해야 한다.

총자산이 자본잠식으로 감소할 때 이 비율이 높아지는 경우가 있을 수 있으니 주의를 요한다. 총자산회전율이 최근 3개년간 지속적으로 하락하고 있고 하락평균율이 20%이상이라면 경계해야할 것이다.

총자산회전율: 매출액/총자산(평잔)

7. 재고자산이 급감되었는가

재고자산이 과다하게 감소한 경우를 예측해보면 매출액증가에 비해 재고자산을 감축시키는 경우, 재고자산을 시장에 투매하는 경우, 적정 원자재의 비축에 실패했을 경우를 들 수 있는데 이 경우는 국내의 원자재 부족현상과 원자재 가격상승이 원인이 되는 경우가 있을 수 있고, 자금부족으로 적기에 원자재조달에 실패한 경우를 들 수 있다. 자금부족 현상을 면밀하게 파악해볼 필요가 있다.

8. 재고자산회전율이 높은가

재고자산회전율은 매출액을 재고자산으로 나눈 비율로 재고자산이 매출을 통해 일정기간에 얼마나 당좌자산으로 전환했는지를 나타내는 것으로 재고자산의 회전속도를 나타낸다. 재고자산회전율이 높으면 적은 재고자산으로 생산이 효율적으로 이루어졌다고 볼 수 있고, 낮은 경우는 과다한 재고자산을 보유하고 있다고 볼 수 있다.

보통 9회의 재고자산회전율을 양호한 것으로 보나 업종에 따라서 각기 다를 수 있다. 때문에 동종업계 평균을 보아 판단하는 것이 바람직할 것으로 본다. 재고자산회전율이 최근 3개년간 지속적으로 하락하고 있고 하락평균율이 20% 이상이라면 경계해야 할 것이다.

재고자산회전율: 매출액/재고자산(평잔)

---

9. 재고자산회전율이 급감했나

재고자산회전율이 급격하게 감소되었다면 재고자산이 증가된 원인을 검토해볼 필요가 있다. 재고자산이 과다하게 증가된 경우는 생산 중 또는 반품 받은 하자품, 유행에 뒤져 팔리지 않은 제품 등의 악성재고가 누적되어 있을지 모른다. 이런 경우 재고자산에 자금이 묶여서 자금부족현상이 심화될 것이고, 덤핑판매가 있거나 매출활동의 위축이 지속될 가능성이 있는 것이다. 특히, 최근 3년간 재고자산회전율이 지속적으로 하락하고 연평균 하락률이 20% 이상이라면 요관찰기업이며, 연평균 하락률이 30% 이상이면 부실징후기업으로 주의해야 한다.

10. 매출채권이 많은가

매출채권이 많고 회수가 되지 않는다면 매출채권회전율이 낮아지게 된다. 불량매출채권이 있는지를 검토해야 한다. 매출채권에 자금이 묶여서 자금부족현상이 나타날 가능성이 있고, 생산활동의 위축을 가져올 가능성이 있다.

11. 매출채권회전율이 높은가

매출채권회전율은 매출액을 매출채권(받을 어음+외상매출금)으로 나눈 비율로 매출채권의 회전속도를 측정하는 비율이다. 비율이 낮은 것은 과다한 매출채권을 보유, 비율이 높은 것은 적은 매출채권 보유로 자금회수가 효율적으로 이루어졌다고 본다. 경기동향, 업종 등에 따라 차이가 있으나 대략 6회전을 양호한 것으로 본다. 동종업계 평균으로 판단하는 것이 좋다.

특히, 최근 3년간 매출채권회전율이 지속적으로 하락하고 연평균 하락률이 20% 이상이라면 요관찰기업이며, 연평균 하락률이 30% 이상이면 부실징후기업으로 요주의! 매출채권이 많으면 대출 시 소요자금이 많이 나타나니 주의를 요한다.

> **매출채권회전율: 매출액/매출채권(평잔)**

12. 매출채권 대 매입채무비율은 높은가

이 비율은 매출채권을 매입채무로 나눈 비율이다. 이 비율이 높으면 양호하다. 그러나 이 비율이 높다고 꼭 좋다고 볼 수는 없다. 왜냐하면, 회수되지 않을 매출채권이나 부도어음이 포함되었다면 자금부족현상이 심화될 것이고, 이런 기업은 거래처로부터 외상으로 물품을 구입하기가 어려워질 것이기 때문이다.

매출채권 대 매입채무비율:

(받을 어음+외상매출금/지급어음+외상매입금)×100

*받을 어음에 할인어음 포함

13. 매출액영업이익율이 낮다

최근 2개년간 매출액영업이익율이 지속적으로 감소하고 있고 평균 감소율이 20% 이상이라면 유의해야 한다.

13장
자금

1. 자금계획 및 사후관리 소홀

기업의 동맥은 자금이다. 동맥이 막히면 죽는다. 자금계획을 소홀히 하는 기업이 많다. 자금계획을 소홀히 하거나 사후관리를 소홀히 하는 기업은 반드시 동맥이 막히는 고통을 받을 수밖에 없다.

자금의 계획성 있는 관리와 더불어 사후관리를 소홀히 하고 있는지 알아보자. 자금의 사후관리란 계획에 포함된 개념이기는 하지만 사후관리를 함으로써 향후 자금계획을 성실하게 작성할 수 있고 장래 발생될 자금지출의 가능성에 대비하는 것이다.

자금계획을 세우지 않거나 사후관리를 소홀히 한다는 것은 주먹구구식으로 자금을 관리하는 것이다. 또, 영업에 필요한 자금 중에서 많은 부분을 자기자금으로 충당해야 하는데 이를 대부분 타인자금으로 운용한다면 유동성상 문제가 야기될 가능성이 충분한 것이다.

2. 자금동원 능력은 충분한가

기업은 자기자본이 충분해야 한다. 자기자본 부족은 만성적인 자금부족을 일으키게 되고, 차입금의 과다를 불러일으켜서 타인자본의존도가 심화되게 되고 부채비율은 점증하게 되어 금융비용부담률이 높게 된다. 금융비용부담률의 급상승은 경영상 치명적이다. 타인자본의존도가 높으면 금융기관은 대출을 꺼리게 되어 결국은 사채업자의 고리자금을 이용하게 되고 융통어음을 발행하는 경우도 있다. 더 많은 자금을 동원하기 위해 가끔은 어떤 기업과 서로 짜고 융통어음을 발행하는 경우도 있고 금융브로커와 접촉을 하는 경우도 있다. 이러다가 순간적으로 자금조달을 하지 못하여 자금조달 불능상태를 맞을 수도 있는데 결국 도산으로 이어진다.

기업의 자금동원 능력은 대단히 중요하다. 차입자금보다 자기자금으로 동원할 수 있는 자금이 중요하다. 오너나 경영자의 자기자산이 충분한지, 기업의 자기자본이 충분한지를 검토해야 한다. 즉, 유동성이 얼마나 있는지를 살펴봐야 한다. 사람이 100살을 살아도 오늘 1시간만 숨을 쉬지 못하면 죽는다. 기업도 마찬가지다. 아무리 장래의 구상이 좋더라도 오늘을 살지 못하면 그만이다.

3. 자금의 유동성 결여 현상이 심하다

유동자산을 감소시키면서 고정투자를 한다든지, 고정부채를 상환하면서 유동부채를 차입하는 경우 등은 자금의 유동성이 결여된다. 기업이 자금의 유동화를 추구해야 함에도 고정화되는 정도가 심하면 자산이 충분해도 순간적인 유동성 결여에 의해 도산할 수 있는 것이다. 이것이 기술적 지급불능이다.

업체의 자산이 충분해도 경기 하향기에는 기술적 지급불능현상이 자주 발생하는 것을 볼 수 있다. 여유자금이 없이 자기자본도 부족

한 상태에서 차입자금을 이용하여 신규투자나 사업을 한다는 것은
부실의 길을 가는 것이나 다름없다. 여유자금을 확인해야 한다.

4. 자금의 외부유출은 없는가

주주 또는 관계회사 앞으로 대여 또는 출자되었는가 알아보자. 주
주 또는 관계회사에게 대여 또는 출자한 자금이 경영결과 창출된 자
금이 아니고 대출자금이 외부에 유출되었다면 당연히 용도유용에 저
촉될 뿐더러 회사가 자금을 제대로 사용하지 못했을 것이기 때문이
며 경영성과가 지속적으로 외부에 유출되고 있다는 증거다. 간혹 중
소기업의 경우 주주임원단기대여금으로 출금하여 자본금에 전입시
키는 경우도 있는데 이런 행위는 법상 위규로 처벌받게 되어있고, 업
체의 재무상태를 좋게 하기 위한 방법으로 쓰이는 경우가 간혹 있으
니 주의를 해야 할 것이다.

5. 사채발행, 유상증자에서 실패를 했는가

사채를 발행하거나 유상증자에서 실패했다면 자금동원능력은 마
이너스다. 그 대상이 누구이든지 이 기업에 자금을 빌려 주거나 투자
를 하고 싶은 사람이 없다는 증거다. 사채란 이자를 줄 것을 약속하
고 발행하는 것이고 유상증자란 주주가 되는 것인데, 이자 지급을 믿
지 못하는 것이며 그 기업의 주주가 될 것을 좋아하지 않기 때문일
것이다. 이런 기업은 얼마가지 못하여 자금조달의 어려움으로 도산의
길을 걸을 수도 있을 것이다.

6. 주주임원단기차입금이 많은가

대주주 또는 임원으로부터 단기차입금을 쓰는 경우가 있다. 자금이 부족할 경우 대주주나 임원이 자금을 추가로 출자한 것이다. 이는 금융기관이 대출을 해 주지 않을 경우와 금융기관의 차입과는 무관하게 증자를 한 경우일 것이다. 대주주나 간부가 자금을 투자하여도 자본금으로 전입하지 않고 주주임원단기차입금으로 처리하는 경우가 있다. 일정시기가 지난 후에는 정상적으로 자본금으로 처리해야 할 것이나 이런 상태가 지속된다면 대주주나 간부가 자기의 사업을 확신하지 못하는 경우와 기업에 치명적인 일들이 벌어질 경우 출금하기에 편리하도록 하기 위함으로 판단된다. 만약 주주임원단기차입금이 절대적으로 크든지 자본금에 비하여 클 경우 대주주 본인도 자기의 사업에 자신이 없는데 이런 기업에 어떤 금융기관이 대출을 해 주겠는가?

7. 주주에 대한 가지급금, 대여금이 있는가

반대로 대주주 또는 임원에게 단기대여금을 주는 경우가 있다. 회사자금을 주주임원이라고 해서 빼 나가는 것이다. 만약 그 금액이 상대적으로 많든지 자본금에 육박한다면 사주는 그 회사를 항상 버릴 각오가 되어있을 것이다. 이런 기업에 누가 대출을 해 주겠는가? 얼마 전에도 이런 현상을 보았다.

2007년경의 일로 기억하고 있다. 회사에서 이와 같이 자금을 빼 나가는 것을 거래가 일어난 날 다음에 세무당국에서 건별로 조사 중이었으며, 기업의 자금 출금 시 회사의 '이사회결의록'을 요구하는 사례가 빈번해지고 있다. 통상, 기업에서는 자금 출금 시 메모를 해 놓았다가 연말 등 일시에 서류정리를 해 오던 것이 사실이다. 그러나, 이제는 출금이전에 미리 이런 서류를 만들어 놓아야 할 것 같다.

8. 지급금액을 세분화하고 있는가

업체에서 지급해야 하는 각종 대금을 세분화하여 결제하고 있지 않은가 살펴보자. 당좌수표를 발행하지 않으면서 여러 장의 어음으로 지급금액을 나누어서 지급하는 경우 주의해야 한다. 왜냐하면, 자금이 부족할 경우 당좌수표보다는 어음을 선호할 것이고, 어음도 한꺼번에 지급하지 못하고 조금씩 나누어서 지급하려 할 것이다. 지급금액을 세분화하다가 자금사정으로 지급지연이 나타날 우려가 있고, 이어서 자금부족으로 부실화단계를 걸을 확률이 높기 때문이다. 작은 중소기업의 경우에 이러한 현상이 지속적으로 나타난다면 금융기관직원이라면 금방 눈치를 챌 수 있을 것이다.

지금은 우량한 대기업들이 어음보다는 현금결제를 하려는 경향을 가지고 있다. 현금결제를 하는 이유로는 회사는 제품원가와 부채비율을 낮추려 하고 있고, 사회 전반적으로 자기회사의 하청업체를 보호하려는 경향 등이 있다.

9. 어음거래는 정상적인가

결제일을 지키지 못하여 어음 지급기일에 새 어음을 발행하여 지급기일을 이연시키는 일이 자주 발생하거나 결제조건의 변경을 자주 한다는 소문이 파다한 경우 또는 금융기관에 어음결제시간 연장을 자주 요청할 경우에는 특히 주의해야 한다. 또한, 결제기간이 장기의 어음을 자주 또는 상습적으로 발행한다면 자금상 여유가 없거나 자금계획이 전혀 없다는 징후다. 금융기관에서 근무하는 직원이라면 이 정도는 업무상 익히 지득하고 있으며 업체의 과거의 자금결제 동향과 장래의 자금상황까지도 알고 있거나 추정하는 경우가 대부분이다. 이런 것도 모르고 어떻게 몇 십억 원씩 자금을 빌려 주겠는가?

10. 지속적으로 자금이 부족하다

회사에 자금이 부족하다고는 말하지 않지만, 지속적으로 대출을 해줄 것을 요청하든지, 고위층을 통해 대출압력을 가해 온다든지, 대출을 해 줄 것을 사정한다면 얼마가지 않아서 자금부족으로 도산될 가능성이 크다. 여태까지 지원해 준 대출금도 부실화시키지 않으려는 의도로 담보도 있고 하니 얼마만 도와주면 잘되겠지 하는 안이한 자세는 부실여신을 키우는 결과를 낳을 것이며 금융기관에서 여신업무를 담당하는 직원의 자세라고 말할 수 없을 것이다.

우리가 대출을 해 주었다고 대출을 해 준 회사의 이익을 모두 취득할 수도 없는 것이다. 사장이나 회사의 자금관련 임직원들의 자금상 급한 사정은 부도가 얼마 남지 않았다는 큰 징후이다.

11. 자금력이 기술력을 지배한다

사업성 검토 시 검토할 내용은 사업화능력, 자금조달능력, 수익성분석, 자금수지분석, 경제성분석, 기술력검토 등이 있다. 업체의 기술력에 따라서는 어떤 업체에서 생산하는 제품의 기술력을 소비자들로부터 인정을 받을 수 있을 것이며, 시장에서 기술력을 인정받는 업체는 판매액이 증가한다든지 또는 유지될 수 있을 것이다. 그러나 기술력이 좋다는 것만으로 대출을 결정하여서는 안 된다. 기술력이 좋다고 하더라도 자금력에 의해 지배를 당할 수가 있다. 자금력이 충분한 업체는 자금력을 이용하여 기술력이 좋다는 업체를 지배할 수도 있을 것이고 동종업계에서 퇴출시킬 수도 있을 것이다. 자금이란 이렇게 아주 중요한 기업의 동맥인 것이다. 기술력이 아무리 좋더라도 기술력 하나만을 믿고 대출을 해 주지 않는 것이 좋을 것이다. 기술력으로 대출을 원하는 기업은 대출절차를 밟을 것이 아니라 벤처캐피탈 절차를 취해야 할 것이다.

12. 융통어음을 발행한다는 소문이 있다

융통어음을 발행한다는 소문이 있거나 갑자기 어음할인이 많아지는 경우 또는 정액어음을 할인하려는 경우 각별히 조심해야 한다. 융통어음을 발행한다는 소문은 각종 정보계통이나 업계의 풍문으로 인지할 수가 있다. 평소에 비해 갑자기 어음할인이 많아진다면 이 또한 융통어음일 가능성이 있는 것이다.

10억 원, 30억 원 등 정액어음의 경우는 융통어음일 경우가 많다. 상거래에서 발생하는 어음은 대부분 부가가치세 때문에 어음액면 금액이 끝자리까지 있는 것이 보통이다. 융통어음이라고 계약서나 세금계산서를 구비하지 못하는 것은 아니다. 정상적인 거래가 있었던 것처럼 가장하여 계약서도, 세금계산서도 만들어 금융기관에 어음할인을 의뢰할 것이다. 사실상 10억 원, 20억 원 등으로 거래가 되고 있는

CP라는 것도 따지고 보면 내규상 잘못되는 것은 없을 것으로 보나 융통어음이라서 금융기관에 따라서는 융통어음을 발행한다는 자체가 자금이 어렵거나 시급함을 나타내는 징후이기 때문에 여신 시는 주의를 기해야 한다.

13. 갑작스런 자금조달의 추진

갑자기 자금을 조달한다면 평소에 기업에 사업계획이 없이 사업을 영위한다든지 아니면 기업에 어떤 사고가 났을 가능성이 충분하다. 사업계획이 없이 사업을 영위하는 기업은 주먹구구식으로 사업을 영위할 수밖에 없고, 또 어떤 사고가 발생했을 경우 그 사고의 범위나 크기에 따라서 자금의 조달규모가 달라질 것이다.

갑작스런 자금조달이란 향후에 어떤 일이 발생할 것인지에 대해 생각할 여유가 없이 자금을 조달하는 것이다. 따라서 그 후의 일이 기업에 어떻게 영향을 미칠 것인지에 대해서는 현재로서는 대비가 없는 것이다. 이런 경우, 잘되면 몰라도 대부분 시간이 지나가고 나면 그 충격으로 허덕이게 되고 그 허덕임이 기업에 상당한 악영향을 미칠 수도 있는 것이다.

14. 대출종류 무관하게 금액만 요구한다

대출상담을 하다 보면 대출종류가 상관이 없으니 돈을 얼마만 대출해 달라고 하는 경우를 종종 들을 수 있다.

이런 사람들의 경우 자금계획은 없고, 당장 지금만 면하면 된다는 계산인 것이다. 부도 전에 이런 현상이 생기기도 한다. 극히 조심할 일이다.

 이런 기업 부도난다

15. 대출이자만큼 대출을 요구한다

어떤 사람들은 종전의 대출에 대한 이자로 필요하니 이자만큼만을 요구하는 사람들도 있다.

이런 사람들의 경우도 자금계획은 없고, 지금만 면하려고 하는 것이고 전혀 대출금을 갚을 생각이 없는 사람들이다. 부실이 뻔히 들여다보이기는 하나 역시 조심할 일이다.

16. 금융기관 의존도가 높다

금융기관 의존도가 높고 단기차입금이 급증하고 있는 것이 아닌가? 금융기관 의존도가 높다면 자금은 순전히 타인자본에 의해 경영을 하게 되는 것이고, 금융기관 의존도가 높으면서 단기차입금이 급증하고 있다면 위험한 행로를 걸을 수도 있다. 단기차입금이 많으면 유동성결여 현상이 일어날 수도 있고, 단기차입금을 조달하여 시설자금 등 장기자금으로 쓰이고 있다면 더욱 문제인 것이다.

'비교대차대조표에 의한 그레고리의 실수분석'에 의하면 유동부채의 증가로 고정자산을 증가시키거나 자본금 또는 고정부채를 감소, 상환했을 경우에는 불량한 변화로 보고, 거꾸로 고정부채의 조달로 유동부채를 상환했을 경우에는 양호한 변화로 보고 있다.

17. 불건전한 자금조달

사업주에 대한 불분명한 가지급금, 대여금 증가 등 자금의 운용이 불건전한지 알아보자.

불건전한 자금운용 시 현금, 예금 등이 부족하게 되고 결국 타인자본으로 충당할 수밖에 없게 되고 따라서 순운전자본이 점차 감소하게 된다. 이어서 고금리의 단기차입금으로 자금을 조달하게 되고 그 결과로 경상이익이 감소하게 되며 재무적인 유동성이 부족하게 된다. 이런 절차를 지속하다 보면 부실로 가는 길이 될 수도 있다.

18. 파산신청

요즘은 개인 파산신청이 엄청나게 확산되어있다. 개인들이 부채를 갚지 않고 파산신청을 통해 신용회복을 꾀하는 것이다.

과연 누가 돈을 빌려 줄 것인가? 어떤 은행이 돈을 빌려 줄 것인가? 금융기관이 돈을 떼인 신용이 회복된 사람에 대해 얼마만큼의 여신을 제공할 것인가라는 문제는 기본적으로 심각한 일이라고 본다.

파산한 사람이 경영자나 경영관리층이라면 신청한 대출을 어떻게 결정할 것인가? 옛날에는 파산하면 사람노릇을 못했지만 지금은 파산을 하면 다시 새사람노릇을 하게 하는 제도로 바뀌었다.

일반적인 부실기업 유형

1. 자본부족형 - 제일 많음

회사 설립 시부터 절대적인 자기자본이 부족하여 은행대출, 사채 등에 의한 자금조달에 급급하면서 만성적인 자금부족을 겪다가 부실하게 되는 형태

2. 확장파멸형

무리한 시설투자와 타 기업의 인수·합병 등을 통한 기업확장으로 경영에 무리를 가하여 부실하게 되는 형태

3. 방만경영형

경영자의 무능력 및 경험부족으로 계획적이고 체계적인 경영이 아닌 무사안일한 경영, 판매소홀, 부실채권의 과다 보유, 재고 과다로 인한 덤핑, 무분별한 사채를 통한 자금조달, 경비의 낭비에 의해 부실하게 되는 형태

4. 연쇄도산형

모회사나 자회사 등 관련기업의 도산으로 부실채권 및 채무가 발생하여 부실하게 되는 형태

14장
어음거래, 은행거래

재무, 경리부문의 부실징후는 도산 1개월 전에 활발히 발생한다. 다음은 어음거래에서 나타나는 내용들이다.

1. 처음 보는 어음배서인인가

어음을 발행하는 자는 대부분 자기 회사의 특정한 상거래에 의해 어음을 발행하게 된다. 때문에 어음배서인도 대부분 특정한 것이 보통이다. 그러나 어음의 배서인이 처음 보는 배서인이라면 주의를 기울여 볼 필요가 있다. 왜냐하면, 통상 거래하지 않던 융통어음 등일 가능성이 있기 때문이다.

2. 어음결제의 주거래은행 집중

어음할인은 일반은행에도 하지만 주거래은행에 주로 하는 것이 보통이다. 그런데 어음할인이 평소보다 많아 주거래은행에 집중된다면 '왜 이렇게 어음할인이 급증하는 것인가?' 한 번은 의심할 필요가 있다.

어음할인이 갑자기 많다 보면 통상 의뢰해오던 특정한 자가 이서한 어음이 아니고 처음 보는 배서인일 가능성도 있다. 즉, 융통어음일 가능성을 배제할 수가 없기 때문이다.

3. 어음의 입금독촉금액이나 횟수의 증대

금융기관에서 어음결제대금의 입금독촉금액이 많아진다든지 횟수가 많아진다면 자금의 경색에 의해 어음을 지속적으로 발행할 가능성이 있다. 이런 현상이 지속되고 가속도가 붙거나 마감시간에 임박하여 급전으로 어음을 결제한다면 기업의 자금과 경영의 안정성을 잃을 가능성이 있다.

4. 융통어음의 발행

기업이 자금이 급하면 사채업자를 통해 융통어음을 발행하여 자금의 위기를 넘기려고 할 가능성도 있다. 그런데 융통어음이라고 어음에 쓰여 있는 것이 아니다. 그런 사실 조차도 보통은 알 수가 없기 때문이다. 융통어음을 할인받는다는 사실은 소문에 의해 확인할 수가 있다. 어음발행이 급증하고 있다면 융통어음일 가능성이 많다.

5. 어음금액이 정액인 어음할인 요청

어음금액을 예로 든다면 '10억 원' 하는 정액인 어음은 융통어음일 가능성이 크다.

융통어음을 할인한다는 것은 자금의 궁핍 내지는 경색일 가능성이 있기 때문이다. 자금의 경색은 부도의 길이기도 하다.

6. 어음결제가 3~5일마다 발생

같은 종류의 어음이 결제가 규칙적으로 3일내지 5일 간격으로 발생하고 있다면 의심할 이유가 있다. 물론 정기적으로 발생하는 적정 금액의 어음은 인정한다고 하더라도 최근 들어 어음결제가 규칙적으로 발생하면 융통어음일 가능성이 있다.

7. 대금지급의 일부보류

수표나 어음을 이용하여 어떤 대금을 지급해오던 기업이 한동안 결제가 돌아오지 않는 경우가 있다. 물론, 그 기간 중에 특별히 결제할 건이 없기 때문에 결제가 돌아오지 않을지도 모른다. 그러나, 결제가 돌아오지 않는 것이 대금지급을 미루기 위해 어음을 발행하지 않는다면 틀림없이 자금줄이 막혔다고 봐야 한다. 즉, 향후 일정시점에 결제할 자금이 되지 않기 때문에 어음을 발행할 수가 없는 것이다.

8. 정시지급의 변경, 지연, 결제기일의 지연

어음교환에 회부된 당일 결제해야 하는 어음을 상호 간에 협의해 결제일을 변경한다든지 지연 결제하는 것이 버릇처럼 되어있다든지 매번 정시에 결제하던 항목을 이유 없이 시일을 변경하여 결제를 하는 경우에는 자금의 결핍 내지 경색이라고 봐야 한다. 이런 현상이 깊어지면 이어서 부도의 길로 갈 수도 있는 것이다.

9. 지급수단, 결제조건의 변경

평소에 당좌수표를 발행하여 결제하던 것을 갑자기 어음으로 결제수단을 바꾸었다면 기업의 자금이 경색되고 있다는 의미이다. 어음으로 결제수단이 바뀌었다가 다음에는 어음결제의 지연, 융통어음의 할인 등으로 나타날 수도 있다.

10. 지급어음의 기일 연기

교환에 회부된 어음을 보면 지급일자가 적혀 있고 그 일자에 결제에 회부되는 것이다. 그런데 결제에 회부된 어음표면상에 지급일자가 수정 내지 변경되어 있고 이런 형태의 어음이 지속적으로 교환에 회부된다면 최근 들어서 자금이 어렵다는 증거이고, 당분간 지연결제가 이어질 가능성이 있다.

11. 선수표 발행 빈번

교환에 회부된 어음표면을 보면 발행일자가 있고 지급일자가 있다. 그런데 발행일과 지급일의 일자가 멀다면 지속적으로 선수표를 발행하고 있다는 증거다. 당좌수표일 경우 수취인과 협의해 선일자를 기재하고 그 일자에 교환에 회부하도록 약속을 하지만 선수표라도 금융기관 창구에 입금하면 결제를 해야 한다. 때문에 결제당일의 당좌잔고에 문제가 생길 수가 있고 결제지연이 될 가능성도 있고 경우에 따라서는 부도처리 될 수도 있다.

당좌수표의 선일자수표는 금융기관 종사자들이라면 금방 알아볼 수가 있다.

12. 어음, 수표의 추심증가

기업에서 제품이나 물품대금으로 받은 어음이나 수표를 입금하는데 지금기일이 먼 어음은 기업에서 가지고 있다 교환에 회부하든지 아니면 어음교환소가 다른 먼 거리의 경우 미리 금융기관에 추심을 의뢰하게 된다. 그런데 추심의뢰한 수표나 어음이 갑자기 많아지고 금액이 크다면 융통어음이 아닌지 의심할 필요가 있다.

13. 거래실적을 상회하는 어음용지 교부요청

거래실적을 상회하는 어음용지 교부요청이 빈번한가? 거래실적을 상회하는 어음용지를 요청한다면 반드시 융통어음을 발행하려는 의지를 가지고 있을 것이다.

금융기관이 적정량의 어음용지를 규정에 의해 지급하도록 하고 있는데 이 규정을 위반하지 않더라도 거래실적으로 비추어 보아 과다한 어음교부를 요청하는지 따져볼 일이다.

14. 일정하지 않은 금융기관 지급장소 변화

금융기관의 결제가 일정하지 않고 여러 곳으로 지급장소를 변경하고 있는 것이 아닌지 확인해보자. 어음의 지급장소는 기업이 거래하는 당좌거래 금융기관이어야 한다. 그런데 평소에 잘 이용하지 않던 금융기관만을 이용하는 것은 결제대금부족이나 어음용지의 부족 등 한 금융기관을 이용할 수 없는 제약조건들이 있기 때문에 여러 금융기관을 이용하려고 하는 것이다. 이런 경우 거래하는 전 금융기관의 결제자금 부족을 예상할 수가 있다. 자금이 상당히 부족하든지 아니면 자금의 경색 시 나타날 수 있다.

다음은 은행거래에서 나타나는 내용들이다.

1. 서류 제출요구에 비협조적이다

기업의 재무자료는 공개하고 있으나 여타 자료제출 요구 시 비협조적이며, 때로는 거짓자료를 제출한다. 회사 내에 어떤 문제가 발생 시 자료제출을 기피하게 되고, 제출하는 자료는 고쳐서 제출하게 된다. 특히, 재무자료 중 세무서에 신고한 재무제표는 수시로 변동하여 제출할 수 있으니 조심해야 한다.

2. 연체, 대지급 발생이 빈번한가

연체가 자주 발생한다면 요주의! 대지급이 자주 발생한다면 경계해야 한다. 이런 기업은 자금의 경색현상이 극에 달한 기업일 것이기 때문이다.

3. 금품이나 향응에 갑작스럽게 적극적이다

여태까지 우리를 '별로'로 생각하던 사람들이 갑자기 적극적인 태도로 금품, 향응을 제공하려 한다면 자금상태가 아주 나쁘다는 증거다. 도산 직전 기업일수록 향응제공을 하게 되고 오너의 복장이 화려해지고 과시하는 경향이 있다.

4. 무리한 신용여신을 요구한다

신용여신이란 기업의 업적, 세평 등이 우량하여 담보를 특별히 확보하지 않아도 되는 경우에 할 수 있는 여신이다. 이에 미달하면 담보라도 확보하고 여신을 취급해야 하는 것이다. 업적도 우량하지 못하고 담보로 제공할 것도 없는 경우 업체가 무리하게 신용여신을 요구한다면 자금이 상당히 부족하다고 판단할 수 있으며 위험한 여신이 될 수도 있다.

5. 출입하지 않던 임원이 대출을 요청한다

출입하던 자금과(부)장 대신 임원(사장)이 대출요청을 할 경우 회사의 자금이나 운영상태가 좋지 않은 경우가 많다. 왜냐하면 회사의 경영상태가 정상적이라면 자금과(부)장이 요청을 해도 충분할 것이다. 그러나 자금이 급할 경우 임원이나 사장이 나서서 대출을 요청해야 대출을 해 주던 시절이 있었기 때문에 윗분들이 나설 것이다.

이런 경우도 있다. 평소에 출입하던 자금담당 과장이나 부장(직위가 낮은 사람)이 요청하면 대출을 거절하고, 사장(높은 사람)이 찾아오면 대출을 해 주는 경우 부실여신이 될 가능성은 상당히 크다.

6. 회사 방문을 거부한다

기업여신을 할 경우에는 회사를 방문하여 회사 실정을 잘 알아봐야 한다. 그러나 "오면 뭐하느냐?", "뻔한 것 아니냐?" 등으로 회사 방문을 거부하거나 회사 이외의 장소에서 면담하기를 요청하는 경우는 요주의 대상이다. 왜냐하면 어떤 이유 때문에 회사의 현재상태를 보여 주고 싶지 않을 경우가 있을 것이기 때문이다.

 이런 기업 부도난다

7. 주거래은행이 천대하고 있지는 않은가

주거래은행에서 천대를 하거나 주거래은행이 불분명하다면 경계해야 한다. 주거래은행은 업체의 영업 및 경영상황을 면밀히 관찰하고 있을 것이다. 업체에 어떤 이상한 징후가 보인다면 거래태도가 달라질 수도 있는 것이다. 저희 은행이 주거래은행이 아니라면 주거래은행의 조치사항을 주시해야 한다, 특히, 주거래은행이 어떤 거래를 중단했다는 소문이 있으면 즉시 확인하고 필요한 조치를 하거나 대비해야 할 것이다.

8. 금융기관 출입이 급증하는가

업체의 임직원들이 갑자기 금융기관에 출입이 많아진다거나 금융기관 출입에 바빠졌다면 무엇인가 자금융통을 위해 뛰고 있다는 증거다. 전화를 걸었을 때 은행에 갔다는 대답이 많아진다면 이런 징후일 수도 있는 것이다. 통상 자금이 급하게 되면 금융기관에 찾아가서 다급하게 자금을 요구하기 마련이다. 이런 업체일수록 조심해야 한다.

9. 고위층을 빙자한 대출신청은 아닌가

대출신청 시 권력기관 또는 상부에 있는 고위층을 빙자하여 전화나 대화 시 은근히 압력을 넣는 경우가 있다. 부실대출의 대표적인 케이스다. 정상적인 대출이라면 압력이 필요하지 않을 것이기 때문이다. 필자의 경우, 이런 대출은 나중에 알고 보면 금융기관을 이리저리 모두 다녀 본 다음에 우리 은행에 오게 된 경우가 많았다.

10. 대출 요청을 자주 한다

긴급자금과 용도불명의 운전자금 요청이 자주 발생한다면 그 업체는 자금수지계획이 없이 자금을 조달하거나 자금계획에 펑크가 났을 가능성이 짙다. 이런 회사에 대출을 해 준다는 것은 부실여신을 만드는 지름길이다.

11. 반복적으로 단기자금을 요구한다

기업이 신용악화로 사채를 조달하기가 곤란해짐에 따라 반복적으로 단기자금을 요구하는 경우가 있는데 기업의 자금관리에 적신호가 들어온 것으로 봐야 한다. 긴급자금을 요구한다거나 초단기적으로 자금을 요구하는 경우도 마찬가지로 신중을 기해야 한다.

이런 경우 기업이 속한 업계의 평균매입채무 구성비를 파악하여 과다여신을 파악할 수 있으며, 기업이 본연의 업무수행을 위한 자금인지를 알아낼 수도 있다.

12. 대출거래 금융기관은 주로 어디인가

대출금이 없는 기업은 거의 없다. 그러나 제1금융권이 아닌 보험회사, 저축은행 등 제2금융권이나 사채 등으로 편중되어 있으면 제1금융권에서 대출을 해 주지 않고 있다는 증거이고, 간접적으로는 기업의 신용상태가 나쁘다는 것을 의미한다. 좋은 기업이 제1금융권을 제쳐놓고 제2금융권과 사채를 쓸 이유가 없을 것이기 때문이다. 부동산의 등기부등본을 보면 확인할 수 있다.

13. 보증서를 발급받지 못한다

보증기관이 보증을 꺼리고 있거나 보증서 발급을 받지 못해 회사채의 차환이 불가능하다면 조심해야 한다. 보증서를 발급할 수 없는 일이 생겼거나 경영상태가 위험한 쪽으로 가고 있다고 판단을 해도 될 것이다. 보증서를 발급하는 것이나 대출을 해 주는 것이나 별 차이가 없기 때문이다.

14. 신용조회가 양호한가

신용조회는 여신담당부서, 타 금융기관, 채무자의 거래업체, 경쟁업체 등에 해볼 수 있다. 이들 신용조회처의 조회결과가 정상적이지 못하다면 주의해야 한다. 특히, 과거에 금융기관과의 거래에 문제가 있었다면 조심해야 한다.

15. 신설회사가 신용대출을 요구한다

설립된 지 얼마 되지 않는 회사가 신용대출을 요구한다면 주의를 기울여야 한다. 신용대출이란 신용상태가 양호한 기업에게 해 주는 것이다. 신설회사가 짧은 기간 내에 무슨 신용을 적립했겠는가? 만약 이런 회사에 대출을 했다면 대부분 부실로 갈 수밖에 없다.

16. 타행대출 상환을 위한 대출인가

타행 대출금상환을 위해 대출신청을 한다면 각별히 조심하지 않으면 안 된다. 신규업체든 기존업체든 간에 금융기관은 신용도가 좋은 기업과 대출거래를 하려고 한다. 타행대출을 상환하기 위한 대출신청은 그 업체에 무엇인가 문제가 있다는 것을 의미한다. 누가 양호한 업체의 대출금을 기한연장 해 주지 않겠는가? 무엇인가 문제가 있기 때문에 대출금을 상환하도록 하는 것이 아닌가? 다만, 금융기관 자청으로 타행대환을 할 경우는 예외로 봐야 할 것이다.

17. 시설자금대출금을 차주에게 지급요청한다

시설자금대출금을 차주가 세금계산서나 영수증을 제출하고 자기자금으로 지급했다고 주장하며 차주 예금통장에 입금해 달라고 요구하는 경우가 있다. 금융기관에 따라서는 여신관련규정에서 이런 방법으로 시설자금대출금을 지급할 수 있는 규정을 가지고 있을 수는 있다.

그러나 이런 경우 세금계산서를 정상적으로 발행하여 그 사본을 금융기관에 제출할 수 있을 것이지만 차주가 뒤 돌아가서 제출한 세금계산서를 취소할 수도 있는 것 아닌가? 또, 영수증을 거짓으로 만들어 금융기관에 제출할 수도 있는 것 아닌가? 물론 금융기관에 허위의 서류를 제출했을 경우에는 불량거래등록을 할 수 있도록 되어 있기는 하지만 시설자금대출금은 이제는 회수할 수가 없을지도 모르는 것이다.

시설자금대출금을 차주에게 직접 지급하는 행위는 여신을 불량여신으로 몰고 갈 수도 있는 것이다. 생각 없이 지급한 대출금 지급행위는 조심할 필요가 있다. 징구한 영수증 또는 세금계산서의 진위 여부를 철저하게 검토해야 한다. 시설자금 지급 시 징구한 ① 지급위임장, ② 감리업체의 기성고확인서, ③ 출장복명서 등은 사후문제에 대비하여 잘 보관해야 한다.

18. 적립식예금을 정상적으로 납입하는가

적립식예금이나 대출금이자를 정상적으로 납입하고 있는지 알아
보자. 대출금이자는 제때에 낸다 하더라도 대출 시 약속한 적립식예
금을 제대로 납입하지 않는다면 자금이 어렵다는 징후다. 이런 회사
가 대출을 요청했다면 다시 생각해보자. 약속을 지키지 않는 회사는
대출금 상환도 제대로 할 수 없는 회사가 아니겠는가?

19. 부도어음의 발생

기업도산의 99%는 부도어음의 발생이라는 형식으로 표면화된다.
부도어음의 발생은 자금이 막혔다는 것이며 금융기관이 지원을 끊는
것이 결정적인 계기가 된다. 즉, 기업규모의 여하를 불문하고 금융기
관의 지원이 끊겨 도산하게 된다. 그러면 왜 금융기관들이 돌봐 주지
않는 것일까? 그것은 도산의 조짐이 명확해졌으므로 사회적 존재, 사
회적 공기(公器)로서 그 기업을 존속시키는 것이 어떠한 이점도 없다
고 판단하기 때문이다.

20. 당좌대출잔액의 고정화

기업이 당좌계정을 가지고 있고 순차적으로 결제를 하고 있다고 하
더라도 당좌계정의 차월 잔액이 최고금액으로 고정화되어 있다면 자
금의 유동화는 어려운 것이고 당좌대출의 잔액은 정액대출처럼 인식
해야 한다. 이런 경우 한 번의 충격으로 부도가 날 확률이 크다.

21. 거래금융기관의 변경

기업이 당좌거래뿐만 아니라 통상 거래하고 있던 금융기관을 이용하지 않고 그냥 놔둔 상태에서 다른 금융기관으로 거래를 변경하는 경우 기존에 주로 이용하던 금융기관에서 이제는 더 이상의 차월을 쓸 수 없는 상태가 있을 수 있고, 새로운 금융기관에서 차월을 쓰기 위함일 수가 있다. 결국, 당좌차월 등 금융기관의 차입금의 증가 속도가 가속화된다면 자금의 고정화에 이어서 자금의 결핍현상을 가져올 수 있다.

22. 금융기관에 부정직한 답변

금융기관의 지도 및 점검에 부정직한 답변을 한다. 금융기관 조사자들 중에서는 기업여신을 아주 잘 심사하는 대출심사역들도 있고 개인여신을 취급하던 사람들 중에서도 개인의 특성을 잘 파악하는 사람들도 있다. 한 가지 사안을 가지고 이쪽 방면으로 질문하고 한 시간 후에는 저쪽 방면으로 질문하여 질문을 받는 사람으로는 여러 가지 질문으로 오인하게 하지만 사실은 한 가지를 규명하기 위해 여러 가지 사항을 질문하는 경우가 있다. 그런데 이때 금융기관 직원들의 질문에 소홀하거나 부정직한 답변을 하게 되는 사람들을 볼 수가 있는데 차주가 될 사람에게는 미안하지만 귀신같이 차주가 될 사람의 성실성과 여러 가지의 특성들을 파악하게 되는 것인데 특히 부정직한 답변을 할 경우 금융기관종사자들은 그런 사람의 답변을 곧이 들으려고 하지 않으려는 습성이 있으며, 이런 여러 가지 답변을 토대로 대출을 해줄 것인가를 판단하곤 한다.

금융기관종사자들이 제일 싫어하는 것은 대표자의 불성실이다. 요즘은 금융기관에 제출하는 각종서류가 허위로 밝혀지면 대출금을 기한이익상실 시키고 대출금을 회수할 수 있도록 약정하고 있고, 실제로도 불량거래자로 등록할 수도 있다.

23. 당좌차월 급증

예금잔액의 감소, 당좌예금의 격감, 당좌차월 급증, 평소에 이용하지 않던 당좌계정을 상당한 이유 없이 급히 이용하고 있는 것이 아닌가?

예금잔액이 감소하고 차월 잔액이 급증하고 있다면 기업에서 자금이라는 것은 모두 긁어모아 어떤 자금결제에 대응하고 있다고 보면 될 것이다. 이런 상태가 오래 지속되면 자금의 경색단계로 진입할 수도 있다.

24. 자동이체계좌 자금부족

공공요금 납부 등 자동이체 취급계좌의 결제자금이 부족한 것이 아닌가? 자동이체 결제계좌에서 각종 자동이체 자금 출금 시 잔액이 부족하여 자동이체가 되지 않는 것이 많아진다면 반드시 기업의 자금사정이 좋지 못하다는 징후로 보면 된다. 우리네 가정에서도 자금이 있는지 여부를 확인을 하지만 때로는 계산이 맞지 않아 결제를 하지 못하는 경우도 있다. 하지만 즉시 그런 사실을 인지하게 되고 이어서 자금이 결제될 수 있도록 할 것이다. 기업에서도 마찬가지로 이런 현상을 가져올 수는 있으나 즉시 대응을 하지 못하고 지속적으로 결제를 하지 못하는 현상이 길어진다면 분명히 기업에 자금이 부족하다고 판단해야 한다.

25. 여신한도 초과

기업이 자기가 결제하고 있는 계좌의 잔액이 얼마인지 몰라서 여신한도를 초과하고 있다면 자금계획이 잘못되어 있든지 아니면 자금계획이 없든지 아니면 착오일 가능성이 있다. 또, 계좌의 잔액을 인지하고 있는 상태에서 여신한도를 초과하고 있다면 기업의 자금계획에 펑크가 났을 가능성이 있으며 그 초과한 계좌를 정리할 여유가 없는 것이다.

이 정도가 되면 기업은 자금을 마련하기 위해 동분서주할 것이고 기업의 자금담당자는 머리가 아파 오기 시작할 것이다. 그러나 금융기관종사자들은 기업이 이런 상태가 지속되면 서서히 부도의 조짐이 있다고 보고 준비를 하기 시작하는 것이다. 기업이 평소에 신용상태가 양호하고 계좌의 한도초과가 착오라는 판단이 서지 않는 한 기업의 부도는 시간문제인 것이다.

26. 거래은행 수 급증

거래은행이 없거나 보조은행이 철수를 하거나 거래은행 수가 급증하고 있는가?

기업이 단기자금계획에 펑크가 나면 이 은행 저 은행을 기웃거리게 되고 지점장을 찾아다니다가 보다 호의적인 지점장을 보면 또 여신거래를 시작하게 된다. 그러다 보면 거래은행수가 급증하게 되는 것이고, 긍정적으로 생각하는 금융기관 지점장을 보게 되면 평소에 마음에 들지 않았던 금융기관인 보조은행과의 거래를 단절하게 되나 거래의 단절 없이 중지한 상태로 그냥 놔두고 살 수도 있다.

그런데 이런 가정은 잘되었을 경우의 가정이고, 긍정적으로 생각하는 지점장이 없으면 갑자기 거래하는 금융기관의 수가 없어지게 된다. 이렇게 거래하는 금융기관의 수가 없어지게 되면 기업의 자금에 비상이 걸리게 되고 이때 제대로 대처를 하지 못하면 자금경색의 길을 걸을 수밖에 없는 것이다.

27. 타 금융기관이 최근에 여신회수

신용관리가 철저한 금융기관이 최근에 여신을 회수하고 있는가? 금융기관들도 나름대로 특성이 있으며 금융기관의 수준이 각기 다른 것이다. 어떤 금융기관은 개인대출에 있어서 특성을 가지고 있으며 개인대출관리를 잘하고 있는 반면 어떤 금융기관은 기업대출을 잘하고 있으며 기업대출관리를 잘하고 있는 것을 알 수가 있다. 또 어떤 금융기관은 대출 사후관리를 잘하고 있는데 어떤 금융기관은 채권관리를 잘하는 금융기관도 있다.

이와 같이 대출사후관리를 잘하는 금융기관이 최근에 여신을 회수하고 있다면 무엇인가 그 기업에 문제가 있다고 보면 된다. 재테크를 할 때 투자를 잘못하는 사람은 투자를 잘하는 사람을 쫓아만 가도 투자결과가 좋을 수 있는 것 아닌가? 기업에 문제가 있는지 몰라도 신용관리가 철저한 금융기관이 여신을 회수하고 있다면 생각해볼 일이다. 그리고 그 원인을 따져서 우리도 무엇인가 조치를 강구해야 될지도 모른다.

28. 돌발적인 융자신청, 시간외 대출요청

"급하니 언제까지 돈 얼마를 대출해 주십시오."

"지금 당장 대출을 해 주십시오."

"무슨 자금이라도 좋으니 대출해 주십시오."

이런 요청을 갑자기 받는다든지 시간외에 요청받는다면 생각해보자. 이 기업은 자금이 어지간히 급한 것이다. 아니면 금방 부도가 날지도 모르는 상황으로 인식해야 할 것이다. 이런 상황은 자금계획도 없이 주먹구구식으로 경영을 해 오던 기업일 것이고 당장 그런 문제가 해결되지 않으면 자금의 경색과정을 지나 부도로 연결될 가능성이 짙은 것이다.

29. 용도가 불명확한 자금 차입신청

"돈 10억 원을 아무 대출이나 좋으니 대출해 주십시오."

이렇게 용도가 불명한 자금을 대출해 달라고 요청하는 기업은 자금계획과 사업계획, 사업목적 등의 서류는 금융기관에 내는 서류에 불과한 것이라고 생각하고 있다고 보면 된다. 금융기관은 자금용도에 맞게 대출해 줘야 하는 의무가 있다.

이런 기업은 돈만 있으면 장사를 해서 돈을 벌 수 있다고 착각하는 기업이라고 해도 될 것이다. 사업이란 경험도 필요하고 생산이나 판매 등 부문에서 여러 가지 노하우Know-How와 준비가 필요하다. 이런 기업에 대출을 해 주었다가는 실패의 연속을 불을 보듯 뻔하게 볼 것이다. 사업이란 절대로 돈만 가지고 할 수 있는 것은 아니다.

금융기관에서 왜 사업계획을 따져보고, 자금계획을 살펴보고 사업목적 등을 왜 보는가? 자금을 대출해 주고 나서 대출자금이 제대로 회수될지 여부를 따지고 있는 것이다. 대출자금이 회수될 수 있다고 판단하면 대출을 해 주는 것이다. 차주가 생각하듯이 돈만 가지고 금방 부자가 될 것 같으면 그런 장사는 금융기관이 할 것이다.

30. 빈번한 신용조회

신용조회를 사채업자, 금융기관으로부터 빈번하게 받거나 인감조회를 받는다면 그 기업의 신용을 의심하는 사람들이 많다는 징후다. 기업으로부터 받은 어음이나 수표들에 대해 조회를 해봐야 속이 시원하다면 기업보다는 금융기관 직원들의 이야기를 더 신망하려는 사람들이 많다는 것이다. 문제는 그렇게 조회를 해 오는 사람들이 아니라 그렇게 조회가 오도록 만드는 기업인 것이다.

빈번한 신용조회와 인감조회는 기업이 신용이 없다는 틀림없는 증거다.

31. 월요일 아침에 찾아 온 손님

월요일 금융기관 지점의 객장은 예금 손님뿐만이 아니라 대출손님들로 붐비게 된다. 그런데 자주 못 보던 손님이 거액을 그것도 월요일 아침에 상담하러 온다면 금융기관 직원들은 약간 경계를 하게 된다. 토요일과 일요일 밤과 낮을 통틀어서 대출 받을 생각뿐이었을 손님이 아닌가?

여하튼 월요일 아침 예금손님은 좋아할지 모르지만 첫 대출손님은 지점장들이 반기지를 않는다. 무슨 꿍꿍이가 있는지 알 수가 없다.

15장
자본

자본이 많으면 그 만큼 조직이 안정이 되고 그렇지 않으면 많은 불안요소를 가지고 있게 마련이다. 금융기관들이 그렇게 BIS자기자본비율을 따지는 것만 봐도 알 수가 있다.

1. 자본잠식이 되고 있는가

당기순이익은 기업을 유지하게 하거나 발전되게 하는 원동력이다. 당기순이익을 시현하지 못하고 여러 해 동안 당기순손실을 지속적으로 시현한다면 자본을 잠식하게 될 것이고, 자본잠식이 지속되면 유동성결여로 도산에 이르게 되는 경우가 많다.

자본잠식을 하게 되면 대출을 받았던 금융기관이나 회사의 이해관계인을 의식하여 재무제표를 분석하여 당기순이익을 시현하게 하거나 당기순손실을 적게 나타내는 경우가 생기게 되나 결국은 유동성결여로 도산에 이르게 되는 것이 보통이다. 참고로 현금수지분석표는 이를 짐작하는데 도움이 된다. 예를 들면, 당기순이익은 어느 정도 실현하고 있는데 현금수지분석표상 현금영업이익이 마이너스를 기록하고 현금영업이익의 마이너스현상이 지속된다면 심각한 자금

고갈의 애로를 겪게 되다가 도산하는 것이다.

2. 대주주의 지분이 적어지는가

대주주의 지분이 일정하지 못하고 시간이 지나감에 따라서 점차 적어지든지 그 점유율이 적어지는 경우에는 기업의 경영권이나 자금 면에서 무엇인가 문제가 발생하고 있다고 판단해도 틀리지 않을 것이다.

대기업의 경우에는 대주주의 지분이 얼마 되지 않아도 기업을 지배하여 경영실권을 장악할 수 있을 뿐만이 아니라 주식분산우량기업으로 평가를 받기도 한다. 그러나 중소기업의 경우는 대주주의 지분이나 지분율이 적어진다면 면밀히 검토해볼 필요가 있다. 대주주의 지분이 적어지면 대주주의 실권이 적어진다고 봐야 할 것이다. 회사의 경영에서 서서히 손을 떼기 위해 지분을 축소할 수도 있을 것이고, 회사 자체를 처분하기 위해 서서히 지분을 축소할 수도 있을 것이고, 자금부족에 의해 다른 자본가를 끌어들이는 과정에서 지분율이 적어지는 경우도 있을 것인데 이 모두 대주주의 입지가 축소되는 현상이다. 경영실권이 점차 축소되면서 경영자들 간의 갈등이 증폭될 가능성이 크고 경우에 따라서는 점차적으로 경영이 어려워질 수도 있다.

3. 유상증자를 자주 하는가

기업의 자금조달방법은 여러 가지가 있을 수 있다. 외부차입에 의한 경우, 유상증자를 통해 조달하는 방법과 무상수증익에 의해 조달하는 방법 등 실로 그 형태는 수 없이 많을 것이다. 차입에 의해 조달하면 이자를 의무적으로 지급해야 하고 담보도 제공해야 하지만 유상증자로 자금을 조달하면 이익이 있을 경우 적정 배당만 하면 될 뿐 이자처럼 강제성이 있는 것도 아니고 담보물도 필요치 않다. 그러나 유상증자를 할 때 대주주 자신의 신주인수권을 매각하고 유상증자에 참여하지 않는 경우가 있는데 이때는 그 사업의 수익성을 의심해볼 만하다.

기업이 신용과 담보력이 있으면 금융기관으로부터 돈을 빌리는 것은 어렵지 않다. 금융기관이 신용과 담보력이 있는 자에게 돈을 빌려 주지 않으면 누구에게 빌려 주겠는가? 신용과 담보력이 부족하기 때문에 돈 빌리기가 힘들다고들 말하는 것이다. 신주인수권을 매각하는 유상증자는 차입능력의 한계에 봉착했음을 의미할 수 있다. 더 이상 차입할 능력이 없을 때 경영권의 축소를 감수하면서 유상증자의 길을 선택하는 것이다. 실례로 1990년부터 1993년 사이 부도가 발생한 36개 업체 중에서 30개 기업이 모두 부도 전 2회계년도 동안 유상증자를 1번 이상 했고 자본금증가율은 평균 149.4%에 이르는 것을 보면 알 수가 있다.

4. 수시로 자본을 인출하는가

개인기업의 경우 사주가 툭하면 경리부장에게 거액의 돈을 요구할 때 이것의 회계처리를 어떻게 하느냐는 경리부장의 마음일 수가 있다.

오너가 주주임원단기대여금을 수시로 이용하며 그 금액이 과하다고 생각할 수가 있는 경우 이런 회사를 어쩌면 오너는 오래 가지고

 이런 기업 부도난다

가고 싶지 않을지도 모른다. 결국은 회사에서 자금을 조금씩 빼 가고 난 후에는 남은 것은 빈 쭉정이만 가지고 있을 것이다.

　그러나 어떤 경우에는 이것을 자본금의 출금으로 처리하는 경우도 있었다. 아마도 경리부장과 오너의 인간관계가 매끄럽지 못해서였을 것이라고 판단이 되나 어찌했든 이렇게 처리하고 나서 보니 결산 시에는 자본금이 하나도 남지 않은 경우도 보았다.

16장
부채, 차입금

1. 과도한 타인자본 의존

과도한 타인자본 차입은 자기자본비율의 지속적 감소와 부채비율의 점증을 가져오고 이어서 지급이자의 부담 가중을 가져온다. 결과적으로 경상이익의 지속적 감소를 가져와 재무유동성의 결여를 초래하고 지급능력의 약화를 불러일으킨다. 결국 부실로 가는 지름길로 가게 된다.

이러한 징후를 감지할 수 있는 것으로는 차입금총액이 연간매출액을 상회한다든지, 금융비용부담률이 매출액 대비 10% 이상을 지속할 경우 감지할 수 있다.

2. 과다한 단기차입금 의존

금융비용이 급상승하는 등 단기차입금 위주로 자금을 조달하고 있으며 이로 인하여 금융비용이 급상승하는 등 위기로 치닫는 것이 아닌지 알아보자.

장기의 차입금에서 단기의 차입금으로 변환되고 있으며 이자가 저리에서 고리로 변환하고 있다면 금융비용의 급증 때문에 재무 면에서 상당히 불리해지고 있다는 징후다. 보통 저리 장기의 자금을 쓰다가 급하면 단기 고리의 자금을 쓰게 된다. 이런 경우 단기내지 중기의 자금계획에 펑크가 났다는 징후이기도 하다.

3. 고정화된 차입금이 급증하고 있는가

고정화된 차입금이 있다면 자금분석 시 조심해야 한다. 운전자금의 고정화된 차입금이 급증한다는 것은 운전자금대출금이 다른 부문으로 유용, 유출되었을 가능성이 크다. 고정자산 취득이든 외부자금 유출이든 대출자금의 용도유용에 해당할 수 있다. 한편 재고자산이나 외상매출금이 적어지거나 외상매입금이 많아지는 경우도 고정화된 차입금이 나타날 수 있는데 이런 경우 원칙적으로 대출금의 기한연장은 불가하다고 봐야 한다. 왜냐하면, 재고자산의 감소, 외상매출금의 회수에 의해 당연히 현금이 증가했을 것이고, 현금이 회수되었다면 당연히 대출금은 회수되어야 하기 때문이다. 만약 이때 대출금을 회수하지 않고 기한연장을 해 주었다면 그 회수된 자금은 이미 다른 부문으로 유출되어 없어진 후에는 대출금회수 자원이 없어지게 될 것이기 때문이다.

4. 기회만 있으면 운전자금을 요구한다

매출액의 증가가 저조하거나 하향 추세인데도 기회만 있으면 운전자금대출을 요구하는 경우, 운전자금대출의 증가율이 매출액 증가율을 초과하는 경우, 운전자금대출금이 운전자금 1회전 소요운전자금을 초과하는 경우, 매출액을 과다하게 추정한 경우, 운전자금대출금의 증가액이 운전자본 증가액을 초과하는 경우 등 고정화된 운전자금이 있으면서 회수대책 없이 다른 운전자금대출금을 요구한다면 필시 운전자금이 다른 부분으로 전용되었을 가능성이 크며 운전자금대출금의 회수가능성이 그 만큼 적어진다. 운전자금대출 취급 시 한도적용의 적정성을 검토해야 한다. 이런 기업은 지속적으로 자금의 부족현상이 심해질 수밖에 없다. 왜냐하면 매출이 적어진다든지, 자금을 용도 이외로 전용하고 있기 때문이다.

운전자본이란 매출액에 재고자산을 더하고 선급금을 더하여 매입채무와 선수금을 뺀 것을 말한다.

*운전자금=매출채권+재고자산+선급금-매입채무-선수금

5. 차입금 실질이자율이 높은 것이 아닌가

차입금 실질이자율이 높은지 알아보자. 차입금이 많아지면서 차입금평잔 대비 실질 지급이자율이 금융기관의 실질금리보다 2% 이상 높다면 사채를 쓰거나 일부 대출금을 연체했을 가능성이 높다. 요즘은 각 기업들이 금융기관보다도 금리에 대해 예민한 것이 사실이다. 이자를 0.1%라도 덜 주면서 대출금을 쓰기 위해 갖은 요구를 다하고 있다. 그런데도 실질이자율보다도 더 높은 금리를 주면서까지 대출금을 쓰고 있다면 자금관리를 하지 않고 있다든지 아니면 자금이 어려워서 차마 금융기관에 금리인하를 요구하지 못하고 있을 수도 있다. 사채를 쓰거나 연체를 하고 있는 기업은 자금이 어렵다는 증거이기 때문이다.

필자의 경험으로는 대출이자의 인하를 요구하는 사람은 거의 부실이 없었다.

6. 대출금과 이자가 누락되었는가

대출금과 지급이자가 대차대조표와 손익계산서에 적게 계상되었거나 미계상되었다면 분식결산과 자금 용도유용을 검토해야 한다. 대출금을 계상하지 않았다면 부채비율을 의도적으로 낮추려는 것이고, 지급이자를 계상하지 않았다면 금융비용부담률을 낮추는 등 분식결산하여 각종 재무비율을 좋게 나타내어 금융기관으로 하여금 자금 차입 시 용이하게 하기 위함일 수도 있다. 또한, 이 두 가지 모두를 재무제표에서 빼 버린다면 의식적으로 자금을 용도유용하려는 면도 있다. 가령, 차주가 이런 의도가 없이 모두 누락시켰다고 하더라도 객관적으로 보아 자금용도유용으로 볼 것은 뻔하기 때문이다. 또, 이들 두 가지 중 한가지만을 재무제표에 계상하는 경우도 간혹 발견되는데 대출이자는 계상하면서 대출금을 누락시키는 경우가 있다. 하나는 알고 둘은 모르는 회계처리를 하고 있으면서 '누가 이것을 알랴' 하는 식인 것이다. 기한연장을 할 경우에는 합계잔액시산표 등을 통해 기존 대출금이 계수에 모두 포함되어 있는지 유심히 따져봐야 할 것이다.

필자의 경우 대출금은 누락시키고 대출금이자는 재무자료에 계상한 경우를 발견한 적이 있는데 그 후에 부실되었다.

7. 강력한 채권자의 출현

대출금뿐만이 아니라 다른 금전채무에 대해 상대방이 강력하게 회수하고 있는지 기업의 자금담당은 잘 알고 있다. 이런 강력한 채권자의 출현은 기업의 자금계획을 변경하게 만들고 가끔은 기업을 자금면에서 어렵게 만들기도 한다.

강력한 채권자가 출현하여 채무를 회수해가려는 일이 그 한 사람으로 끝난다면 크게 걱정할 필요는 없으나 그 한 사람으로 시작하여 다수의 채권자가 동시에 채권청구를 할 수도 있다. 이런 경우 기업은 당연히 동시에 모든 채무를 한꺼번에 변제할 수가 없는 기업이 대부분이다. 강력한 채권자가 출현하더라도 그 한 사람으로 국한되는 것인지 아니면 그 여파가 다른 여러 채권자들에게 전파되게 되는 것인지를 적극적으로 검토해봐야 할 것이다.

8. 담보제공자의 탐색

대출을 하다 보니 담보물이 부족하여 아는 사람이나 기업에 관련된 사람들에게 담보를 제공해줄 것을 요청하는 경우를 볼 수 있다. 우량한 기업은 신용대출도 해 주지만 그렇지 못한 기업은 담보를 요구하게 된다. 갑자기 담보제공자를 구한다면 기업의 자금력은 한계에 와 있다고 봐도 무리가 아니다.

최근 금융기관에서는 기업여신 시 연대보증인 입보는 엄격히 제한되고 있다.

9. 사채업자의 고리자금 이용

융통어음을 할인하려고 하거나 사채업자의 고리자금을 이용하려고 하는지 알아볼 필요가 있다. 사채업자가 자주 회사에 출입을 한다는 것으로 알 수도 있다.

자금을 조달하려는 자는 먼저 금리가 낮은 자금을 조달하려고 하고 그 다음으로는 장기의 자금을 조달하려고 한다. 금리가 낮은 자금을 조달하다가 한계에 오면 그 다음으로는 시중 금융기관을 통한 단기성 자금으로 조달하게 된다. 그 뒤로는 금리가 조금은 비싸더라도 쉽게 대출을 할 수 있는 대출금을 이용하게 된다. 이 경우 금리가 비싼 것이 사채업자의 고리자금일 경우가 있다.

기업을 하는 사람이 사채 등 급전을 이용하려 할 경우 자금계획은 문서로만 존재한다. 급전을 쓸 경우 뒷일은 생각하지 않고 현재 자금 막기에만 급급하다는 것이다. 이런 경우 자금에 구멍이 생겼을 가능성이 있다.

10. 근저당권 취소 신청

대출을 할 때는 근저당을 설정한다. 그런데 상대적으로 적은 금액의 근저당권을 해지하고 고액의 근저당권을 설정하려는 경우도 있고, 당초부터 고액의 근저당권을 설정하는 경우도 있다. 그런데 근저당권을 설정하는 경우 그 금액을 수정하거나 증액하기 위해 금방 신청한 근저당권을 취소하는 경우가 있다. 이런 경우에는 대출금액을 더 높이기 위해 취소하는 경우가 대부분으로 자금조달의 계획성을 생각해 봐야 할 것이다.

11. 과중한 리스 빈발은 없는가

리스물건을 갑자기 많이 쓰고 있으며 지급리스료가 급증하고 있다면 주의해야 한다. 기계, 기구류의 리스가 급증하고 있으며 적은 리스료 부담으로 무리하게 시설을 확장하고는 있으나 생산은 이에 따르지 못할 경우 과도한 경비 지출이 발생하게 되어 경영부실에 이르게 된다. 욕심만 앞서고 생산과 수익은 욕심에 따르지 못하는 것이다. 회사 수익의 대부분을 리스료로 내고 있을지도 모른다.

12. 예금의 급증

기업의 일정시점의 예금이 종전의 일정시점보다도 많아졌다고 해도 좋아할 일이 아니다. 물론 예금이 증가했다는 사실 하나만으로는 좋아해도 될 것이다. 그러나 예금 중에는 대출담보로 제공된 예금과 구속성예금이 있을 것이다. 차입금이 늘어날 경우 차입금이 늘어난 금액만큼 또는 차입금 증가율만큼 예금이 늘어날 수가 있기 때문이다. 예금 증가율만큼 차입금이 증가했는지를 확인하자. 실제 가용예금이 얼마인가를 확인하는 것이 더 중요하다. 물론, 감독기관에서는 구속성예금을 규제하고 있다.

13. 가지급금, 주주임원단기대여금 증가

회사의 재무자료를 검토하다보면 의외로 회사자금이 회사의 본업과 관련이 없는 부문으로 유출되고 있는 것을 발견할 수 있으며 그 계정처리를 여러 가지로 하고 있는 것을 알 수 있다. 대출금이 용도유용되고 있는 것이다. 사실은 큰 문제가 없는 한 각 금융기관이나 감독기관에서도 용도유용을 알고 있으면서 모른 체하고 있다고 봐야 맞을 것이다. 관계회사출자금계정 또는 관계회사대여금계정 등의 정상계정을 통해 자금을 유출시키기도 하나 가지급금계정이나 주주임원단기대여금계정을 통해 자금을 외부에 유출시키기도 한다. 심지어 어떤 회사는 상품계정이나 복잡한 미결산계정을 이용하여 자금을 유출시키기도 한다. 어떤 경우에는 도무지 자금유출을 찾아낸다는 것이 불가능한 경우도 있으나 어떤 형태를 취하든지 대출자금이 용도유용에 걸리지 않는지 여부를 자세히 검토해봐야 할 것이다. 지속적인 자금의 유출 및 용도유용으로 경영압박을 가져 올 것이 뻔하기 때문이다.

필자의 경우 대표이사가 주주임원단기대여금으로 출금하여 그 회사의 유상증자 납입대금으로 유용했고, 후에 그 유상증자한 주식을 증권시장에서 팔아 상당한 이익을 낸 다음 주주임원단기대여금을 회수한 후 그 남은 자금으로 다시 그 회사의 유상증자에 참여하다가 감독기관으로부터 지적을 받아 대표이사가 감옥신세를 진 것도 보았고, 현지법인이 자국의 수출대금을 자국에 송금하지 않고 지속적으로 현지법인에게 재고이전을 위한 매출로 위장한 경우도 보았다. 거래방식 중 어떤 거래방식이든, 어떤 계정을 통하든 자금의 지속적 유출이 의심되거나 수출대금을 입금하지 않는 경우 등은 자세한 검토를 해봐야 할 것으로 판단된다. 또한, 대기업중의 하나인 모기업이 대출신청 시 필자가 이런 자금유용을 발견하고 대출을 거부하자 대표이사가 하는 말인즉 "내가 돈을 내서 만든 내 회사에서 내가 그 돈 중 일부를 빼 쓴다고 무슨 죄가 되는 것이냐?"고 반문할 때는 할 말을 잃은 경우가 있다. 주식회사란 자기가 돈을 내고 회사를 만들었어도 자기 것이 아닌 것이다. 원칙적으로 주식회사에 관한 회계처리가 있는 것 아닌가? 이런 이야기를 듣고도 똑같은 이야기를 직원들에게 대변하는 분들도 문제가 있는 것 아닌가? 대출심사역은 은행의 위험을 우선적으로 고려하여 심사에 임해야 할 것이다.

14. 상환능력이 미약한가

차입금조달 후 상환능력이 미약하다면 다시 한 번 생각해봐야 한다. 대출은 상환을 전제로 해야 하고 상환이 없는 대출은 있을 수가 없기 때문이다. 상환능력이 미약하거나 불투명하다고 예상될 수 있는 징후들을 살펴보면 대부분 매출액에 기인하는 것을 알 수가 있다. 이들 징후를 알아보자.

◆ 매출액의 감소추세가 지속되는 경우, 매출액이 손익분기점 매출액을 하회하는 경우, 매출원가가 매출액을 초과하거나 또는 육박한다면 결산결과 결손이 발생할 수밖에 없고 계속 결손이 발생하다가는 자본금 잠식으로 계속기업으로서의 존립위험에 처하게 된다.

◆ 매출액대비 운전자금차입금이 과다하다면 자금이 순수한 운전자금으로 투입되지 않아 만성적인 자금부족사태에 직면하게 되고, 금융비용이 과중해서 금융비용부담률이 높아져 상환능력이 약화될 것이다.

◆ 매출액대비 시설투자를 위한 차입금이 과다하다면 생산하는 제품의 수요예측의 판단착오로 시설을 사장시킬 수 있고, 이는 고정비 증가와 금융비용 과중을 유발하게 되어 제품원가를 높이는

 이런 기업 부도난다

원인으로 작용한다.

◆ 시설자금차입금을 운전자금에 충당하고 있다면 만성적인 운전자금부족을 일시에 해소할 수는 있으나 자산매각 등을 통하지 아니하고는 운전자금의 상환불능을 초래하게 하고, 금융비용 과중을 유발하게 된다.

◆ 매출채권 및 재고자산의 누적적 증가현상이 있다면 자금회전이 원활하지 않아 신용도저하에 따른 단기적 채무의 변제 압박으로 만성적 자금부족사태에 직면할 수 있고, 금융비용 과중을 유발하게 된다.

◆ 신설업체인 경우 사업성검토 결과 사업성이 불량할 경우 자기자금 조달능력이 없으면 타인자본에 의존하게 되고, 금융비용이 많이 발생할 수 있다.

15. 현금

현금이란 기업의 자산 중에서 당장 영업을 위해 공급할 수 있는 자금이다. 현금이란 영업을 통해 제품을 판매했을 경우 현금이 증가될 것이고, 원재료를 구입했을 경우 현금이 유출될 것이다. 현금보유의 적부 내지 위험 여부는 단순히 매출액대비 현금예금비율로 계산해서 넘어갈 것이 아니다. 그 질을 검토해봐야 한다.

현금이 총매출액에서 차지하는 비율을 질적으로 검토할 필요가 있다. 그 비율이 높거나 높아지고 있는데도 자금에 허덕인다면 면밀한 주의가 필요하다. 현금예금비율이 높은 경우 예금을 해 놓고 이를 담보조로 제공하는 경우에도 현금예금비율이 증가하는 현상을 보이게 되고, 현금예금이 많음에도 불구하고 허덕일 경우 당장 지급해야 할 자금에 대비해서 허둥대는 경우도 있을 수 있다. 이런 경우 면밀한 분석이 필요하다. 또 제품의 매출처가 어디인가에 따라서, 매출방법이 무엇인가에 따라서, 자금의 회수방법이 어떤 종류인가에 따라서 현금의 흐름을 파악할 필요가 있다.

16. 현금분식

통상 현금계정은 실제와 맞게 처리하는 것이 보통이나 필자의 경험을 빌면 현금계정을 분식하는 그야말로 마구잡이식 재무제표를 작성하는 기업을 여럿이나 보았다. 조금은 오래 된 이야기이긴 하지만, 각종 매스컴에서 상당히 우수한 업체로 지목하고, 신용평가도 아주 좋게 나타났으며, 주식시장에서는 주가가 보통 동종 타기업보다 무려 몇 배씩이나 높게 시현되었던 기업이 재무제표에서 현금계정이 분식된 것을 보고 깜짝 놀란 적이 있다. 기업이란 필요한 시기가 오면 모두 그렇게 할 수 있겠다고 생각하면 절로 아찔해지기도 한다. 현금흐름분석이 현금계정을 분식하지 않는 것을 전제로 하는 것인데 현금계정을 분식한다면 여타계정은 볼 필요가 없는 것이다. 모두 다는 아니겠지만 우리나라의 계열그룹에 속한 기업을 보면 계열주가 의도하는 대로 자금을 준비하고 지출하는 경향을 볼 수 있는데 이런 경우 어쩔 수 없이 회계기준에 부적합한 처리를 하게 될 것이고, 이를 감추기 위해 그 이후에도 또 엉터리 회계를 한다는 이야기를 들어왔고, 이러다가 감독기관에 지적되어 매스컴에 오르내린 경우도 봤다. 상당히 주의해야 한다. 분식을 검토하는 주요방법 중의 하나다.

 이런 기업 부도난다

17. 우발채무는 많은가

재무제표상에 나타나지 않는 감사보고서 주석표시에 나타나는 부채가 있다. 이 우발채무는 무심코 넘어가는 경향이 있다. 우발채무로는 수입신용장 잔액, 할인어음 잔액, 보증 채무, 기타 영업활동에 수반되는 보증, 계류 중인 소송과 관련된 우발채무 등이 있다. 이들 우발채무가 많으면 실질적 확정채무로 바뀔 가능성도 많은 것이다. 더불어 융통어음을 통한 자금융통이 있는지도 알아 볼 수 있다.

워크아웃을 졸업한 기업이 깨끗해졌다고 하는 것은 대부분 우발채무가 워크아웃 중에 정리되었기 때문에 깨끗해졌다고 하는 것이다.

다음은 부채, 차입금에 대한 비율분석 내용들이다.

1. 차입금의존도가 높은 것은 아닌가

이 비율은 총자산 중에서 대출금이나 회사채 등 외부자금으로 얼마나 조달했는지를 알아보는 비율이다. 차입금의존도가 70%를 넘어서 3년 이상 지속적으로 증가하고 있다면 자금상 위태로울 수 있다.

필자는 부채비율보다 이 차입금의존도가 여신결정에 대단히 중요하다고 생각하고 있다.

> **차입금의존도= [(장단기차입금+회사채)/총자산]×100**

2. 부채총액이 매출액을 초과하나

제조업의 경우 부채총액은 매출액을 초과하지 않는 것이 좋다. 부채총액이 매출액을 초과한다면 이는 자금압박을 받을 가능성이 크다. 매출액으로 부채를 갚지 못할 것이기 때문이다. 차입금이 매출액보다 많을 경우 매출이익으로 차입금이자를 지급하지 못하는 실질적인 자금부족을 일으키게 되며, 결국 차입금이자의 지급자금부족으로 부실에 이를 수 있다. 특히, 금융기관차입금(비은행금융기관 포함, 사채제외)이 연간매출액을 초과한다면 부실징후기업이다.

> **부채총액 대 매출액 비율: (부채총액/매출액)×100**

3. 부채비율이 높은 것은 아닌가

이 비율은 총부채가 자기자본의 몇 배가 되는지를 알아보는 비율이다. 부채비율이 높다는 것은 자기자본이 적다는 것이다. 부채비율이 일정비율(업종에 따라서 각기 다르지만 현재 우리나라에서는 200%를 기준으로 삼고 있음) 이상이거나 동종업계 평균보다 높다면 자기자본부족으로 약간의 충격에도 위태로울 수가 있다. 부채비율이 높다면 대출금이자지급 등으로 영업외비용이 많아 당기순이익이 적어지게 되거나 적자를 시현하게 된다.

$$\text{부채비율} = (\text{총부채}/\text{자기자본}) \times 100$$

필자의 경우 부채비율이 엄청 높은 기업의 대출신청을 받아 거절했을 때의 이야기다. 의외로 지점장이 찾아와서는 "이 고비만 넘기면 그 기업이 살 수 있을 것이고, 대출을 해 주지 않으면 우리 지점은 죽는다"는 말을 했다. 갑자기 할 말을 잃어버리고 말았다. 자, 당신이 사채업자라면 그 돈을 주겠는가? 그 돈이 당신 돈이라면 주겠는가? 그리고 당신 지점은 살고 당신이 근무하는 지점이 포함된 우리 은행은 망해도 된다는 말인가? 하기야 우리네 정서상으로는 "당신이 뭔데 된다, 안 된다라고 말을 해!"라고 핀잔을 주지 않는 것이 다행인지도 모르겠다.

은행이 지속적으로 대출을 해 주는 이상 망하는 기업은 없다. 그러나 부채비율 등 자금에 관련된 각종 비율과 영업력에 관한 각종 비율이 평균이하이면서 경쟁력이 떨어진다면 그 기업에 대출을 지속적으로 해 줄 은행은 하나도 없는 것이다.

4. 매입채무회전율이 높은가

이 비율은 매출액을 매입채무로 나눈 비율로 단기지급능력을 판단하는 비율이다. 동종업계와 비교하여 매입채무회전율이 낮은 경우 매입채무가 많은 기업으로 자금부족에 의해 지급을 지연하고 있는지 검토가 필요하고, 높은 경우는 신용악화로 외상구매가 어려운지를 검토할 필요가 있다. 매출채권회전율과 같이 검토하는 것이 바람직하다.

> **매입채무회전율: 매출액/매입채무(평잔)**

17장
회계처리

각종 비율과 금액 증감 등 회계상수치와 비재무자료를 크로스 체크하면 기업의 속내를 금방 자세히 알 수 있다. 비재무자료로 단서를 잡고 재무자료로 해석하면 금상첨화인 것이다. 이렇게 비재무자료들을 이용하는 것이다.

필자는 주로 이 방법을 이용하여 기업의 실체를 파악하려고 노력했으며 실제로 비재무적 요소를 먼저 파악하고 특징을 잡아내고 나서 재무자료를 보면 원하는 결과를 먼저 알아낼 수가 있었다. 이런 방법을 한 번 체험해보길 권한다.

회계처리를 정확하게 해야 하지만 중소기업의 경우에는 회계처리가 투명하지 못할 경우 재무제표와 실제는 너무도 차이가 나는 경우가 많게 된다. 이런 경우 비재무자료가 대단히 중요하게 이용된다.

1. 경리의 부실, 장부정리 불량

분식결산을 하는 기업의 장부는 두 가지로 이야기할 수 있다. 한 가지는 모든 장부가 아주 깨끗하다는 것이다. 모든 장부를 새로 만들다시피 하여 1년 전의 장부나 지금의 장부나 모두가 깨끗하게 정리되어 있다는 것이다. 또, 한 가지는 모든 장부가 제삼자가 알아보기가 어려울 정도로 지저분 복잡하게 만들어 놓는 것이다. 경리장부가 복잡하고 장부의 정리상태가 불량한 것을 알 수 있다.

깨끗하게 장부를 정리해 놓은 경우는 최근에 다시 정리해 놓은 것으로 대부분의 분식기업들이 회계기말에 장부를 다시 만들듯이 장부를 만들어 놓는 것이다. 장부가 깨끗하다고 좋아할 일이 아니다. 이런 기업은 분식으로 기업의 실체를 잘 알지 못하게 하려는 것이니 유심히 관찰할 일이다.

2. 재평가적립금은 장부상 수치일 뿐

자산재평가는 기업이 소유하고 있는 일정시점의 자산의 시가와 장부가액과의 차이가 심할 경우 자산의 가치를 현실화하여 적정한 감가상각을 가능하게 하고 기업의 실질자본의 정확을 기하여 경영의 합리화를 도모하자는 것이 목적이다.

자산재평가시 발생하는 재평가적립금은 자본항목이므로 부채비율의 하락과 자기자본비율의 증가를 가져와 재무구조를 개선시키고 차입능력을 증대시킨다. 그러나 재평가적립금은 현금이 증가하거나 재산이 순증한 것이 아니고 회계상의 수치일 뿐이며 기업의 실체에는 아무런 영향을 미치지 못한다. 자산재평가의 이런 효과를 바라고 재평가를 하는 기업이라면 현재 재무구조가 좋지 않기 때문에 자산재평가를 통해서 회계수치를 개선하여 자금차입을 원활히 하려는 목적을 가지고 있다고 판단해도 될 것이다.

자산재평가시는 오히려 '자산재평가세'를 납부하도록 하고 있어 자

 이런 기업 부도난다

금의 사외유출을 가져오고, 자금의 유출은 오히려 자금의 부족을 초래하기도 한다. 자산재평가는 당장은 '자산재평가세'를 내지만 그 자산의 감가상각을 통해 향후 당기순이익의 감소로 절세의 효과를 가져오기도 한다. 기업가치가 좋고 각종 재무비율이나 회계상의 수치가 문제가 되지 않을 경우 일부러 자산재평가를 할 필요가 없는 것이다. 부채비율이 낮아지고 자기자본비율이 높아지는 현상을 보고 좋아하거나 착각하지 말아야 될 것이다.

3. 주식을 취득원가로 평가했는가

부실한 관계회사주식을 취득원가로 평가하고 있거나 액면가로 표시하고 있으면 면밀한 검토가 필요하다. 관계회사가 부실한 회사 일 경우 관계회사주식을 취득원가나 액면가로 표시하고 있다면 이는 보유 주식인 자산의 과대평가로 결산결과를 좋게 만드는 것이다.

기업회계기준을 잘 적용하고 있는 회사의 경우 이런 일은 없을 것으로 보나 기업회계기준을 제대로 적용하지 못하는 중소기업의 경우에는 간혹 이런 경우가 발견되고 있으며, 무의식중에 표시되는 경우도 간혹 있다. 특히, 세무서장 확인을 해 오는 재무자료에서도 이런 종류의 자산평가의 허점이 드러나는 경우를 흔히 발견하게 된다.

4. 재고자산 평가방법을 변경했는가

재고자산을 어떤 방법에 의해 평가했는가를 검토하자. 인플레이션 상태에서 선입선출법을 적용하여 재고자산을 평가하다가 후입선출법으로 평가방법을 변경했다면 상대적으로 재고자산을 저평가하여 당기순이익이 축소되었을 것이고, 후입선출법에서 선입선출법으로 변경했다면 상대적으로 재고자산을 과대평가하여 당기순이익이 커졌을 것이다. 이 방법은 재무분식의 기본이 되기도 하는데 회계기준상 기준을 제대로 적용하고 있으며 세무서에 적용방법을 신고하고 증권시장에 공시하는 경우라 하더라도 그 이유를 잘 따져봐야 할 것이다. 과연 순이익의 가감을 위한 것인가. 어떤 특정한 사유에 기인하는 것인가를 알아봐야 할 것이다. 어떤 특정한 사유라고 하더라도 그 결과에 대해 순손익의 증감을 파악할 필요가 있다.

5. 기계.기구를 정액법으로 평가했는가

기계·기구 등의 고정자산은 대부분 설치 초기에 감가상각액이 많기 때문에 정률법으로 상각하여 초기에 많은 금액을 상각하는 것이 보통이다. 그러나 상각방법을 정액법에 의해 상각한다면 상대적으로 초기의 상각액이 적어질 것이고, 비용이 적게 계상되고 자산이 과대평가되어 당기순이익이 과대시현되어 있을 것이다.

또한 여신심사나 대출취급 시는 기계·기구류의 담보가치에 대해 검토해야 한다. 특수한 기계·기구의 경우에는 시간이 많이 지난 후에는 그 기계를 선호하는 사람들이 적을 것으로 보아 감가상각이 빨리 되도록 계산할 필요도 있을 것이고, 희소가치가 있는 기계·기구의 경우에는 기계의 가치가 오래도록 유지되는 것으로 생각할 수도 있다. 기계·기구의 담보취득 시 대출기간이 지나면 실제 평가액이 얼마 남지 않기 때문에 담보취득 시 유의해야 한다. 이론상 감가상각이 되는 만큼 담보를 보충하든지 대출금을 상환하는 것이 이치에 맞을 것으로 생각된다.

6. 회계방법의 변경

기업은 회계기준에 의해 장부정리를 하고 있다. 원칙을 지키면서 회계처리를 해야 한다. 그러나 분식은 아니나 기업에서 회계기준을 지키다가 회계기간 중에 결산에 좋은 영향을 미치게 할 목적으로 회계방법을 변경하는 경우가 많다. 이런 경우 발생된 금액이 매출액이나 당기순이익에 비하여 상당히 많을 경우에는 눈여겨볼 일이다. 회계방법을 변경하여 기업을 좋게 보이려고 하기 때문이다.

그 차액이 많을 경우 의도적인지, 도산 직전의 회계가 좋게 포장되어 있는 것은 아닌지 따져볼 일이다.

7. 특별상각을 했는가

특별상각을 많이 했다면 당기순이익에 영향을 미치게 된다. 특별상각에 의해 당기순이익이 적게 표시될 수도 있고, 당기순손실로 표시될 수도 있다.

8. 이연자산을 매년 상각하고 있는가

이연자산을 어떻게 상각하느냐에 따라서 당기순이익이 차이가 나게 된다. 통상 이연자산은 법정기간에 따라서 균등상각을 하고 있지만 일시에 상각을 하는 경우도 있다. 이 경우는 당기순이익을 적게 평가하게 된다.

9. 연구개발비의 구분 불명확

연구개발비를 이연자산과 판매 및 일반관리비로 명확하게 구분할 수 없는 경우가 많다. 이로 인하여 비용으로 처리되어야 할 것을 자산으로 처리했다면 당기순이익이 과대표시되거나 당기순손실이 적게 표시되는 것이고, 자산으로 처리해야 할 것을 비용으로 처리했다면 당기순이익이 적게 또는 당기순손실이 많게 표시되는 것이다.

10. 분식결산을 한다

기업들은 분식을 하지 않는 경우가 거의 없다. 부실기업은 있는 그대로 적자표시를 할 경우 금융기관의 거래가 어려워지고, 채권자는 자금을 회수하려 할 것이며, 기업 이미지가 손상되는 등 기업의 모든 면에 악영향을 미쳐 심하면 기업의 운명을 재촉할 수도 있다. 부실기업의 분식은 필사적이다.

2003년 3월에는 S기업이 2조 원이라는 거액의 분식을 한 것이 발각되어 금융권이 시끄러웠던 것을 보더라도 얼마나 기업들이 분식에 도사인 것을 알 수가 있다. 부채비율이 1,600%라고 하여 감독기관에서는 주거래은행심사역을 직무유기로 고발을 검토한다는 보도도 있었다. 본의 아니게 피해를 보게 되는 금융기관과 금융기관직원들이 발생할 수도 있는 것이다.

11. 우량기업도 분식결산을 한다

우량기업도 당기순이익을 있는 그대로 표시할 수 없다. 당기순이익이 많으면 세금을 많이 내야 될 것이고, 거래처로부터 단가인하 요구가 있을 수 있으며, 노조로부터 임금인상 요구가 거세질 수도 있기 때문이다. 회계측정 기술의 한계, 분식의 욕구 등으로 당기순이익은 왜곡될 수밖에 없기 때문에 대출 시 주의해야 한다.

12. 결산배당을 많이 한다

결산배당을 많이 했다고 좋아할 것이 아니다. 당기순이익 총액을 초과하여 결산배당을 했다면 자금을 빼먹기 위한 배당일 가능성이 있다. 특별이익을 통해서 또는 분식결산을 하여 당기순이익을 늘렸을 때 늘린 당기순이익으로 배당을 하는 경우 등은 자금을 빼 먹기 위한 경우가 있을 것이고, 무리한 주가유지를 위한 경우도 있을 것이나 머지않아 도산의 길을 걷지 않을 수 없을 것이다.

주로 외국자본인 은행들이 결산배당을 무리하게 한다고 매스컴에서 보도하고 있다. 금융기관까지 이러고 있는데 일반 기업이야 오죽하겠는가? 그래도 대출심사역은 제대로 판단해야 할 것이다.

13. 내부유보율이 적자다

총차입금에 대한 장기상환능력을 측정할 수 있는 내부유보율이 적자인가 살펴보자. 이것이 적자라면 내부유보액이 적자라는 뜻이다. 즉, 당기순이익이 나더라도 사외유출이 많거나 당기순손실일 경우 내부유보가 적자가 될 수 있다. 이런 상태가 지속되면 자본잠식을 하게 되고 지속적인 자본잠식은 기업의 운명을 재촉하게 된다.

$$* 내부유보율 = \frac{(당기순이익+비자금비용)-사외유출}{B/S상 총차입금}$$

* 비자금비용= 감가상각비+퇴직급여충당금전입액+환율조정차 상각 등
* 사외유출= 배당금+임원상여금 등

14. 무배당의 연속은 없는가

기업은 이익으로 주주에 대한 배당을 하게 되는데 지속적으로 주주에게 배당을 하지 못한다면 장래 이 회사에 자금을 더 투자하려는 사람이 없어 더 이상 발전을 하기가 어려울 것이다. 무배당이 연속되고 있는지 여부를 알아보자.

15. 결산재무제표 공표 기피, 지연

기업이 한 회계기간을 지나게 되면 결산재무제표를 작성하여 공표를 하게 되어 있다. 물론, 소기업의 경우 공표의 의무를 부여하지 않고 있지만 결산재무제표를 작성한 기업이 공표를 하도록 되어있다면 제때에 공표를 해야 할 것이다. 그런데 재무제표 공표를 차일피일 미룬다든지 지정된 기일 이내에 공표해야 하는데 이를 지체하여 공표를 하는 경우에는 결산재무제표에 무엇인가 문제가 있다는 의식을 가져야 한다.

아무도 나와 관계없는 기업에 '감 놔라 배 놔라' 할 수는 없지만 금융기관에 종사하는 대출을 심사하는 사람들이라면 적어도 이 정도는 인식하고 넘어가야 할 일이다. 분명히 지체된 이유가 있을 것이고, 그 이유가 단순히 일이 많아서라고 말할 수는 없을 것임을 인식하고 그 기업의 속을 들여다봐야 할 것이다. 무엇이 문제인가?

16. 결산기일 직전의 거액 현금입금

결산기일에 자기가 발행한 어음을 제삼자에게 주고 제삼자의 어음을 받아 결산기말의 현금예금계정을 가상으로 부풀려 놓는 경우가 있다. 이것은 그 다음 회계기 첫날인 금융기관 영업일에 서로 결제를 하여 현금예금에는 아무런 영향을 주지는 못하지만 결산기의 현금예금이 그만큼 늘어나서 원인도 없이 기업의 기말 현금예금이 좋게 보이게 하고 재무분석 시에도 좋은 재무분석을 하게 하도록 하기 위함이다.

결산기일의 거액 현금의 입금을 좋게만 볼 일이 아니다. 이와 같이 숨은 의도가 있는지 여부를 보통 사람들은 알 수가 없는 것이고 이를 발견하기도 어려운 것이다. 하지만 기업의 매출규모에 비하여 거액의 현금유입일 경우 그 원인이 무엇인지 면밀하게 알아보자.

17. 거액의 특별손익 계상

거액의 특별이익이나 특별손실이 계상되어 있는지 알아보자. 거액의 특별이익이 계상되어 있다면 경영자료 중 당기순이익은 특별이익에 의해 왜곡될 가능성이 있다. 특별이익이 지속적으로 시현되지 못하고 일정시점만 시현되는 것들이 대부분이고 순수한 경영성과로 나타나는 것이 아니기 때문이다. 또한, 거액의 특별손실이 계상되어 있다면 그 특별손실로 인해 재무전반에 걸쳐서 어떤 영향을 미치게 될 것인지 검토해야 한다. 특별손실이 당기에 국한하여 영향을 미치게 된다면 너무 걱정을 하지 않아도 되지만 차기 이후에도 지속적으로 영향을 미치게 된다면 이를 잘 검토해야 한다.

특별이익으로 당기순이익을 실현하고 있다고 극히 좋아할 일이 아니고, 특별손실로 인해 결손이 났다고 너무 나빠 할 일이 아니다. 그 근본원인을 찾는 일이 중요하다.

18. 미결산계정의 증가

선수금, 선급금, 가수금, 가지급금 등 미결산계정이 회계기간 중에 급증한 것이 아닌지 파악해보자. 미결산계정이란 사실은 비용으로 지급한 것이 자산으로 처리되는 경우가 있고, 수익으로 실현된 것이 부채로 처리되는 경우도 있다. 이와 같이 회계상으로 당기순손익의 사실을 왜곡시키게 되어있는 부분들 때문에 결산손익에 얼마만큼 영향을 미치고 있는지를 파악할 필요가 있다.

또, 가지급금의 경우 거액의 가지급금이 실제로는 기업의 자금유출에 해당하는 것이 아닌지 확인할 필요가 있고, 가수금의 경우 실질경영주가 자본금으로 유입을 하지 않고 주주임원단기차입금이라든지 가수금계정을 통해 자금을 유입한 경우 경영주의 의도를 파악해 볼 필요가 있다. 만약의 경우 오너가 기업에 문제가 생길 경우 가수금을 출금해 버리고 회사는 문을 닫게 하면 되는 것이기 때문이다.

19. 적자연속 3개년 이상

기업이 아무리 튼튼해도 적자가 지속적으로 발생하고 있다면 유의할 일이다. 적자가 지속적으로 3년 이상 계속되고 있다면 자기자본이 (-)로 변환될 가능성이 있고, 적자의 지속은 기업의 유동자금의 경색을 가져와서 경영에 압박요인으로 작용할 것이다. 나아가서 적자의 지속은 다른 부문에도 악영향을 일으켜서 다른 부문도 제대로 돌아가지 않게 하는 요인이 될 가능성이 충분한 것이다.

또한, 적자의 지속문제는 경영 즉, 장사를 하는 대로 적자를 본다는 뜻으로도 해석할 수가 있다. 손익분기점분석BEP에서 보면 손익분기점을 하향하는 매출액은 어떤 경우에는 매출을 할수록 적자의 폭이 넓어져 가는 현상을 발견할 수 있다. 이때는 손익분기점 분석도 해볼 필요가 있다. 차입금의존도가 80% 이상이라면 적자를 면하기가 쉽지 않을 것이다.

20. 충당금의 무계상, 급감

결산을 하고 나면 각종 충당금을 적립하고 이익배당을 하게 된다. 그런데 결산결과 충당금을 계상하지 않는다든지 충당금 적립을 갑자기 적게 한다면 자금의 사외유출 의혹이 있는지 알아 볼 일이다.

만약, 당기순이익이 상당히 많이 계상되었는데도 충당금 계상을 적게 했다면 분명히 당기순이익의 대부분을 배당 등의 형태를 취하여 사외로 유출시키려는 의도로 봐야 한다. 이런 경우 실질적인 자금의 사외유출이 있게 되고 기업은 유동자금의 부족을 겪게 될지도 모르는 일이다.

21. 추정손실의 급증

현재까지의 손익상황이나 당기순이익규모로 보아 금방 돌아올 추정손실이 그 규모가 거대하고 급증하고 있다면 조심해야 한다.

추정손실의 급증을 따지는 이유는 지금의 상황으로 보아 조만간

회계기간내에 손실로 발생될 것이고 회계결산을 보지 않아도 큰 손실을 예상할 수 있기 때문이다.

22. 한정의견, 부정적 의견

공인회계사나 감사인의 의견표명이 한정의견이나 부정적 의견인가? 한정의견이나 부정적의견일 경우 그 기업의 재무자료에 어떤 큰 문제점이 있을 가능성이 있다. 결국은 회계기간 중 영업결과에 문제가 있을 수 있다고 해석할 수도 있다.

그러면 그런 문제점들이 무엇인지 따져봐야 한다. 그리고 그런 문제점들이 왜 그런 것이며 경영성과에 어떤 영향을 미치게 되고 있는지도 알아볼 일이다. 결과적으로 보아 문제점들을 내포하고 있는 걸림돌은 그 기업이 계속기업으로서 영향을 어떻게 받게 되는가 하는 것인데 기업의 성장, 존속 등의 측면으로 살펴봐야 할 것이다.

23. 자기자본이 급격히 감소하고 있나

자기자본이 2년 이상 계속 급격히 감소하고 있나? 자기자본이 급격히 감소하고 있다는 이야기는 지속적으로 당기순손실을 보고 있으며 그 규모가 대단히 크다고 봐야 할 것이다.

그러면 무엇이 문제인가? 당기순손실이 크게 지속적으로 발생하고 있다면 사업이 제대로 운영되지 못하다는 증거인 것이다. 사업이 제대로 운영되지 않는 일을 계속 유지하고 있다는 것이다. 이런 경우 최고의사결정권자의 사업에 대한 의지와 지속적인 적자에 대한 대응책 등을 알아봐야 한다. 최고의사결정권자의 의지와 대응책에서 문제의 해결실마리를 읽을 수 있을 것이다. 만약, 이런 대응책이 없든지 미비하다면 기업평가는 다시 하도록 해야 할 것이다. 계속기업으로서의 존재가치를 발견하지 못할 수도 있기 때문이다.

24. 자기자본이 적어지고 있나

부채비율이 500% 이상으로 2년 이상 계속되면서 자금조달능력이 불안정하며, 계속되는 적자로 이익잉여금이 (-)이거나 자기자본비율이 10% 이하인 경우에는 부실로 가는 길이라고 봐도 과언이 아니다.

사업성이 아무리 좋다고 해도 이런 재무자료로는 자금조달을 자유스럽게 할 수가 없을 것이며, 어느 금융기관도 이 정도의 재무자료로는 대출을 해줄 일이 없을 것이기 때문이다.

25. 현금영업이익은 플러스 상태인가

현금영업이익이란 기업의 영업활동으로부터 현금의 유입을 나타내는 것으로 전체적인 현금흐름의 추세를 나타낸다. 장기적인 현금창출능력을 판단하는 기준이기도 하다. 매기 계속적으로 증가하거나 플러스상태로 일정수준을 유지하고 있다면 양호하다. 그러나 계속 감소하고 있는 경우는 일단 유의해야 한다. 최근 2년간 현금영업이익이 계속 적자상태이고 적자규모가 연평균 10%이상 지속 증가한다면 요관찰기업이고, 최근 3년간 계속적자상태이며 적자규모가 연평균 10%이상 지속 증가한다면 부실징후기업으로 유의해야 한다.

26. 영업활동 후 현금흐름은 양호한가

현금영업이익에서 영업외손익, 특별손익, 기타자산 및 부채의 증감에 따른 현금흐름을 가감한 후의 현금흐름이다. 원리금 상환능력에 충분할 정도로 큰 경우는 양호한 수준이나, 마이너스인 경우는 문제가 있는 기업이라고 할 수 있다.

27. 이자지급 후의 현금흐름이 (-)이다

이자지급 후의 현금흐름이 마이너스이면 주의해야 한다. 영업활동 후의 현금에서 이자와 배당금(임원상여금 포함)을 어느 정도 충당할 수 있는가를 나타낸다. 이자지급후의 현금이 마이너스라면 이자 지급능력이 부족하다는 것을 의미한다.

28. 유동성장기차입금 상환 후 현금흐름은

이자지급 후의 현금흐름액으로 유동성장기차입금을 부담할 수 있는가를 나타낸다. 유동성장기차입금 상환 후 현금흐름이 플러스상태이면 차입금원금 상환능력이 있고, 유동성장기차입금 상환 후 현금흐름이 마이너스 상태면 원금 지급능력이 없다고 보는 것이다. 유동성장기차입금상환 후 현금흐름이 마이너스이면 신용·여신은 가급적 지양해야 하고, 기존 여신이 있다면 조심해야 한다. 차입금을 지급한 후의 현금이 그만큼 부족한 것이다. 물론, 또 다시 차입금으로 조달할 수 있다.

29. 외부자금조달 전 현금흐름은

차입원리금 상환 후의 현금흐름액으로 시설투자 등 고정자산 취득에 따른 소요자금을 어느 정도 충당할 수 있는가를 나타낸다. 외부자금조달 전 현금흐름이 플러스 상태면 초우량기업이다. 유동성장기차입금상환 후 현금흐름이 플러스이면서 외부자금조달 전 현금흐름이 마이너스라면 어느 정도 정상기업으로 볼 수 있다. 그러나 이 경우 무리한 시설투자가 아닌지 투자의 적정성을 검토해야 한다. 무리한 시설투자로 도산한 예가 너무 많다.

30. 외부자금을 차입금으로 조달하는가

외부자금조달 전 현금흐름이 마이너스라면 외부에서 자금을 조달해야 한다. 외부에서 조달한 자금은 단기차입금보다는 장기차입금을, 장기차입금보다는 증자를 통해 자금을 조달하는 것이 바람직하다. 차입금으로 자금을 계속 조달한다면 외부자금 조달에 의해 금융비용부담이 늘어나 수익성이 악화되고 경영을 압박할 것이기 때문이다.

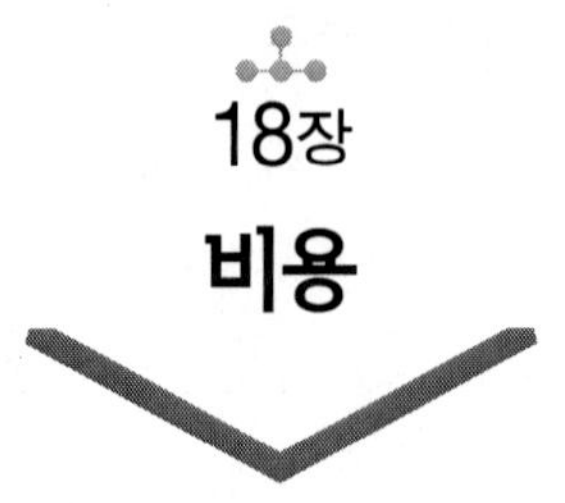

18장
비용

1. 종업원의 급료체불의 장기화

직원들은 한 달 동안 근무한 대가로 월급을 받게 되는데 급여를 제때에 받지 못한다면 심한 금전적 갈등에 놓이게 되고 따라서 종업원 자신들이 일에 매력을 느끼지 못하게 하는 요인이 되기도 한다. 돈이 있으면 왜 종업원의 급여를 지급하지 못하겠는가?

직원들에게 급여를 제대로 지급하지 못한다면 이와 같이 근무의욕이 생기지 않으며 종업원의 급여를 지급하지 못하는 판국에 외부의 차입자금상환이라든지 차입자금의 지급이자를 제대로 정리할 수가 없을 것이다. 외부의 차입이자를 지급하기 위해 종업원의 급여를 늦게 줄 수도 있을 것이다. 그러나 급여를 늦게 지급하는 영향은 대단하여 생산에 큰 영향을 미치게 된다. 세금체납도 마찬가지다.

2. 임차료 등 지불의 지연

각종 지급해야 하는 소액 또는 고액의 지불의 지연은 그만큼 지급할 자금에 여력이 없다는 뜻이다. 이런 결과가 오래 지속된다면 자금문제로 경영에 치명적일 수 있다. 한 마디로 말하면 지급해야 할 것이 거미줄에 연 걸리듯이 걸렸다고 해도 과언이 아닐 것인데 이런 경우 생산과 경영에 신경을 쓰기보다는 수많은 지불을 위해 신경을 써야 하는 일이 생길 수가 있기 때문이다.

금액이 크건 작건 간에 지불의 연기 또는 지연은 경영에 귀찮게 되는 일로 남게 되고 자금의 유동성이 궁지에 몰렸다는 신호이기도 하다.

지불지연의 예로는 식대, 임차료, 기부금, 각종 회비, 전화요금, 전기요금, 각종 관리비 등이다.

3. 극단적인 경비절감

교제비 지불중단 등 극단적으로 경비를 절감하고 있는 것은 아닌가? 자금이 급하든지 부족하면 소액의 지불도 급격히 절감하려는 경향이 있다. 극단적으로 경비를 절감하려는 경우 자금의 경색을 예견할 수 있다.

4. 급료의 지급정지, 물품으로 지급

급료를 분할 지급하거나 지연 지급하거나 지급을 정지하거나 물품으로 지급하고 있는가?

약 40여 년 전에 우리나라의 기업은 종업원에게 급여를 물품으로 지급하곤 했다. 그때는 모든 기업이 어렵게 지내던 시절이었다. 그러나 지금은 이런 기업을 보기가 어렵게 되었다. 지금이야말로 정상적인 경영을 하고 있다고 봐야 한다. 그런데 지금도 만약 이런 기업이 있다면 자금경색과 판매부진을 예상할 수가 있다. 자금이 부족해서 종업원에게 급여를 지급할 자금을 마련하지 못하고 물건으로 주게 되는 것이다.

물품으로 급여를 지급하면 종업원들은 이들 물품을 처분하여 생활비로 조달해야 하고 본업에 충실하지 못하게 되는 것이다.

5. 카드의 신용사용액 급증

요즘은 법인카드를 사용하여 경비를 집행하고 있다. 그런데 법인카드 사용액이 매출액에 비하여 갑자기 증가한다든지 전월, 전분기에 비해 갑자기 증가한다면 관심 있게 살펴볼 일이다.

왜냐하면, 법인카드를 가지고 현금화할 수가 있는데 거액의 현금이 필요한 때 쓸 수 있을 것이다. 한편, 도산 직전에 법인카드를 많이 사용하고 나서 다음달 결제일이 다가오기 전에 도산시킬 수도 있다.

6. 접대비 급증

자금이 급하면 상대방에게 아쉬운 소리를 해야 하고 가끔은 접대를 하게 된다. 그런데, 이런 접대비가 갑자기 급증한다면 여러 부문에서 어려워지고 있다는 증거가 된다.

최근의 비용지출활동이 어느 정도인지 면밀하게 알아볼 필요가 있다.

7. 택시비의 급증

출장비, 여비, 교통비 중 택시비가 급증하고 있는가? 누구나 급한 일이 생기게 되면 주로 택시를 이용할 수 있다. 그런데 이런 횟수가 많아지면 교통비의 증가는 현저하게 나타나고 지출금액도 많아지게 된다. 1년을 통틀어 판단할 것이 아니라 일정시점별로 판단해볼 일이

다. 이런 급한 일들이 있고 나면 기업은 분명히 어려운 일들로 인해
고통을 받을 수도 있다.

8. 금융비용부담률이 10%를 초과하나

매출액에서 차지하는 금융비용의 비율을 말한다. 금융비용은 영업
과 무관하게 지급하는 비용으로 경영의 안정성을 높이기 위해서는
이 비율이 낮아야 한다. 이 비율이 10%라면 매출액에서 10%를 금융
비용으로 지불한 것이다. 이 비율이 10%를 넘으면 이자지급을 위해
자금을 차입해야 할지도 모르고 외부자금 조달에 의해 이 비율이 또
높아지는 현상이 발생할지도 모른다. 업종별로 차이가 있으나 통상
이 비율이 10%를 넘어서면 한계기업으로 본다. 특히, 건설기간 중에
발생하는 건설이자부분도 함께 검토할 필요가 있다. 이 비율이 10%
이상 높은 기업은 추가여신을 억제하는 것이 좋을 것이고, 기존여신
에 대해서는 채권보전대책을 강구하는 것이 좋다. 또, 갑자기 이 비
율이 상승하고 있다면 경계해야 하고 도산의 조짐이 보이는지를 파
악해야 한다. 특히, 최근 3년간 평균 금융비용부담률이 10% 이상이
며 연평균증가율이 10% 이상이면 요관찰기업으로 주의해야 한다. 동
종업계 평균비율의 150% 이상이거나 최근 3개년 동안 지속적으로
증가하고 평균증가율이 20% 이상이라면 주의해야 한다.

금융비용부담률: (금융비용/매출액)×100

9. 이자보상비율은 높은가

정상적인 영업활동에 의해 생긴 수익으로 이자를 지급할 수 있는 정도를 파악할 수 있는 비율이다. 납세전순이익과 지급이자액을 합한 금액을 지급이자로 나누어 산출한다. 이 비율은 그 값이 클수록 좋다.

이자보상비율: [(납세전순이익+지급이자)/지급이자]×100

10. 판매관리비율은 높은가

1단위의 매출에 대해 어느 정도 비용이 들었는가를 나타내는 것으로 이 비율이 작으면 판매코스트와 경비효율이 좋은 것을 나타낸다.

판매관리비율:[(판매비+관리비)/순 매출액]×100

11. 광고의 급감

경기가 좋지 않게 되면 맨 처음에 절감하는 것이 광고비다. 그런데 광고비가 급감하고 있다면 기업의 홍보를 자금문제 등으로 포기하려는 것이다. 따라서 기업의 광고비 급감은 기업이 자금상 어려워지고 있다는 증거가 된다.

12. 국세, 지방세의 체납

국세, 지방세를 체납하고 있거나 세금체납에 따라서 자산 등을 압류, 가압류 당하고 있는지 알아보자.

기업이 가지고 있는 주사업장의 등기부등본을 확인해보면 기업이 세금체납에 따라서 부동산을 압류당하고 있는지 여부를 알아볼 수 있다. 또 관할관청에 알아보면 체납사실을 알 수도 있다. 또 기업의 우편물함을 유심히 보면 체납사실을 통보해오는 사실을 인지할 수도 있다.

13. 개인사업자 사망 시 회사 파산

대부분의 경우 개인사업자가 죽으면 그 회사는 망하고 직원들은 하루아침에 실업자가 된다. 왜냐하면 우리나라는 상속세가 세율이 상당히 높기 때문이다. 개인사업자가 죽어서 상속을 할 경우 상속세를 내야하는데 돈이 없으니 재산을 팔아야 하고 재산을 팔려니 양도소득세를 내야 한다. 결국은 상속세와 양도소득세 때문에 회사는 망하고 직원은 실업자가 된다.

지금은 개인사업자가 죽으면 특정한 사업일 경우 상속세 없이 자식에게 물려줄 수가 있다. 그러나 이 제도도 시작한 지 얼마 되지 않았다. 보다 많은 업종으로 확대해야 할 것이다. 이 업종에 해당하지 않을 경우 상속세를 내야 한다. 상속세는 현재 한꺼번에 내지 못하면 몇 년에 걸쳐서 낼 수 있는 길이 있기는 하다. 그러면 사업을 해서 5년 안에 상속세를 다 낼 수가 있을까? 필자가 볼 때는 그렇지 않다. 그렇게 장사가 잘되면 누가 장사를 안 하겠는가? 상속세유예제도가

있지만 결국은 마지막에 가서는 대출로 세금을 내든지 양도소득세를
물어가면서 재산을 처분할 수밖에 없을 것이다.

이래서 대출심사역들이 차주가 될 개인사업자의 나이를 자꾸 확인
하는 것이다.

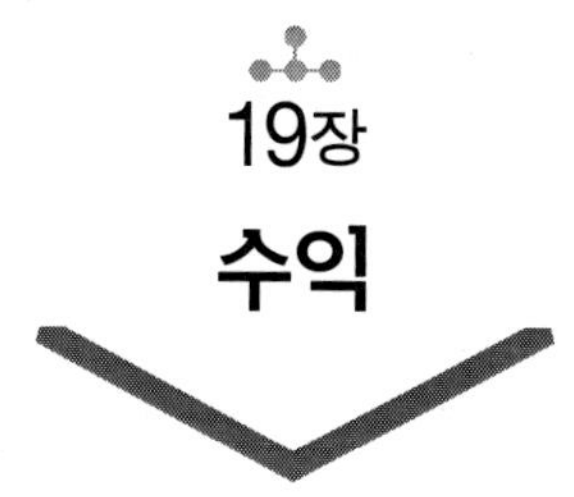

19장
수익

1. 경상이익이 지속적으로 감소하고 있는가

경상이익이 지속적으로 감소하고 있다면 주의를 기울여야 한다. 최근 3년간 경상이익이 지속적으로 감소하고 연평균감소율이 10% 이상이라면 요관찰기업이며, 최근 3년간 계속 적자를 시현하고 납입자본이 잠식(일부잠식 포함)되었다면 부실징후기업이니 주의해야 한다(금융기관에 따라서는 '요관찰기업'과 '부실징후기업'으로 또는 '부실징후기업'과 '부실심화기업'으로 구분하는 등 조금씩 다른 명칭을 사용하고 있다). 경상이익이란 기업의 실질적인 경영결과인 것이다. 경상이익의 지속적인 적자에 의해 자본잠식이 된 부실징후기업에게 자금을 줄 수가 없는 것은 당연하고, 기왕에 나간 자금이 있다면 채권확보조치를 하는 것이 좋을 것이다.

2. 당기순이익이라고 진실한 이익이 아니다

당기순이익을 시현했다고 좋다고 성급하게 판단하지는 말자. 이는 회계측정기술상의 문제로 자산 및 부채의 정확한 평가와 진실을 반영하기에는 문제가 많기 때문이다. 당기순이익을 시현했더라도 자산은 많게 평가하고, 부채는 적게 평가한 경우 실제로는 적자인 경우도 있을 것이다.

3. 특별이익으로 당기순이익을 시현했나

특별이익이 있으면서 당기순이익을 시현했다면 특별이익을 제외하고는 얼마나 남는지 파악해보자. 경상이익은 적자이면서 특별이익을 통해 당기순이익을 시현했다면 경영성과는 적자인 것이다. 경상이익이 적자라면 장사는 손해를 보았다는 것이다. 특별이익으로 당장 자금과 영업성과에서 우수하게 평가된다고 하더라도 향후 영업성과가 좋게 보이지 않을 것이며, 지속적으로 특별이익이 발생할 수도 없을 것이기 때문이다.

4. 부실자산이 많은데 이익을 시현했나

부실채권이나 부실재고자산이 많은 상태에서 당기순이익을 시현했다면 당기순이익을 의심해볼 필요가 있다. 이런 경우는 채권이나 자산의 과대평가가 우려된다. 받지 못할 부실채권이나 쓸모없는 부실재고자산이 많다면 향후에 손실로 떨어 내야하는 금액이 크다는 뜻이다. 부실채권과 부실재고자산을 모두 현상태대로 평가한다면 당기순이익은 그 금액만큼 차이가 날 것이기 때문이다. 부실채권이나 부실재고자산의 과대평가는 동종업계 평균, 매출액대매출채권비율, 재고자산비율 등을 통해 짐작할 수 있다.

5. 추정매출이익을 과대계상하고 있나

기업들은 사업계획서상 매출이익을 많이 내는 것으로 표현하려는 경향이 있다. 추정매출액을 늘려 잡고 추정매출원가를 적게 잡으려 하며 추정판매비 및 일반관리비를 적게 잡아 매출이익이 많이 날 것처럼 보이게 하려는 것이다. 어떤 기업들은 금융기관에 제출하는 사업계획서와 기업 자체에서 사용하는 사업계획서가 다르다고도 한다.

왜 이런 현상을 나타내고 있는 것일까? 기업들은 이익을 많이 내는 것처럼 해야 기업평가도 좋게 받을 수 있을 뿐만 아니라, 대출도 쉽게 받을 수 있고, 회사채도 저리로 빌려 쓸 수 있는 등 기업의 재무자료를 보고 판단하는 사람들에게 좋게 보이게 하기 위함이다.

그러나 이렇게 겉치레만 좋게 보이려는 의도는 곧 현실로 이어져서 분식도 하게 되는 것이고 사실대로 재무자료를 작성하지 않게 되는 것이다. 사업계획중 자금수지계획의 타당성을 파악하는 방법들이 많겠지만 금융기관 종사자들은 대략 다음과 같은 방법을 검토해서 기업의 실제 수지계획을 짐작하려고 하고 있고 어떤 현상을 발견하는 경우 기업에서 제출한 수지계획은 순 엉터리라는 결론을 내릴 수도 있다. 그런 경우 기업의 이미지는 치명적일 수 있고 금융기관과의 관계는 점점 멀어져 갈 수밖에 없을 것이다.

추정매출액의 타당성검토는 최근 수년간의 추이를 기준으로 하되 시장의 수용성, 제품의 판매수량, 생산능력, 판매능력, 시장점유율 등이 감안되었는지 여부를 검토한다. 추정매출원가의 타당성검토는 최근 수년간의 추이를 기준으로 하되 매출원가구성비의 적정여부, 시설투자 초기의 고의적인 적자축소 여부 등을 검토한다. 추정판매비 및

일반관리비의 타당성검토는 종래의 비율에 의한 판매비 및 일반관리
비의 계상 여부, 인건비의 과소계상 여부 등을 검토한다.

6. 이익규모의 대폭감소

특정부문의 폐업 또는 매각 없이 가동률이 낮아져 매출이 5% 이
상 감소하면서 이익규모도 대폭 감소한다면 주의해야 한다.

기업에 있어서 매출은 기업의 수익원이다. 수익원이 줄어들면 기업
의 당기순이익이나 이익의 근원이 줄어들게 되는 것이다. 이익이 줄
다가 적자로 전환될 가능성이 있다는 것이다.

7. 원가상승으로 채산성 악화

원재료가격인상, 임금인상 등으로 원가가 상승하고 이로 인하여 채
산성이 악화되고 있는 것은 아닌지? 원가상승에 의해 제품가격이 상
승한다면 판매에 영향을 미칠 가능성이 있다. 그 영향이 얼마나 될
것이고, 어떻게 오래갈 것인지에 대해 사전에 검토해야 한다. 그런데
영향이 미미하고 오래가지 않을 것이라는 예측이 맞아 떨어지더라도
채산성이 악화될 것인지를 검토해야 하는데 채산성에 영향을 미치게
된다면 문제인 것이다.

국제적으로 원자재가격이 급등락을 보이고 있다. 원자재가격의 급
상승으로 사업계획의 타당성 여부를 검토해볼 필요가 있다.

8. 총자산경상이익률이 하락하는가

총자산경상이익률은 당기의 경상이익을 총자산으로 나누어 산정하

고 이 비율이 높으면 양호, 낮으면 불량한 것으로 본다. 경상이익은 영업활동의 결과를 나타내는 것으로 특별이익이 가감된 당기순이익보다 실질적으로 기업의 현상을 더 잘 나타내는 것으로 볼 수 있다.

총자산경상이익률: (경상이익/총자산(평균))×100

9. 총자산순이익률이 하락하는가

총자산순이익률(ROA)은 수익성분석의 대표적인 비율분석으로 투자수익률(ROI)이라고도 하며 총투하자본에 대한 수익성을 나타낸다. 즉, 총자산으로 얼마만한 순이익을 시현했는가를 나타내는 비율이다. 총자산순이익률이 동종업계 평균에 비하여 높거나 높아진다면 양호한 현상이다. 그러나 이 비율이 지속적으로 하락하고 있거나 동종업계 평균에 비하여 낮으면 투하자본의 수익성은 낮은 것이며 추가여신은 신중을 기해야 할 것이다.

총자산순이익률: (순이익/총자산(평균))×100

10. 자기자본순이익률이 시중금리 이상인가

자기자본순이익률은 자기자본에 대한 순이익이 얼마나 되는가를 나타내는 비율로 경영자에게 중요한 비율이며, 이 비율이 높으면 양호하고, 낮으면 불량한 것으로 본다. 자기자본순이익률이 시중금리

보다 작다면 자금을 기업에 투자하지 말고 은행에 예금하여 두는 것이 더 나을 것이다. 그러나 이것은 이론적인 이야기이고 그렇지 않은 것이 사실이다. 왜냐하면, 보상은 꼭 이익으로만 돌아오지 않고 여러 가지 방법으로 돌아오기 때문이다. 예를 든다면 보유하고 있는 부동산 가격이 올라서 평가이익을 낼 수도 있는 것이다. 실례로 1970년대까지는 부동산을 많이 보유한 덕분에 대단하게 성장한 기업들이 많이 있다. 이 비율과 유사한 비율로는 자기자본경상이익률이 있다.

자기자본순이익률: (순이익/자기자본(평균))×100
자기자본경상이익률: (경상이익/자기자본(평균))×100

11. 현금이자보상배율은 높은가

현금수지분석표상의 현금영업이익을 지급이자와 배당금의 합계액으로 나누어 산출한다. 영업활동에 의해 생긴 현금영업이익이 지급이자와 배당금의 합계액의 몇 배가 되는가를 판단하는 배율이다. 이 배율이 2.5배 이상이면 양호한 것으로 판단한다. 이 배율이 1미만이라면 쉽게 말해서 장사해서 이자도 못 내는 기업인 것이다. 이런 기업은 기업퇴출 결정시 맨 먼저 결정하게 되는 퇴출기업이다.

현금이자보상배율:
현금수지분석표상 현금영업이익 / 현금수지분석표상 지급이자와 배당금

12. 부채상환계수는 높은가

부채상환계수는 당기순이익과 감가상각비등 비현금비용을 기초유동부채와 회전불능 기초단기차입금과 지급이자의 합계로 나누어 산출한다. 당기순이익과 감가상각비등 비현금비용의 합계액이 기초유동부채와 회전불능 기초단기차입금과 지급이자의 합계액에서 차지하는 정도를 나타내는 것으로 그 값이 크면 양호하다.

> **부채상환계수:**
> 현금영업이익(당기순이익+감가상각비 등 비현금비용) /
> (기초유동성부채+회전불능 기초단기차입금+지급이자)

13. 손익분기점매출액이 매출액보다 높다

손익분기점이란 매출액과 매출원가가 일치하는 점으로 이익도 보지 않고 손해도 보지 않는 매출액을 말한다. 손익분기점매출액이 업체 매출액보다 낮으면 이익을 시현시키게 되고 높으면 손실을 보게 되는 것이다. 매출액이 손익분기점보다 낮은 경우는 손실을 초래하게 된다. 손익분기점매출액이 실제매출액보다 많이 낮아야 정상이며, 매출이익으로 대출이자도 갚을 수 있을 것이다.

14. 매출액증가율은 양호한가

이 비율은 매출액의 증감을 나타내는 비율로 증가율이 높으면 양호, 마이너스나 감소하면 불량한 것으로 판단한다. 이 비율이 감소한다면 영위하는 업종이 사양업종인지, 영업환경악화 또는 회사 내부의 문제인지를 검토해야 한다. 특히, 매출액이 최근 3년간 감소추세에 있고 연평균감소율이 10%이상이라면 요관찰기업이며, 연평균감소율이 20%이상이면 부실징후기업이니 요주의!

> **매출액증가율:** [(금년도 매출액/전년도 매출액)×100(%)]-100%

15. 매출액순이익률이 하락하는가

매출액순이익률은 영업활동으로부터 얼마만큼의 수익이 획득되고 있는지를 판별하는 비율이다. 이 비율은 업종에 따라 매출이익률이 달라 동종업계 평균과 비교해야 하며, 제조업보다는 도소매업이 크게 나타나는 경향이 있다. 이 비율이 동종업계 평균에 비하여 높거나 높아진다면 양호하고, 낮거나 지속적으로 하락하고 있으면 불량한 것이다. 이 비율과 유사한 비율로는 매출액경상이익률이 있다.

> **매출액순이익률:** (순이익/매출액)×100
> **매출액경상이익률:** (경상이익/매출액)×100

16. 투자수익률의 하락이 있는가

기업의 부실화는 잠복기에 은밀하게 진행된다. 외부인은 물론 내부의 경영자까지도 부실화의 진행을 알지 못하는 경우도 있다. 일반적으로 잠복기라고 불리는 기간 중에는 몇 가지 특징적인 사건들이 일어난다.

가령, 제품의 수요변화도 그 한 가지다. 제조부분의 간접비가 계속해서 늘어나고 있다면 이것도 주의할 일이다. 생산기술의 진부화를 실감하는 것도 이때쯤이다. 경쟁업체가 늘어나기도 한다. 경영자의 무능력을 탓하는 비난의 소리가 커진다면 이것도 잠복과정의 하나다. 운전자금의 부족을 초래하는 과대확장이나 수익성이 불량한 계열회사의 인수도 여기에 해당한다. 금융기관과의 마찰이 조금씩 커지고 있다면 부실의 병이 도지고 있는 과정으로 봐도 무방하다.

잠복기의 특징은 투자수익률이 하락곡선을 그리게 된다는 것이다. 자금조달비용을 밑돌게 되면서 어느 순간부터 경제적 손실이 현실로 나타난다. 당장에 현금부족의 사태는 일어나지 않는다고 하더라도 곧 닥치게 된다.

17. 정량적인 도산의 근인이 나타나는가

도산의 원인은 도산근인이 가지고 온다. 도산하게 되는 원인 가운데 근인(병원체)이 뿌리깊게 기업체내에 도사리고 있기 때문이다. 도산의 근인을 보면 정량적인 것과 정성적인 것으로 분류할 수가 있다.

정성적인 요인에는 경쟁력의 저하, 마케팅전략 부재 내지 실패, 생산설비의 노후화, 노사대립의 격화, 고객선정의 잘못, 간부사원의 이탈, 급격한 기업규모의 확대, 거래선과의 불협화음, 불리한 입지조건 등이다. 이 정성적인 요인은 차츰차츰 기업체질을 끈질기게 침식하다가 결국 구체적인 수치로 나타나게 되어 정량적인 근인으로 전환되는 것이다.

정량적인 요인에는 매출액증가의 둔화, 이익률의 체감, 덤핑 등 저가판매, 원가상승, 과다한 반품률, 과다한 재고자산 누적, 차입금의 증대, 연속적인 적자누적 등이다.

도산의 근인이 여러 분야에서 나타나고 있다면 도산의 조짐이 서서히 나타날 것이라고 예견할 수 있다.

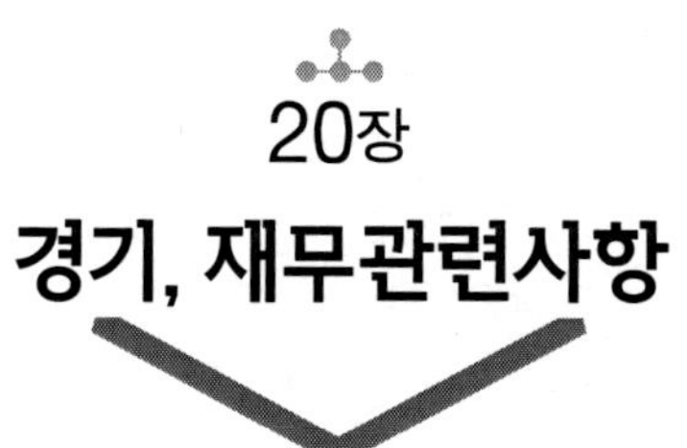

20장
경기, 재무관련사항

1. 급격한 경기변동에 대응을 못한다

원자재가격급등, FTA, 환율변동 등 급격한 국내외의 정책 및 경기 변동에 적절한 대응을 잘하는가? 기업은 기업내외부의 정책과 경기에 민감할 수밖에 없다. 종전 이라크에 대한 미국의 공격, 이에 따른 석유가격 인상 등 기업과 관련된 생산이나 유통, 소비에 관련된 변동사항에 대해 기업은 제때에 적절한 조치나 대응을 했어야 했다. 그렇지 못할 경우 기업은 경쟁에서 살아남기 어려울 것이다. 경제성장이 감속하고 있는 것은 아닌지, 그 여파로 업계는 불황으로 가고 있는 것이 아닌지 판단해볼 일이다. 또한, 최근 미국과 일본의 '양적완화'에 의한 경기활성화와 관련하여 언제 이들 나라가 출구전략을 펼칠지 신경이 모두 날카로워졌을 것이다. 이런 갑작스런 변동에 기업이 적절하게 대응하고 있어야 한다.

2. 정책의 변화에 어떻게 대응하는가

생산품목의 정책변화에 대한 대응태세를 알아야 한다. 정책 변화 시 대응은 무엇인지 검토해야 한다. 이런 경우 사업전환을 꾀하려 할 것이며, 이 경우 주의 깊게 관찰해야 한다. 사업전환을 하다가 도산하는 경우가 많기 때문이다.

3. 금융긴축에 대응을 하지 못한다

경기하향 시 금융기관이 대출금을 회수하려고 할 경우 이의 대비책과, 자기자금 조달계획은 있는지 알아봐야 한다. 금융긴축 시 자금경색으로 도산하는 사례는 상당히 많다. 금융긴축으로 자금사정의 악화가 일어나고 있는 것은 아닌지 생각해볼 일이다.

4. 정치적 불안이나 돌발요인은 없나

아무리 세계경제가 잘 돌아가더라도 세계의 정치에 의해 경제는 크게 영향을 받게 된다. 우리나라 뿐만이 아니라 우리나라가 주로 수출을 하는 나라라든지 수입을 하는 나라가 정치적으로 불안한 일이 있는지 아니면 그럴 가능성이 있는지 파악해볼 일이다. 그런 경우 이에 어떻게 대처하고 있는지, 대처를 제대로 하지 못할 경우 급격한 충격을 받을 수밖에 없다.

5. 국제경제 동향에 어떻게 대응하는가

수입개방, 발전도상국의 추격 등으로 타격을 받을 품목인지, 이러한 품목을 계속 생산할 경우 미치게 되는 영향을 검토하여 대비하고 있는지 여부를 알아봐야 한다. 원유가격급등, 엔화급등, 세계경기침체, 원화절하 등의 상황이나 수입개방으로 외국의 자금, 물자 등이 들어올 경우 어떤 계획을 준비하고 있거나 시행하고 있는지 확인해야 한다. 이런 대비가 없을 경우 판매부진으로 도산 가능성은 크다.

6. FTA

자유무역협정 체결에 따라서 우리나라 기업이 입을 손실과 이익, 기회와 위기를 검토해야 할 것이다. FTA 효과는 전 세계에서 가장 싼 제품이 비싼 나라에 수출되어 비싼 제품은 설 자리를 잃을 것이다. 예를 든다면, 꽁치는 노르웨이, 쌀은 태국 등이 전 세계에서 제일 싸다면 이들 나라들의 꽁치와 쌀 등은 비싼 나라에 수출될 것이다. 과연, 어느 기업이 이 FTA에 의해 어떤 영향을 받는지 검토해볼 일이다. 업종이 농산물, 공산품이라면 제일 먼저 타격을 받을 수 있기 때문에 충분한 검토가 이루어져야 할 것이라고 본다.

7. 외국의 수입규제

기업에서 생산하여 수출하는 품목이 외국의 갑작스런 수입규제에 걸리지 않았는지 알아보자. 수입규제가 강화되어 수출을 하는데 문제가 있다면 그 기업의 생산과 판매, 자금 등의 면에서 문제가 야기될 것이다. 그 품목과 수입규제에 따른 영향이 어떤지 자세하게 알아보자. 과연 수출에 얼마나 지장이 있는지.

8. 주가의 급락은 없는가

해당기업의 주가가 급락할 경우에는 어떤 나쁜 요인에 의한 경우가 많다. 주가가 급락하면 그 원인이 무엇이며 기업에 미치는 영향이 무엇인지 검토해야 한다. 주가가 급등한다고 좋아할 일만은 아니다. 우

리나라의 주가는 기업의 실체를 반영하지 못하는 경우가 많고 오히
려 도산 직전에 이유 없이 급상승하는 경우도 있다.

9. 부동산, 주식투자의 실패, 세금체납

기업이 부동산이나 주식 등에 투자했다가 실패했다면 자금상 압박
이 올 가능성이 커지게 될 것이고, 세금을 체납했다면 상당한 자금
압박을 겪고 있다는 확실한 증거다. 투자에 실패를 했다든지 세금을
체납하고 있는 경우 어느 은행도 이런 회사에 대출을 해 줄 수는 없
을 것이다.

10. 재무상 급한 행동을 한다

돌발적인 대출신청을 하거나 급하게 자산을 매각하는 경우 등은
대부분 자금상태가 좋지 않다는 증거이며, 자금계획이 없거나 자금계
획에 펑크가 났을 가능성이 크다. 일시당좌대출을 버릇처럼 쓰는 업
체는 특히 주의해야 한다.

11. 법인등기부등본이 자주 바뀐다

회사의 목표나 본사 주소가 자주 바뀌거나 주요 임원이 자주 바뀔
경우는 요주의 대상기업이다. 왜냐하면 이같은 기업은 기업의 목표,
정책, 전략 등이 제대로 정립되어 있지 못할 것이고, 따라서 기업을
유지하기조차도 어려울지 모르기 때문이다.

12. 긴급한 재해가 발생했다

업체나 직원이 대형 자연재해나 산업재해를 입었거나 업체가 사기를 당했을 때 대부분의 회사는 재무, 인력 등 여러 부문에서 충격을 받게 되는데 이에 대한 대응을 하지 못하면 전사적으로 위기가 올 수도 있다. 소기업의 경우 직원의 산업재해는 도산의 큰 징후이며, 큰 사기 사건도 위험한 도산징후다. 만약, 우리가 취급한 대출업체에 재해가 발생했다면 채권보전을 확인해봐야 할 것이다. 재해보장보험을 가입해두면 대표자 사망이나 재해 시 보험금으로 대출금을 갚을 수도 있을 것이다. 공해문제가 발생했을 경우나 천재지변, 이상기상, 화재·수재 등 재해의 발생은 지역적인 자연요인으로 위기를 불러올 수 있는 요인들이다.

13. 중대한 소송사건의 발생

기업에서 소송사건이 발생하는 일은 흔하다. 크고 작은 사건들이 소송을 시작하게 하는 것이다. 그러나 우리가 신문지상에서 흔히 보는 무역에 관련된 소송이라든지 경영권 관련 소송이라든지 재산권소송 등은 그 금액이 큰 경우가 많고 이러한 사건이 발생할 경우 그 기업은 상당한 부담을 안게 되며 혹시 패소라도 한다면 그 기업에게는 치명적일 수도 있는 것이다. 이런 중대한 소송이 발생했다면 그 추이를 면밀하게 파악해야 한다.

14. 개인기업에서 주식회사로 전환

개인기업에서 유한회사나 주식회사로 전환했을 경우 그 의도를 점검해야 한다. 절세 등의 문제로 주식회사로 전환하는 경우는 있지만 별로 커가는 회사도 아니면서 주식회사로 만드는 것은 개인 재산은 도피하고 부도나 도산 시 회사의 재산으로만 충당하려는 경우가 있다. 이런 회사는 대표자나 실권자를 개인입보 해 두는 것이 좋을 것이다.

산업 및 경기동향 검토

기업의 부실 또는 도산은 여러 가지 원인에 의해 복합적으로 일어난다. 그 중에서 산업과 경기동향에 의해 발생되는 것이 상당히 많다. 이들 산업과 경기동향에 관련하여 어떤 것들을 검토해야 하는지 알아보자. 다음은 한국신용분석사회의 「산업조사의 중요성과 조사방법」《신용분석》 13호, 1994.12.20)의 주 내용이다.

1. 산업구조 검토

최근 기업을 둘러싸고 있는 경제환경은 불확실성 속에서 매우 빠르게 변화하고 있다. 새로운 환경변화의 특성으로는 국내외 경쟁의 격화, 기술변화의 가속화, 사회적 가치관의 변화, 환경문제의 대두 등을 들 수 있다.

국제무역질서가 GATT체제에서 WTO체제로 전환되었고 순차적으로 각국이 FTA를 체결하고 있고 국경 없는 무한경쟁시대에 돌입하게 됨에 따라 적응력이 미흡한 기업은 경영위기에 처할 수밖에 없는 일대 전환기를 맞이하고 있다. 이같은 경제환경의 변화 속에서 개별기업은 그 기업이 속해 있는 산업의 흐름에 따라 끊임없이 영향을 받고 있어 이에 적응해야만 계속기업으로 발전해 나갈 수 있을 것이다.

실제로 하나의 기업이 계속기업으로서 성장 발전해 나갈 수 있느냐의 여부를 판단하는 데는 그 기업이 지니고 있는 현재의 재무상태 및 과거의 경영성과에 대한 분석뿐만 아니라 기업의 경영활동에 영향을 주는 산업의 특성, 기술수준과 같은 자체 경쟁력, 최고경영자의 경영능력 등의 요인에 의해서도 영향을 크게 받는다. 특히 현재와 같이 국내외적으로 기업의 경영환경이 급변하는 상황에서는 기업의 분석·평가에 있어서 산업조사의 중요성이 강조된다고 하겠다.

따라서 올바른 기업분석을 위해서는 먼저 개별기업이 속해 있는 산업의 특성 및 구조와 흐름을 분석하여 당해 산업의 매력도와 경쟁강도 등을 파악해야 할 것이며, 다음으로 업계구성, 상품구성과 변천, 수급동향, 가격결정요인, 생산 및 판매체제, 국가산업정책 등에 대한 조사를 통해 개별기업의 경쟁력을 비교 분석해볼 수 있는 것이다.

특히, 산업구조분석은 계속적 관찰을 통해 부실로 가는 징후를 미리 포착할 수 있는 부문으로 산업동향과 더불어 신용분석 및 여신심사, 여신사후관리시 항상 염두에 두어야 할 것이다.

우선 산업구조분석을 검토해보기로 하자.

산업분석은 여러 가지 각도에서 행해질 수 있으나 일반적으로 포터M. E. Porter의 산업구조분석을 들 수 있다. 포터는 산업구조분석을 통해 특정산업의 경쟁강도를 파악할 수 있으며 경쟁강도는 다음과 같이 진입장벽, 기존업체들 간의 경쟁강도. 대체품의 등장가능성, 구매자의 교섭력, 공급자의 교섭력 등 5가지 경쟁요인에 의해 결정된다고 보고 있다.

당해 산업의 경쟁강도는 중요한 기업환경의 하나로서 이에 따라서 기업의 성장성, 수익성, 그리고 위험이 크게 영향을 받는다. 따라서 산업의 경쟁강도를 결정짓는 구조적 요인분석이 중요하다.

1) 진입장벽 검토

진입장벽이 구축되어 있는 당해 산업에 기진출하고 있는 기업들은 수익성이 높고 영업위험이 적게 되는 반면, 진입장벽이 없는 산업에 속한 기업들은 수익성이 낮고 위험이 높아진다고 보고 있다. 구체적인 진입장벽의 요인으로는 규모의 경제, 제품의 차별화, 막대한 소요자본, 견고한 판매망, 교환비용의 과다, 독점적 생산기술, 정부규제, 정책 등을 들 수 있다.

2) 기존업체 간 경쟁강도 검토

기존업체들 간의 경쟁상태에 따라 당해 산업의 경쟁강도를 알 수 있다. 업체 간의 경쟁은 흔히 산업의 성숙에 따른 성장률의 변화로 경쟁강도가 달라지는 것을 볼 수 있다. 어떤 산업이 성숙기에 접어들면 성장률은 떨어지고 그 결과 경쟁이 가열되어 이윤이 떨어지며 때로는 산업자체가 재편성되기도 한다.

경쟁상황의 또 다른 변화는 전혀 이질적인 기업이 경쟁에 뛰어들 때 나타나기도 하며 기술혁신으로 생산공정에 소요되는 고정비 수준

 이런 기업 부도난다

이 높아져 경쟁상황이 불안정해질 때도 나타난다. 기존 경쟁업체간의 경쟁강도를 결정하는 구조적 요인으로는 경쟁기업의 수, 산업성장률, 가격경쟁도 및 제품차별화의 정도, 고정비의 크기, 경쟁업체의 다양성 등을 들 수 있다.

3) 대체품 검토

특정산업에서 경영활동을 벌이고 있는 기업들은 넓은 의미에서 대체품을 생산하는 산업들과 경쟁을 하고 있는 것이다. 대체품은 기업이 가격을 결정하는 데 일정한 상한선을 제시하며 이로 인해 그 기업이 속한 산업의 이익잠재력을 제한한다. 대체품의 품질이 우수할수록 그 산업에 가해지는 가격상한제한 압력이 더욱 강해진다.

또한 대체품이 가격 및 기능면에서 대체성을 향상시키고 있는 속도에 대해서 계속적인 분석이 필요하다. 대체품이 어떤 새로운 개발을 통해 경쟁력이 증대되면 가격인하나 기능개선을 가져올 수 있는데 이러한 추세를 분석함으로써 대체품의 충돌시기와 크기를 평가할 수 있다.

4) 구매자 교섭력 검토

구매자들은 구매가격을 인하시키거나 품질향상 및 서비스 증대를 요구하고 공급기업들을 서로 경쟁시키는 방법 등으로 구매대상산업과 경쟁을 벌이는데, 이러한 행위는 모두 그 산업의 수익성을 감소시키는 결과를 초래한다. 구매자 산업과 공급자 산업과의 관계에서 어느 쪽이 가격결정, 품질조건, 결제조건 등에 있어서 교섭력이 강한지에 따라서 당해 산업의 수익성은 구조적으로 영향을 받을 수밖에 없다.

5) 공급자의 교섭력 검토

공급자는 매출공급가격의 인상이나 교섭력을 강화시킬 수 있는데 그만큼 상대산업의 이익잠재력은 잠식된다. 특히 구매업자가 코스트 상승분을 제품가격 인상으로 흡수할 수 없는 경우는 공급자의 교섭력이 크게 강화되게 마련이다.

2. 산업동향 검토

기업의 부실을 예측하는 중요한 요소 중 하나는 그 기업이 영위하고 있는 산업이 사양산업이 아닌가를 알 필요가 있다. 최근에 부도난 회사 중 일부가 사양업종을 계속 유지하고 있었다는 사실을 간과해서는 안 된다.

업계조사를 위해서는 먼저 조사대상기업의 사업내용을 명확히 파악하고 그 사업내용에 따른 조사를 해야 한다. 업계조사에서 행해야 할 조사항목은 업종의 차이. 조사시간의 제약 등에서 다르지만 일반적으로 업계구성, 상품구성과 변천, 수급동향, 가격결정요인, 생산체제, 판매체제, 국가산업정책 등을 들 수 있다. 항목별 구체적인 조사사항은 다음과 같다.

1) 업계구성 검토

업계를 구성하는 기업의 상태, 즉 기업의 수와 그 추이, 전·폐업과 신규참가 동향, 기업규모별 분포, 전업기업과 겸업기업의 비율, 업계 내의 계열관계, 과점형인가 비과점형인가 등을 조사한다.

2) 상품구성과 그 변천 검토

업계의 상품구성이 어떤 것이며 그것이 어떻게 변천할 것인가를 상품 상호 간의 대체. 보완관계를 고려하면서 파악한다. 그리고 그 결정요인이 새로운 수요분야의 개척 등 수요면의 요인인가, 혹은 기술혁신 등 공급면의 요인인가를 조사한다. 상품에 따라서는 라이프싸이클 분석도 필요하다. 라이프싸이클 파악을 통해 동일 업종내 및 타업종의 경합상품과의 상품경쟁력을 분석할 수 있다.

3) 수급동향 검토

생산, 판매, 재고 등의 추이를 보아 업계의 수급동향을 상품별 및 전체로서 파악한다. 특히 경기에 관련한 단기변동과 산업구조의 변화 및 라이프싸이클 등과 관련한 추세적인 장기변동을 구별한다. 또한 경기변동에 대한 선행성, 후행성 등 수급동향의 패턴도 분명히 할 필요가 있다. 경기변동에 따른 영향을 받는 정도가 심한지 아니면 별 영향이 없는지를 조사한다.

4) 가격결정요인 검토

상품의 특성, 수급동향 등과 관련지으면서 가격을 결정하는 요인을 조사한다. 즉, 수급밸런스, 코스트변화, 생산체제, 업계구성 등이 가격결정에 어떠한 영향을 줄 것인가를 파악한다. 특히 코스트와의 관련은 매우 중요한 것으로 원자재 및 인건비의 지속적 상승요인을 기술혁신과 경영합리화 등의 노력으로 흡수할 수 있는가를 파악하며 흡수하는 데에 한계가 있다고 한다면 가격인상이 어느 정도 가능한가를 추세적으로 파악할 필요가 있다.

5) 생산체제 검토

① 생산형태

업계의 구성. 상품의 구성, 상품의 특성 등과 관련해서 생산형태가 어떻게 될 것인가를 조사한다. 즉, 소품종 대량생산형 또는 다품종 소량생산형인가, 자본집약형 또는 노동집약형인가, 일괄생산형 또는 하청이용형인가, 주문생산형 또는 예상생산형인가를 파악한다. 생산형태를 파악하여 해당업종에 대한 유의점을 찾을 수 있으며, 동업 타사와의 재무비교를 할 경우에도 유효한 분석자료가 된다.

② 생산설비

설비의 종류와 능력, 설비투자의 동향 등에 대해 조사한다. 설비가 과잉되면 가동률의 저하와 업계의 과당경쟁으로 수익성이 저하된다. 한편 설비투자의 시기를 잃으면 기업은 얻을 수도 있는 수익을 상실함과 동시에 기존설비의 노후화, 진부화로 경쟁력 저하가 초래된다, 따라서 소유한 설비의 양과 질은 상품 자체의 경쟁력과 같이 기업경쟁력을 결정하는 중요한 요인인 것이다.

③ 기술동향

생산구조의 지식집약화에 따라 기술의 중요성이 높아지고 있어 기술력의 차이가 기업의 성패를 좌우할 정도로 중요해지고 있다. 따라서 제품기술. 생산기술의 양면에서 업계의 포인트가 되고 있는 기술이 무엇인가를 확인하고 그 기술의 배경이 되고 있는 기술개발 및 기술도입의 동향을 파악하고 업계에 있어 기술상의 관심이 어느 방향으로 향할 것인가를 파악하는 것이 중요하다.

④ 원재료

원재료 구입량 및 구입가격의 추이, 구입형태, 해외의존도, 구입선과의 파워관계를 조사한다. 더욱이 원단위의 변화에 대해서도 비용, 기술동향 등과 관련시켜 분석한다.

6) 판매체제 검토

일반적인 기업의 판매체제는 직접판매, 대리점판매로 대별된다. 제품을 직접 판매하는 경우 표면적으로는 대리점마진이 없어 이윤폭은 높지만 판매에 따르는 노력, 자금, 판매비지급 등이 발생되며 매출증대의 책임을 회사가 부담함으로 판매거래망 구성의 강화, 판매촉진에 보다 의욕적인 노력을 필요로 한다. 신용조사 시에는 매출액에 비하여 과대한 지점, 영업소를 갖고 있지는 않은지 조사한다.

한편 대리점조직에 의한 판매는 대리점 마진만 지급하면 되므로 직접판매체제보다는 경비가 적게 들며 대금회수가 용이하다. 반면에 판매력이 대리점의 영향을 많이 받으므로 판매촉진에 적극성을 발휘하기 힘들다. 따라서 상품의 판매체제를 업계의 구성, 상품의 특성, 수급상황, 가격 등과 관련지어서 조사한다. 해당업계의 유통형태는 무슨 형이며, 상사와 대리점과의 파워관계, 계열관계, 유통과정에 있어서 재편성 등의 움직임은 없는가 등에 대해서 조사해야 한다.

7) 국가산업정책 검토

국가산업정책상 기업지원정책으로는 특별상각과 조세감면 등의 세제지원, 보조금지원, 재정투융자에 의한 장기저리자금공급, 정부주도에 의한 기술개발프로젝트, 특정 불황업종에 대한 구조개선 정책 등이 있다. 한편 규제정책으로는 법적 혹은 행정지도의 형태에 의한 설비규제, 환경보호를 위한 공해규제, 공정거래촉진을 위한 규제 등이 있다. 따라서 산업정책면에서 당해 업종이 어떻게 취급되고 있으며 당해 업계는 어떻게 대처하고 있는가를 주의할 필요가 있다.

산업환경과 경제질서, 기술이 급변하고 있는 시기에 기업의 실상과 장래성을 정확히 예측한다는 것은 매우 중요하고도 어려운 작업이다. 기업은 생명체와 같은 조직으로서 외부환경에 적응해야만 존속, 발전할 수 있는 것이다. 따라서 기업이 속해 있는 산업의 흐름과 구조를 파악하고 이에 대응하는 업계의 동향을 분석함으로써 개별기업의 약점과 강점을 찾을 수 있을 것이다. 산업구조와 업계의 동향 속에서 개별기업의 경쟁력을 비교 평가함으로써 기업을 동태적으로 분석할 수 있을 것이며 개별 기업의 성장성을 올바로 파악할 수 있을 것이다.

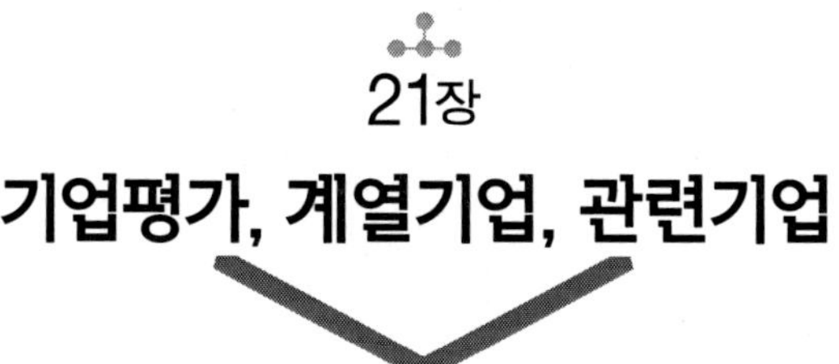

21장
기업평가, 계열기업, 관련기업

다음은 기업평가에서 나타나는 내용들이다.

1. 기업신용평점은 몇 점인가

기업신용평점은 기업의 경영성과를 점수로 환산한 것이며 높을수록 좋다. 금융기관에 따라서 평가방법이나 점수가 각각 다르지만 일반적으로 이 평점이 40점 이상이라야 여신을 검토할 수 있고, 그 미만은 여신대상에서 제외된다. 평점이 40점 미만일 경우 특인규정에 의거 여신을 취급한다면 취급시 상당한 주의를 기울여야 한다. 신용평점이 만병통치약은 아니지만 그래도 현재로서는 제일 중요하게 취급하는 평점이다.

2. 기업신용평점은 점차로 높아지는가

기업신용평점이 높을수록 좋고, 높아질수록 좋다고 볼 수 있다. 같은 점수라고 하더라도 신용평점이 지속적으로 높아지고 있으면 장래의 신용평점도 더 높아지리라고 예측할 수 있기 때문이다. 반대로 낮아지고 있는 단계라면 향후는 더 낮아지리라고 판단해볼 수 있다. 필자는 기업신용평점은 높은 것보다는 높아지고 있는 것이 더 좋고, 낮은 것보다는 낮아질수록 더 나빠진다고 본다.

3. 기업신용평점은 공정한가

기업신용평점은 총점 100점으로 평가하고 있으며, 금융기관마다 평가방법이나 배점이 다르긴 하지만, 대기업의 경우 과거의 재무사항이 약 70점 내지 80점, 비재무사항이 약 20점 내지 30점으로 구성되어 있고, 대부분 금융기관의 중소기업에 대한 평가방법은 재무사항이 40점, 사업성이 20점, 거래신뢰도가 20점, 경영능력이 20점 등으로 구성되어 있다. 재무사항은 재무제표에 의해 평가되나, 비재무사항은 평가자의 주관적인 판단에 흐를 가능성이 있어 평가자의 주관적인 의견이 배제되어야 할 것이고, 가급적이면 객관적인 자료에 의해 공정하게 평가되었는지를 확인해야 할 것이다.

대기업은 대기업의 신용평가방법에 의해, 중소기업은 중소기업의 평가방법에 의해 평가되었는지를 확인해보자. 이것을 바꾸어서 평가했다면 아무런 의미가 없을 것이다. 그리고 그 평가내용에서 각 항목들이 공정하게 평가되어 있는지 여부도 검토해보자.

4. 도산의 예측모형 적용 결과는 정상인가

각 금융기관마다 대출을 해 준 기업들이 정상기업으로 유지되고 있는지 기업의 부실화를 점검하는 기업도산예측모형을 이용하여 점검확인하고 있다. 이런 예측모형 등에는 각 금융기관마다 고객들의 특징이 있어서 일괄적으로 어떤 모형이 맞을 것이라고 판단하기가 어럽다. 우리가 흔히 써보고 봤던 모형들은 'K-SCORE', 'KSI모형'이라는 것도 있고 '이상치법'이라는 것도 있다. 최근 들어 석사, 박사논문에 유사한 모델들을 개발하여 발표하고 있다.

도산예측모형이 해당 금융기관에서 사용하고 있는 것인지, 그 결과치가 타기업에 비하여 합당하다고 느껴지는지 판단해볼 일이다.

다음은 계열기업, 관련기업에서 나타나는 내용들이다.

1. 계열 전체의 재무상황은 어떤가

기업이 계열그룹에 속한 기업이라면 그룹의 전체상황을 보자. 개별기업의 재무상황이 아무리 좋더라도 그 기업이 어느 그룹에 속한 기업이라면 그 기업이 속한 그룹의 전체적인 재무상황을 파악해볼 필요가 있다. 그 결과 계열전체의 재무상황이 좋지 않다면 대출은 다시 검토하는 것이 좋을 것이다. 왜냐하면, 그 회사는 그 그룹에 속한 어떤 회사가 도산할 때 같이 도산할 가능성이 많기 때문이다.

기업이 속한 그룹의 전체적인 재무상황 중에서도 그 그룹의 차입금이 얼마인가를 파악해야 한다. 차입금은 제1금융권 차입금, 제2금융권 차입금, 회사채, 사채 등으로 구분하여 파악해볼 수 있다. 전체 차입금 중에서도 제2금융권 차입금, 사채 등이 많다면 경기 하강 시에는 위험할 수 있다. 특히, 사채를 많이 쓴다면 조심해야 한다.

이 항목은 그룹에 속한 개별기업의 하청업체의 평가에 적용해도 유용할 것이다. 하청을 주는 업체만 볼게 아니라 하청업체가 속한 그룹 전체를 보면 위험도측정에서 유용할 것이다.

2. 소속 그룹 내 위치가 하위다

업체가 계열그룹에 속한 업체라면 그 업체가 속한 계열 내에서의 위치를 확인하는 것도 중요하다. 왜냐하면 계열그룹에서 하위로 여기는 업체라면 그룹 내에서 문제가 있는 기업이든지, 그룹 소속회사들의 정리 시 우선 정리대상이 될 수도 있고, 그룹의 경영정책상 불리한 사항 적용 시 하위로 밀릴 수 있을 것이다.

3. 관련, 관계회사의 도산이 예견되지 않는가

관련, 관계회사의 도산이 예견된다든지, 위험한 회사와 외상매출거래를 하고 있지 않은가? 그룹사의 도산에 따른 계열기업의 도산은 필연적이다. 계열그룹에 속한 기업은 사실은 한 몸이기 때문이다. 계열기업의 도산에 따른 하청업체의 도산도 필연적이다. 위험한 회사의 받을 어음을 수시로 가지고 있는 경우도 연쇄도산의 위험이 상존한다. 매출액의 30% 이상을 구매해 주고 있는 관계기업이 도산했다면 위험한 수준이 된 것이다.

우리와 거래하는 회사가 잘되어야 우리 회사가 잘 된다.

4. 관련기업이 부실되고 있나

관련기업이나 그 회사가 보증을 해 준 기업이 부실되고 있는 것은 아닌가? 보증해 준 회사가 부실의 길을 걷고 있다면 다시 챙겨봐야 한다. 왜냐하면 보증액만큼 그 기업에서 책임을 질 수도 있는 것 아닌가? 금융기관은 통상 보증인이 아니라 연대보증인으로 보증을 들게 하고 있는 것이다. 연대보증이란 차주가 갚지 않을 경우 순서와 무관하게, 차주가 어렵다고 하면 언제든지 차주의 연대보증인에게 대금을 청구할 수 있도록 하는 제도이다. 관련기업이나 보증기업이 부실되면 자동적으로 그 회사도 부실 될 수밖에 없다.

5. 상품거래 거부, 수주 격감

모회사나 일반회사에 의한 상품거래의 거부, 수주격감이 있는가? 상품거래의 거부란 매입원재료와 제품, 매출의 거래 자체를 거부하는 것을 말할 수 있다. 매입원재료의 거부는 원재료 대금의 결제조건 등이 만족하지 못하여 원재료 판매처가 판매를 거부하는 것이고, 제품의 거래 거부는 판매를 하려는 것 자체를 구입처에서 거부하는 것이라고 볼 수 있다. 이와 같이 원재료 구입과 제품판매처가 거래 자체를 거부할 경우에는 생산 전반에 걸쳐서 위기를 몰고 올 수가 있다. 결국은 자금전반으로, 경영전반으로 위기를 불러 올 수가 있다. 모회사나 일반회사의 수주격감도 같은 결과를 초래하게 된다.

6. 모회사의 지원단절

모회사의 지원단절이 있는가? 우리가 이야기하는 그룹에 속한 기업뿐만이 아니라 규모가 커지면 모기업이라는 기업이 있게 된다. 모기업은 그야말로 모태가 되는 기업이라고 말할 수가 있다. 그런데 평소에는 지원도 협조도 잘해 주던 모기업이 갑자기 어떤 이해관계로 인하여 지원과 협조를 단절한다면 그 영향이 어떻게 미치는 것인지 적극 파악해볼 필요가 있다.

평소에 지원과 협조했던 부분이 커서 그 영향이 크다면 그 기업에게는 대단한 위기로 작용할 가능성이 있게 된다.

보통, 일반기업들은 어느 정도 커지면 더 이상 그 회사의 규모를 키우지 않는다. 왜냐하면, 더 키우면 중소기업에서 대기업으로 변하고 대기업이 되면 각종 특혜에서 모두 빠지기 때문이다. 그래서 이런 회사는 그 회사 옆에 조그만 작은 회사를 또 만들어서 운용하게 되고, 그 결과 오너는 2개의 회사를 운용하게 된다. 그런데, 이럴 때 만약 자금이나 경영위기가 온다면 오너는 어떻게 하겠는가? 먼저 회사를 살릴 것인가?, 아니면 작은 새로운 회사를 살릴 것인가? 이런 내용을 파악해서 판단해야 할 것이다.

7. 피보증업체의 부도

계열기업이나 관련기업인 피보증업체가 부도가 난 것이 아닌가? 기업에서 영업상 어쩔 수 없이 보증을 했을 경우 이들 피보증업체가 부도가 났다면 그 기업은 보증책임을 지게 될 것이고 그 보증책임의 이행을 위해서는 상당한 자금부담을 가질 수밖에 없다.

피보증업체가 부도가 나면 그 금액이 얼마이며 언제까지 보증책임을 이행해야 하는 것인지 등을 면밀하게 검토해야 한다. 그 영향이 크다면 치명적일 수가 있다. 따라서 우발적인 보증책임도 잘 체크해야 한다.

22장

기타

1. 입지선정의 오류를 범하지 않는가

환경문제가 크게 대두되고 있다. 공장을 건설하는데 큰 회사들은 대부분 잘 하고는 있지만 중소기업은 입지선정을 잘못하여 도산하는 경우가 많다. 예를 든다면 폐수가 배출되는 공장의 경우는 폐수처리시설이 있어야 하고 폐수처리시설에 대한 허가가 있어야 한다. 폐수처리시설을 허가받을 수 없는 지역에 이들 공장을 건설했다면 그 업체는 분명히 도산할 수밖에 없다. 입지조건에는 기후, 풍토 등의 자연적 조건, 교통, 노동력 등의 경제적 조건, 정부와 지역사회, 법률적 여건 등의 행정적 조건, 공해, 민원 등의 환경요인이 있다.

2. 회사 내외에 제약요인은 없는가

영업에 관련된 소비자, 납품업자, 거래선들의 불신이나 반감이 깊어지고, 이들이 협력, 협조적이지 못하면 판매전략은 마이너스이고, 영업전반에 걸쳐서 나쁜 징후가 나타나게 된다. 특히, 경영자를 외부에서 혹평하는 사람들이 많아지거나 관련업계의 업체들이 거래를 회피하려 한다면 주의해야 한다.

3. 영업상 타 회사 의존도가 높은가

계열그룹에 속한 업체가 계열 내의 어떤 업체로부터 영업이나 재무상 지원을 받거나 거래의존도가 높다면 그 업체로부터 얽매어 살고 있는지도 모른다. 또, 어떤 업체가 주로 하청을 받아 생산을 한다면 하청을 주는 업체에 대해서도 자세히 알아볼 필요가 있다. 왜냐하면 지원하는 업체나 하청을 주는 업체가 도산할 때 같이 도산할 수 있기 때문이다.

4. 저당권 설정이 복잡하다

부동산에 저당권설정등기가 많아진다든지, 사채업자로 보이는 개인의 저당권설정이 있다면 경계해야 한다. 부동산등기부등본에 저당권설정이 많아진다면 자금문제로 금융기관에 자금요청을 많이 한다는 증거다. 저당권설정의 횟수만큼이나 자금을 차입하고 있는 것이다. 특히, 사채업자로 보이는 개인의 저당권설정이 있는 경우는 반드시 사채업자로부터 자금을 차입하고 있다는 증거다. 사채업자에게 자금을 조달하는 업체는 때가 되면 자금압박을 가져와서 경영을 위태롭게 만들 것이다. 부동산등기부등본을 유심히 관찰하자.

회사 또는 경영주 소유 부동산에 압류, 가압류, 사채업자의 근저당 등이 있는지 살펴볼 일이다.

5. 정보를 일부 직원만 공유한다

정보수집이 경영성패를 좌우하는 결정적인 요인임은 아무리 강조해도 지나치지 않다. 정보가 곧 이익 또는 경쟁력이라는 점을 전 조직원에게 인식시키고 전 조직원을 정보요원화하여 정보에 민감하도록 해야 한다.

은행들이 창구일선에 책임자를 배치하고 임원이나 고급간부에게 세일즈맨 역할을 부여함으로써 고급정보를 수집하고 일선 영업을 지원하도록 조직을 바꾸어 나가고 있으며, 일부 대기업그룹 등이 다양한 정보를 데이터베이스화해 필요시 즉시 활용하고 있다.

특히, 집단 및 개인 이기주의와 사내 경쟁의식보다는 공동으로 외부환경에 대한 경쟁력을 높이고 조직이 우선 잘되어야 개인의 가치도 높아진다는 토탈시스템 마인드를 제고시켜 회사이익을 극대화하는 방향으로 조직구성원의 의식이 변화하도록 해야 한다. 즉, 과거의 기능위주의 조직이 아닌 새로운 정보공유 조직으로 과감하게 전환해야 한다.

정보를 공유하지 않고 일부 직원만 공유한다면 그 기업의 경쟁력은 제한적일 수밖에 없다.

6. 어울리지 않는 회사명으로 개명

사업내용에 어울리지 않는 회사명으로 개명했다면 주의를 기울여서 경영자의 진실됨을 의심해볼 필요가 있다. 왜냐하면, 허풍이 심한 경영자의 경우 외관으로 보이게 되는 상호를 거창하게 만드는 경우가 있다. 사명과 영위하는 사업내용이 일치하는지 또는 유사한지를 알아보자. 거창한 상호를 내세워서 고객을 기만할 수가 있기 때문이다. 이런 경우 사업이 잘될 수가 있을까?

7. 갑작스러운 연간행사 중단

기업에서 연례적으로 하던 행사를 그만두는 경우가 있다. 필요가 없다고 판단하거나 다른 행사로 대체하여 지금까지 하던 행사를 그만둘 수도 있지만 대부분 무슨 문제가 대두되었기 때문에 그만두는 경우가 더 많다. 관계회사와의 문제, 소비자와의 문제, 경비문제, 생산자단체와의 문제, 생산에 관련된 문제 등등 이루 헤아릴 수없는 이유가 있을 것이다, 그런 이유들 때문에 행사를 그만두는 것이다. 그런데, 적극적이고 긍정적인 이유라면 몰라도 경비나 생산문제 등은 기업이 지금까지 누리고 있던 홍보효과를 포기하는 일이라고 말할 수 있다. 때문에 이런 행사의 포기는 당장의 비용도 비용이지만 장래의 사업에 지장을 초래할 수 있는 일이기 때문이다. 만약, 계획된 행사의 포기라면 몰라도 돌연중단이라는 것은 심각한 문제가 회사 내부에 있다는 징후인 것이다.

8. 전화번호부에 등재되지 않은 회사

국선전화번호부는 있어도 휴대폰 전화번호부는 없다. 우리가 여신을 취급한 업체가 전화번호부에 등재되었는지 한 번 전화번호부를 들추어보자. 회사의 이력이 짧지 않다면 대부분의 회사는 전화번호부에 등재되어 있을 것이다. 그러나 정상적인 회사가 아니고 혹시 사기라도 치면서 지낼 회사라면 전화번호부에 회사의 전화번호를 등재할 필요가 없을 것이다. 금방 나타났다가 금방 사라질 회사라면 전화번호부에 등재할 필요가 없을 것이기 때문이다. 이런 회사는 대부분 휴대폰으로 연락하자고 하지만 정작 상대방은 하나도 의심하지

않는다. 휴대폰이 상용화되고 나서 최근 이런 사기꾼들이 많이 생겨
나고 있다. 전화번호부를 말하려는 게 아니다. 전화번호부에 등재된
국선전화는 그 회사의 역사를 이야기해 주기도 한다.

"사무실 전화번호는 어떻게 되나요?"라고 물어보자. 그리고 사무실
전화번호인 국선으로 통화해보자. 사무실의 위치와 실제를 확인해볼
수 있는 방법이다.

보통 기업은 맨 처음 사업을 하려고 할 때부터 국선전화를 개통하
고 시작한다. 그런데, 국선전화는 없고 휴대전화만으로 사업을 하려
고 한다면 잘 챙겨보자. 물론, 휴대전화 하나로 사업을 못하라는 법
은 없다. 그리고 그렇게 사업을 할 수도 있는 사업도 있을 것이다. 그
러나 휴대전화만으로 사업을 하는 사람은 대출 시 재검토하자. 불리
해지면 항상 휴대전화는 끊어 버리고 잠적해버리면 된다. 물론, 국선
전화도 그렇게 하면 되겠지만 그건 절차가 하나 더 있다, 폐선절차가
있기 때문이다.

9. 홈페이지에 이상기운이 돈다

회사의 홈페이지가 이상한 내용들로 가득 차 있다면 어떤 일이 일
어났다고 봐야 한다.

큰일이란 처음부터 큰일로 시작되는 게 아니다. 작은 일들이 점점
도져서 큰일이 되는 것이다. 회사 홈페이지에 작지만 근본적으로는
큰일이 발생했다면 주의를 요한다. 소문으로 알 수도 있지만 가끔은
홈페이지에도 가보자.

10. 회사 내외의 분위기가 좋지 않다

수위 또는 안내양이 불친절하거나 악성풍문이 되풀이해서 나돌 경우 회사의 경영상 큰 문제가 있을 수 있으며 부실원인이 부각될 가능성이 있다.

회사의 분위기가 좋지 않거나 종업원들이 부정적이고 언행에 질서가 없다면 주의 깊게 관찰해야 한다. 모든 게 질서가 없다면 그만이다.

11. 시든 꽃이 방치된다

'화장실이 지저분하거나 시든 꽃이 방치되어 있다. 공장이나 창고가 정리되어 있지 않다.'

어떤 이는 '이런 기업이 무엇이 문제인가?'라고 반문할 것이다. 그럴 수도 있는 것 아닌가? 아니다! 이런 기업은 조직관리 면에서 문제가 있을 수 있다. 사장의 명령이 하부조직까지 침투되지 않는 회사의 대표적인 현상이다. 명령이 먹혀들지 않는 회사는 경영을 제대로 할 수가 없을 뿐더러 기업의 비전 같은 것은 꿈도 꿔보지 못할 것 아닌가? 모든 일에서 질서가 서지 않는 명령계통은 기업을 좀먹게 하는 가장 큰 요인이다.

12. 게시판의 내용이 부정적이다

'게시판에 부착된 내용이 부정적이고 게시물이 정리가 되어 있지 않다.'

이런 징후는 망해가는 회사의 표본이다. 대표자나 책임자의 말이 통하지 않으며 직원들이 불평, 불만으로 가득 차있고 직원들의 목소리가 더 큰 회사로서 업무에는 관심이 없다는 표시이다. 이런 기업에 손님이 간다고 해도 제대로 대접이나 하겠는가? 그 손님이 그 회사에 좋은 손님일지라고 이런 상황을 보고는 돌아서지 않을 사람이 없을 것이다.

대체적으로 그 내용들은 노조나 퇴사한 사원들의 소송문제 등을 들 수 있다.

13. 쇼윈도가 지저분하다

'간판이 쓰러져 있거나 쇼윈도가 지저분하다.'

바람이 불거나 비가 올 때는 그럴 수도 있는 것으로 생각이 든다. 그러나 비가 개고 나서 그 기업에 종사하는 사람들이 이를 그냥 지나친다면 직원들의 애사심에 문제가 있는 것이다. 그런 행동이 일상적인 행위로서 직원들은 아주 편한 매너리즘에 빠져 있다고 봐도 틀림없는 일이다. 이런 직원들의 애사심 덕분에 그 기업은 발전을 위한 노력을 할 수가 없을 것이고, 할 생각조차도 못하고 있을 것이다. 모두가 엉뚱한 생각 속에서 살고 있는지도 모를 일이다.

14. 무리한 주가 유지

자사주의 주가를 유지 또는 상승시키기 위해 과다하게 자금을 지출하고 있다면 분명히 기업의 어떤 관계 때문일 것이라고 봐야 할 것이다. 요즘은 최고경영자에게 주식옵션을 부여하는 경우가 많다. 이런 경우 최고경영자는 기업의 성적과는 상관없이 무리하게 주가를 끌어 올리려고 할 것이다. 그래야 자기의 업적을 좋게 평가받을 수가 있기 때문이다.

무리한 주가유지는 경영과는 상관없이 이루어지는 경우가 많다. 이런 경우 자금은 엉뚱한 곳으로 흘러 들어가게 되고 그런 행동이 심화되면 기업경영이나 자금면에서 충격을 줄 수도 있는 것이다.

15. 휴업, 조업중단의 예상 또는 진행

휴업이나 조업중단이 예상되거나 진행되고 있다면 일단은 경계해야 한다. 진행되고 있다면 말할 것이 없지만 예상될 경우에는 조심스럽게 주기적으로 점검을 해야 한다. 대출금 사후관리를 하다가 이런 현상이 깊어지면 금융기관 종사자들은 즉시, 대출금 회수를 하게 된다. 아니면 대출금 회수를 위한 작업을 시작하게 된다.

16. 분에 넘치게 본사 건물을 신축한다

기업이란 기업 내부에서 어떤 목적을 가지고 자금을 준비하고 이미 마련된 자금내에서 투자를 결정하고 그 투자에서 얻어진 이익금으로 다시 또 투자를 하곤 한다. 물론, 일부의 자금이 모자랄 경우 금융기관에서 차입을 하는 경우도 있다. 그러나 운전자금을 본사 건물을 신축하는 목적으로 사용한다면 심각한 운전자금 부족을 초래할 것은 뻔한 것이다. 우리가 본 대부분의 본사 신축 후 도산한 기업들은 심각한 운전자금 부족을 호소했고 거기다가 사회적으로 어려운 시기에 경제적으로 자금의 줄이 끊기는 현상이 있었다. 분에 넘치게 본사 사옥을 신축할 경우 필시 위험수준이 아닌지 살펴볼 일이고, 기존 대출금이 있을 경우 금융기관은 이에 대한 대책을 심도 있게 강구해야 할 것이다.

17. 무리한 기업확장

기업을 경영하다보면 이 사업 저 사업 등으로 사업을 확장하는 것을 자주 보게 된다. 그런데 곁에서 보면 잘 모르지만 재무자료나 기업의 자금면이나 기술면에서 보면 분명히 그 기업이 무리하게 기업을 확장하고 있다고 판단할 수 있는 경우가 많다.

이와 같이 무리한 기업확장은 기업의 운명을 재촉할 수도 있는 것이다. 그렇지 않고 잘 나간다고 하면 무리하지 않은 기업확장이라고 봐야 할 것이다. 그런데 잘 나가다가도 자금이나 기술에 막혀서 도산하는 경우를 볼 수가 있다. 결국 무리인지 아닌지는 시간을 두고 봐야 하는 것인데 무리한 확장일 경우 그 여파가 어디까지 가고 있는 것인지를 후에 발견할 수 있다.

문어발식 성장위주의 전략을 펴고 있는 것이 아닌지도 검토해야 한다. 무리한 신규사업 추진으로 자금을 요청할 때는 조심해야 하고, 최근 1년 이내에 총자산의 30% 이상 사업확장을 시도한다면 주의해야 한다.

18. 도산 조짐이 보인다

제품의 구입선이나 고객 또는 거래선의 불신이나 비협력, 적자의 누적, 사채금융, 융통어음의 발행, 과다한 차입금, 부실채권의 발생, 임금의 체불 등은 모두가 도산의 조짐이다. 이러한 것이 겹치면 기업 생명에 말기적 증상이 생기므로 지원하고 싶어도 지원할 수가 없다.

지금까지 어떤 기업이 우량하지 않은 기업인가, 어떤 기업이 불량한 기업인가, 어떤 기업이 장래 성장하지 못할 기업인가 등에 대해 살

퍼보았다. 지금까지 설명한 기업들이 부실기업 또는 부실로 가는 기업이라면 그 반대가 우량기업이라고 봐도 큰 차이가 없을 것이다.

우량기업에 대해서는 금융기관들이 서로 대출을 해 주려고 한다. 어떤 기업이 우량기업인지 비재무적 사항과 재무적 사항 몇 가지만 알아보기로 하자.

🌐 우량기업의 비재무적 사항

◆ 경영주가 정직하고 성실하고 경영전략을 잘 구상한다.

◆ 사업계획에 의해 경영하고 있다.

◆ 장래를 걱정하고 공부하며 인재양성을 한다.

◆ 환경변화에 대한 대응능력과 예측능력이 있다.

◆ 전문성을 살려 서비스하고 실적위주로 능력을 평가한다.

◆ 미래를 향한 변화를 추구하고 위기의식으로 대화한다.

◆ 경쟁에서는 인내심을 갖고 노력하여 한 발 앞선다.

◆ 사업추진의욕이 높다.

◆ 해당 업종에 대한 경력이 많다.

◆ 정보수집력이 좋다.

◆ 회사의 장단점을 잘 알고 있다.

◆ 합리적 경영의사결정체제가 확립되어 있다.

◆ 자금수지계획에 의해 운영되고 있다.

◆ 마케팅전략이 타당하게 되어 있다.

◆ 내부통제가 체계적으로 이뤄지고 있다.

◆ 제품이 라이프사이클 상 성장기, 성숙기에 있다.

◆ 최신 생산설비로 생산성이 지속적으로 증가되고 있다.

◆ 독점적인 기술을 보유하고 있다.

◆ 독점적인 시장점유율을 유지하고 있다.

◆ 제품이 리스크가 없는 수요처에 판매되고 있다.

◆ 소비자들의 상품에 대한 지명도가 높다.

◆ 목표시장에 대한 판매망이 구축되어 있다.

우량기업의 재무적 사항

1. 부채비율이 낮다

부채비율이 150%이하이거나 동종업계 평균비율의 2/3수준 이하라면 그래도 불량이 아니라고 넘어갈 수가 있다. 이 비율이 낮으면 낮을수록 양호하다고 볼 수 있다.

*관련비율: 자기자본비율, 차입금의존도

2. 금융비용부담율이 낮다

총매출액에서 금융비용으로 지급되는 금액이 적어야 한다. 이 비율이 낮으면 영업과 크게 관련이 없이 고정비성으로 나가는 비용을 줄일 수 있다. 이 비율이 낮아야 좋다.

3. 현금이자보상배율이 2.0 이상

영업활동에 의한 현금유입액이 금융비용의 2배 이상이어야 한다. 금융비용보다 몇 배의 실질적인 수익을 시현하고 있는가를 알아볼 수 있다. 이 비율이 높으면 양호하다고 할 수 있다.

최근에는 금리가 하향하여 현금이자보상배율이 상향한 것으로 판단되지만 검토시는 금리하향을 감안하여 검토해야 할 것이다.

현금이자보상배율= (당기순이익±비현금손익+금융비용/금융비용)

*비현금손익: 감가상각비, 퇴직급여충당금전입, 외화환산손익 등 현금지출(수입)이 수반되지 않은 손익(비용은 가산 수익은 차감)
*금융비용: 지급이자 및 할인료
*당기순이익 중 특별손익이 있는 경우는 특별손익을 반영하지 않음.

4. 연간매출액이 차입총액을 상회

연간매출액보다 차입총액이 많다면 지급이자와 지급해야할 대출금원금 때문에 문제가 될 가능성이 있는데 연간매출액이 차입총액을 상회한다면 그런 대로 넘어갈 가능성이 있다. 매출액이 차입총액보다 많고 많아진다면 좋은 것으로 볼 수 있다.

5. 고정장기적합률이 낮다

고정장기적합률이 100% 이하라야 한다. 자기자본과 고정부채 범위내에서 시설투자를 하고 있는지 여부를 알아볼 수가 있다. 시설투자에 얼마나 많은 자금이 묶여 있는지를 알 수 있다. 이 비율이 낮으면 유동성부문에서 상당히 좋은 비율을 가지고 있는 경우가 많다.

고정장기적합률= (고정자산/(자기자본+고정부채))×100(%)

*관련비율: 고정비율

6. 총자산경상이익율이 높다

총자산경상이익율이 8% 이상이거나 동종업계 평균비율의 125% 수준 이상이라면 좋다고 할 수가 있다. 물론 업종에 따라서 이런 비율이라고 하더라도 별 볼일 없는 경우가 많다. 동종업계도 알아볼 필요가 있다.

*관련비율: 총자산 순이익율

7. 매출액증가율이 높다

최근 3년간 매출액증가율이 지속적으로 10% 이상이거나 동종업계 평균비율의 125% 수준 이상이라야 좋다고 할 수가 있다. 다만, 설립일이 최근 5년 이내인 기업은 최근 3년간 매출액증가율이 계속해서 20% 이상이어야 한다.(동종업계 평균비율 적용은 제외한다)

8. 매출액영업이익율이 높다

매출액영업이익율이 10% 이상이거나 동종업계 평균비율의 125% 수준 이상이어야 한다.

매출액영업이익율= (영업이익/매출액)×100(%)

*관련비율: 매출액경상이익율, 매출액순이익율

부록

기업부실징후 조기발견방법

기업의 부실 또는 도산은 여러 가지 원인에 의해 복합적으로 일어나는 것이므로 금융기관이 기업의 도산을 신속, 정확하게 감지한다는 것은 상당히 어려운 일이다.

그러나, 거래기업에 대한 업황조사를 계속적으로 행하고 여신거래상황 또는 예금거래상황 등에 대한 이상변화 유무를 철저히 분석한다면 부실징후기업을 조기에 발견하는 것도 불가능한 것은 아닐 것이다.

'어떻게 어떤 정보를 알 것인가' 하는 것이 과제인 바, 기업의 현장정보를 신속하게 파악하는 방법인 일반적인 부실징후 조기발견방법을 살펴보도록 하자.

1. 업황조사

기업에 대한 업황조사를 일상적, 계속적으로 한다면 영업부진의 징후를 발견할 수 있는데 은행거래상황, 재무상황, 기업현황, 기타 관련 업계의 동향 및 경제동향을 관련시켜 분석할 필요가 있다.

2. 대출거래상황조사

기업의 대출거래상황 조사를 통해 자금용도가 불명확한 차입신청을 하거나 과대한 비정상적인 운영자금을 신청하는지를 파악한다.

3. 예금거래상황조사

당좌계정의 거래상태 변화와 기업주 개인명의 예금과의 대체관계 등 상태변화는 기업의 자금조달이나 업황의 변동과 밀접한 관계가 있다.

4. 거래태도에 관한 조사

경영자나 경리담당자의 거래빈도가 갑자기 증가하거나 줄어드는 경우, 여신담당책임자가 요구하는 자료제출을 계속 회피하는 경우 등과 같은 거래태도의 변화 등을 통해 직감할 수 있다.

5. 조회빈발

다른 금융기관이나 사채업자 등으로부터 종래의 영업이나 거래내용과 전혀 관계가 없는 기업의 신용상태나 업황 또는 어음결제능력 등에 대해 조회를 받는 사례가 빈번한지 여부를 조사하면 자금이 급한지 여부를 알 수 있다.

6. 자금상황에 대한 조사

외상매입금이나 공사대전 등의 지급이 종래의 지급기일보다 지체되는 사례가 빈번하지 않은가 또는 지급어음의 지급기일을 갑자기

장기화하는 경향이 있는지 여부를 파악하여 자금의 동향을 알 수가 있다.

7. 허위자료조사

제출된 자료에 있어서 세무서에 제출된 신고서나 종전의 정상적인 상태에서 제출한 자료 등과 비교하여 허위작성 여부를 판단하여 진실성과 재무자료의 분식 여부 등을 알 수가 있다.

8. 임직원의 동태에 대한 조사

경영진의 비정상적인 교체는 없었는가? 종업원의 근무의욕이 감퇴되거나 퇴직이 일시에 급증하지 않은지 여부 등을 알아보고 기업에 위급한 상황이 전개되어 종업원들이 동요하고 있는 것이 아닌지 여부를 파악할 수가 있다.

9. 고리차입 및 융통어음에 대한 조사

기업은 자금사정이 어려워지면 부득이 사채업자로부터 고리자금을 차입하거나 융통어음에 의한 차입행위가 급증하게 된다.

10. 업계의 풍문에 관한 조사

재고자산이나 기타 자산을 덤핑판매한다거나 어느 금융기관에서는 융자를 중단시켰다고 하는 등 풍문이 흔히 있을 수 있는데 이를 전적으로 무시할 수만은 없는 경우가 많다.

개인신용도 평가기준

K은행은 여신관행 개선을 위해 비재무적요소도 반영하여 개인신용도를 평가하고 있으며, S은행은 실시중인 CSS제도에서 이와 같은 방식을 부분적으로 도입하고 있다. K은행은 최근 2년 이내에 3회 이상 이사를 한 사람은 여신거래 때 불이익을 받게 하고 있으며, S은행은 한밤중에 현금서비스를 많이 받는 사람은 요주의로 분류하는 것이 불가피하다고 한다. 신용대출이 확대되는 시점에서 이러한 비재무적 요소의 중요성 인식은 전 은행권으로 확대될 것으로 보고 있다.

참고로 K은행의 개인신용도 평가기준을 알아보도록 하자.

개인신용도 평가기준(K은행)

1. 여신의 부실가능성 체크리스트

- ◆ 정기적인 소득 유무.
- ◆ 신용불량 규제전력 유무(배우자 포함).
- ◆ 기존여신 원리금 납입지연.
- ◆ 주소지의 잦은 이동.

◆ 이혼 사실.

◆ 거액 유치조건의 대출신청.

◆ 타인명의 대출신청(배우자 포함).

◆ 보증인과의 관계.

◆ 담보물이 반복설정, 해지사실.

◆ 청탁·알선을 통한 대출신청.

◆ 직업의 안정성.

◆ 개인여신한도 초과여부(타행여신 포함).

◆ 여신총액이 연소득의 2배 초과여부.

◆ 대출실행 재촉여부.

◆ 단독세대주 구성사유가 정당한가.

◆ 5세 이하 65세 이상.

◆ 부금 1회 불입 후 대출신청 여부.

◆ 자금용도.

◆ 최근 신용카드 보유좌수 증가.

◆ 여신을 최대한도까지 신청.

2. 우량거래처 가능성판단 체크리스트

◆ 직업의 안정성.

◆ 직장 근속연수 5년 이상.

◆ 연소득 2천만 원 이상.

◆ 파워단골고객.

◆ 1년 이상 거래 6개월평잔 2백만 원 이상.

◆ 부금 6개월 이상 정상납입.

◆ 급여이체 3회 이상.

◆ 자동이체 3회 이상.

◆ 신용카드 정상결제.

◆ 가족명의 적금 8회 이상 납입.

◆ 주택자금대출 거래자로 연체 여부.

◆ 재산세 납부실적.

◆ 원리금 납입지연 여부.

◆ 자금용도 분명.

◆ 신청여신이 연소득범위 내.

◆ 본인 외 가족 소득 유무.

◆ 동일주소 5년 이상 거주.

◆ 부모 1년 이상 부양(배우자 부모포함).

◆ 공인자격증 소지 여부.

◆ 골드카드 소지여부(타행 포함).

*일본의 동경상공리서치를 방문해서 알아본 결과 동경상공리서치는 신용조사 시 부실징후 등을 포함하여 신용조사자 임의로 총 점수 100점에서 감점을 15점까지 할 수 있도록 제도화되어 있는 것을 확인할 수 있었다.

🌐 내 돈처럼 운용하라

N금융회장 "내 돈처럼 운용하라"…실무자에 시시콜콜 18원칙 내려

새로 금융부문의 수장이 된 N금융지주 S회장이 15일 임직원들에게 '리스크관리를 위한 18대 실천 강령'을 제시했습니다.

글로벌 경기침체가 어디까지 갈지 예측하기 힘든 터라 다른 시중은행장들도 이구동성으로 '리스크관리강화'를 하반기 주요과제로 제시하고 있다는 점에서 특별할 게 없어 보입니다. 하지만 다른 은행장들은 '리스크 관리에 더 신경 쓰자'는 큰 방향만 제시한 데 비해, S회장은 가이드라인을 매우 구체적으로 제시한 점이 눈길을 끌었습니다.

'본인의 자산을 운용하거나 대출한다는 자세로 자산운용 업무에 임한다'(3원칙), '수익이 크면 위험도 크다는 것을 명심한다'(9원칙), '특정 산업, 차주, 상품에 대한 과도한 익스포저(대출)를 지양한다'(11원칙), 'PF(프로젝트 파이낸싱) 등 실패한 과거 경험을 기억하며 실수를 반복하지 않는다'(18원칙)….

모두 지당한 얘기입니다만, 금융회사 수장이 이런 행동강령을 시시콜콜 얘기하는 것은 이례적입니다. 이 정도는 대출 실무자들이 당연히 숙지하고 있어야 할 상식이니까요.

'또 잘 모르거나 확신이 없는 투자 또는 신용공여를 하지 않는다'(6원칙), '리스크를 보상받지 못하는 거래는 원칙적으로 취급하지 않는다'(7원칙), '무리한 사업추진에 따른 부실자산 발생은 후임자에게 고통이다'(17원칙)'라는 행동강령을 보면 부작용도 우려됩니다.

  이런 기업 부도난다

대출실무자들이 이를 금과옥조로 받들어 원리원칙대로만 대출업무에 임하려 할 경우 결과적으로 '비올 때 우산을 뺏는' 금융회사가 될 가능성이 엿보입니다.

그동안 N금융 임직원들은 깍쟁이 느낌을 주는 시중은행 임직원들과 달리 정情 많고 우직한 '돌쇠' 이미지가 자신들의 강점이라고 자주 얘기해왔습니다. 비오는 날 양복입고 나타나 우산을 뺏는 은행과는 다르다는 은근한 자랑이지요. 리스크 관리가 필요하고 직원들에게 당연한 업무원칙을 환기하는 것도 좋습니다만, 정도가 지나쳐서 실무자들이 주눅이 들고 그 결과 대출활동 자체가 위축되지 않을까 걱정이 됩니다.

(2012. 7.17. 네이버에서 퍼옴)

현장정보를 파악하는 방법

개인대출의 경우 금융기관에서는 불량거래처조회나 개인평가인 CSS평가를 통해 대충 개인의 신용정보를 알 수가 있다. 그러나, 기업의 경우에는 이를 감지하기가 쉽지 않다. 그렇기 때문에 우리는 많은 고민을 해 왔다. 기업을 방문하면 우리는 무엇을 봐야 되나?

중소기업은 기업평가 중에서 재무적평가보다 비재무적 평가가 더 중요하다. 재무적 평가는 얼굴이고 비재무적 평가는 마음이다.

기업평가를 하거나 신용조사를 할 때 평가대상 기업에 대해 어떻게 어떤 정보를 알아낼 수 있을 것인가.

중소기업은 현장확인이 제일 중요하다, 사소한 것이라도 변화를 중시하라.

1. 최고 의사결정권자와 상담하자

금융기관에서 대출을 받으려는 개인을 신용평가 할 때는 당연히 개인에 대한 여러 가지 신용정도를 알 수 있는 자료들을 조사하여 알아보고 평가를 하고 어떤 때는 이웃의 평을 들어보기도 하나 기업을 평가하는 것은 그렇게 단순하지 않다. 기업의 재무를 평가할 수도 있고, 자금수지를 평가할 수도 있고, 그 기업에 종사하는 경영진이나 직원들을 평가할 수도 있는 등 어떤 업체를 평가하는 방법은 여러 가지가 있을 수 있지만 그 업체의 최고 의사결정권자와 상담해 보는 것이 제일 좋은 방법이라고 생각된다. 그러나, 최고 의사결정권자를 직접 만나 볼 수 없는 대기업의 경우에는 그 회사가 준비한 사업계획서만 봐도 경영자의 의중이나 능력을 어느 정도는 알 수가 있다. 과거의 계획과 실적을 평가하는 것과, 금융기관과의 어떤 약속 이행정도를 파악해보는 것도 좋은 방법일 수 있다.

2. 사장과 간부직원들을 많이 만나고 칭찬을 하라.

대출을 해 준 기업의 사장이나 간부를 자주 만나라. 그래야 그 회사에 대해 깊고 자세하게 알 수가 있다. 사장이나 간부가 좋아하는 이야기를 화제로 삼고 칭찬하기를 주저하지 말라. 예를 든다면 대출 승인을 해 준 대출심사역이 사장을 만나서 술자리를 가졌다고 하자. 대출을 받은 사장들은 대부분 자금문제로 어려운 시간을 보내고 있거나 보냈던 사람들이다. 어려운 시기에 회사를 운영하는 것이 대단하다고 칭찬하라. 사장은 서서히 회사에 대한 직원관리, 자금과 생산 판매 등 어려운 이야기들을 하게 될 것이다. 취중에 한 그 이야기가 진실이다.

필자는 만약 사장과 술자리가 생기면 먹을 것은 먹으면서 사장의 의중을 이 방면 저 방면을 통해 알아보도록 노력했다. 물론 화장실에 다녀오는 길에 술값을 내가 계산하는 것은 잊지 말아야 한다. 자금사정이 어려운 사람들에게 대출을 해 주는 입장에서 값비싼 음식은 피하고 서민적인 음식을 선택하는 것도 잊지 말아야 한다.

3. 경리담당자와 대화를 많이 하자

기업의 경리담당자와 대화를 많이 하라. 기업의 동맥은 자금이고, 회사의 중요한 자리는 자금담당이니까. 경제이야기도 좋고, 취미이야기도 좋다. 은행이나 회사에서도 좋고, 밖에서도 좋다. 경리담당자의 자금에 대한 마인드를 파악해야 한다. 자금에 대한 의중을 잘 꿰뚫어 봐야 한다. 많이 들어야 한다.

어떤 때는 이런 나의 심정을 모르고 손님과 희희락락한다고 상관에게서 눈총을 받은 적도 있다. 그러나, 제일 중요한 것이 언로다. 언로가 막히면 어느 것도 알아낼 방법이 없다. 또, 회사에 대한 이야기를 한다고 꼭 회사에 대한 이야기만 하면 너무 딱딱하지 않은가? 그리고 상대방이 알아차리고 진실을 이야기하겠는가? 자연스럽게 이 이야기 저 이야기를 하면서 접근을 해야 한다.

경리담당자는 회사의 특급비밀에 해당하는 부분까지도 다 알고 있다. 어느 비밀도 돈과 관련이 없는 경우가 없기 때문이다. 자금의 흐름을 알고 있으면 회사의 진로를 어느 정도는 판단할 수가 있다.

또, 자금담당자의 의중을 알고 나면 회사의 어느 고위직이 거짓말을 하는지를 알 수도 있고, 사업계획이나 자금계획서의 내용을 파악하는 데도 상당한 도움이 된다.

4. 업체 부근의 찻집, 술집 등에 들어가 보자

업체부근의 술집, 찻집들이 얼마나 장사가 잘되는지를 보기 위한 것이 아니다. 업체의 직원들이 자주 드나드는 업체부근의 호프집, 찻집 등에 들어가 종업원들의 이야기를 들어보자. 다른 사람들이 듣는지 안 듣는지 의식 없이 내뱉는 직원들의 이야기 중에 정말로 쓸 만한 이야기들을 골라낼 수 있다. 무의식중에 나타난 종업원들의 언행을 통해 회사의 진실한 내부이야기, 회사의 경영판단에 필요한 모든 이야기들을 들을 수 있다. 급여이야기, 상관이야기, 어느 직원들 이야기, 생산관련이야기, 은행거래 등 자금이야기, 제품이나 납품이야기 등을 들을 수가 있다. 이들 이야기들은 여러 통로를 통해 확인할 필요가 있다. 중요한 것은 그 사실을 그 회사에 알리지 말아야 한다. 왜냐하면 그런 사실을 알게 되면 직원들을 단속하게 될 것이고 다음에는 그런 방법으로는 기업의 정보를 입수할 수가 없기 때문이다.

필자는 실제로 어느 지방업체에 출장을 가면 회사에 방문하기 전날 회사의 위치를 확인하고 숙소를 정한 다음 다시 회사 앞에 나와서 그 회사 부근의 호프집, 찻집 등에 들어가 종업원들의 이야기를 들어보곤 했다. 다음 날, 그 회사를 방문할 때는 자신있게 묻고자 하는 내용들을 필요한 시간에 정확하게 질문할 수가 있었고, 전 날 들은 이야기 덕분에 진실에 가까운 이야기들을 나눌 수가 있었다.

5. 월중행사계획 또는 달력에 주목하자

기업을 평가하려는 사람이 그 회사에 방문을 했을 때 필요한 서류 외에 무엇을 볼 것인가? 지금까지 우리들이 해 온 방법은 정통적인 것도 없고 선배들이 알려 준 특별한 방법도 없는 것이 현실이다. 그러나, 필자는 경험을 통해 사장실에 들어갔을 경우 무엇을 볼 것인가에 대한 실험을 했고 정확하게 방문목적을 달성할 수가 있었다.

우선, 사장실에 들어가면 사장실의 환경을 눈여겨봐야 한다. 사장실이 지저분하다면 사장의 마음이 지저분할 것이고, 아주 복잡하다면 역시 마음이 복잡할 것이다.

그런 다음, 사장의 책상을 봐야 한다. 그리고는 사장이 직원들을 부르는 목소리와 호칭을 감지해야 한다. 그런 다음에 다음과 같은 행사계획이나 달력 등을 봐야 한다. 이런 정도면 대충 사장실의 탐문은 끝나게 된다.

소기업의 경우 사장이 업무계획에 편리하게 하려고 하는 것이지만 누군가가 볼 수 있을 거라는 생각 없이 월중행사계획이나 달력에 사장의 행동일정 또는 회사의 중요사항을 메모하여 놓는 경우가 많다. 자재조달, 제품판매, 기술자 등 종업원에 관한 내용이나 어느 금융기관 또는 사채업자와의 금전거래를 짐작할 수 있을 것이며, 그 회사의 모든 사항을 일목요연하게 느낄 수 있을 것이다. 통상 회사의 사장실은 사장이 일을 하기 쉽게 사장실 이곳저곳에 사장이 필요한 것들을 놓거나 적어 놓게 된다. 그러나, 금융기관 종사자들은 이런 것들에 눈을 높이 들고 쳐다보고 있으며, 업무상 판단할 자료를 이들 중에서 찾고 있는 것이다. 이런 사실을 사장들은 정말 알지 못한다.

6. 사장 책상이 지저분하다

회사의 사장실에 있는 물건들 중에서 사장 책상은 주로 쳐다보게 되는 물건중의 하나다. 책상 위에 있는 것이 무엇인가 제목만이라도 볼 필요가 있다. 사장 책상에 신문이 너저분하게 늘어져 있거나 책상 위에 사채업자로 보이는 명함 또는 광고쪽지나 업무와 관련이 없는 서류와 물건들이 잔뜩 놓여 있으면 사장의 마음이 업무에 있지 않다는 이야기이다. 즉, 다른 일들에 관심이 집중되어 있다는 이야기이다. 이런 사장의 경우 그 회사의 경영이 잘될 리가 없을 것이다.

반면 업종에 관련된 보다 만 책이 놓여 있는가? 박정희 대통령은 업무 책상 위에 항상 볼 책을 몇 권 놓고 있었다고 한다. 그렇게 어려운 자리에서도 공부하는 것을 잊지 않은 대통령으로 기억된다.

7. 사장의 언행을 살펴보자

사장이 직원들을 부르거나 대할 때 쓰는 말씨를 관찰하자. 요즘 노조는 급여보다도 인간적인 대우받기를 원하고 있다. 반말이 난무하는 회사의 종업원들은 당연히 회사에 대해 애착이 없을 것이고, 감독자가 없으면 근무자세가 태만하게 될 것이다.

실례로 필자는 모 기업에 새로운 대출을 해 준 바가 없다. 왜냐하면 그 기업은 재무상황도 좋지 못했지만 그 기업의 사장이 직원들에게 행하는 말투가 막노동을 하는 사람취급을 하는 수준이라는 것을 직접 들었기 때문이었다. 결국, 그 기업은 IMF 직후 워크아웃을 신청하여 많은 직원들을 퇴직시키게 되었고, 워크아웃의 결과로 오너인 사장은 기업에서 손을 떼게 되었다. 당시, 그 기업에 대출을 해 준 금융기관들은 대출금을 주식으로 변환하는 출자전환을 해야 했고, 각 금융기관들은 금융기관의 당기순이익을 대손충당금으로 적립하는 등 힘들게 지낸 기억이 있다.

8. 관련 재무자료를 검토하라

대출심사역들이 하는 재무분석에는 여러 가지가 있다. 경력이 많은 대출심사역일수록 재무자료를 보고 기업에 대한 평가를 하는 데에 있어서 단순한 재무자료를 쓰는 것이 아니고 관련된 재무자료를 크로스해서 쓰고 있다. 그 결과로 기업의 분식도 잡을 수가 있고, 재무자료 간에 설명이 되지 않는 경우를 발견하게 되어 허위의 재무자료 작성을 잡을 수 있다.

예를 든다면, 매출액이 얼마인데 그 회사에서 생산한 제품은 필히 운송수단을 거쳐야 되는 제품이라고 하자. 그런 경우 매출한 제품 단위당 운송비가 소요되는데 운송비와 매출액의 일정한 비율이 맞지 않는 경우 대부분 분식을 했거나 매출액을 늘려 잡은 것을 알 수가 있다. 이 경우 현장확인 시 운송일지 등을 검토할 수가 있다.

이와 같이 재무자료의 상대계정을 확인할 필요가 있다. 그런 예를 들어 본다면 무수히 많다. 대출금과 대출금이자, 매출액과 전력비, 매출액과 인건비, 차입금과 자금투입계정 등등 기업의 특성에 따라서 조합을 해본다면 상당히 많은 부문에서 많은 상대계정들을 확인할 수가 있다.

9. 별일 없다고 생각하는 사람에게 묻자

운전사, 경비원, 환경미화원, 창고담당자, 여직원, 신규직원 등의 이야기를 들어라. 이들이 하는 말들이 정확한 경우가 많다. 경영자들의 거짓말이나 진실도 알아 낼 수가 있다. 꾸미지 않기 때문이다.

운전사의 이야기를 들어라. 운전만 하는 사람이라고 해서 아무것도 모를 것이라고 판단하지 마라. 운전사는 회사의 모든 일에 대해 움직임으로 느끼는 사람이고 많은 정보를 가지고 있다. 말을 이리 저리 하다가는 불협화음을 낼 가능성이 있기 때문에 말을 자제하는 사람이라고 보면 된다. 어떤 때는 정확한 고급정보에 놀랠 때가 있다.

여직원의 의견을 경청하라. 요즘은 대기업의 직원들도 그렇기는 하지만 중소기업의 여직원들은 대부분 평생직장의 개념이 없다. 따라서 순수하게 대답하는 것이 보통이다.

또, 신규직원들의 의견에 신경을 써라. 신규직원들이 처음에는 회사에서 교육을 받은 대로 이야기하지만 시간이 지나고 대화의 폭이 넓어지면 평소에 생각한 이야기들이 서서히 나오게 된다. 신규직원들이 생각하는 이야기는 대부분 상식에 가깝지만 그들이 이야기하는 것이 정답일 경우가 많다. 그런 대답들은 상사에게 미처 이야기를 하지 못했거나 이야기를 하다가 기각된 이야기들이 많을 것이다.

회사를 방문하여 정문에서 면회요청을 하거나 사무실 위치를 문의할 때 경비원에게 이런 저런 이야기를 하면서 그 기업의 분위기를 살피는 것이다. 이런 저런 이야기를 하다보면 기업의 누구는 어떻고 누구는 좋고 누구는 어떤 사람이고 하는 이야기들을 들을 수도 있다. 그런 다음에 면담을 할 사람을 만나게 된다면 상당한 수확을 얻게 되는 것이다.

실제로 필자는 경비원을 제일 많이 써 먹었다. 제일 필요한 것은 공장이나 회사 내의 부서 위치를 파악하면서 슬슬 내색을 알아보는 것이다. 눈치있게 해야 한다. 그 쪽에서 자동으로 나오게 해야 효과가 있다. 묻는다고 답하는 게 아니다.

10. 급여지급일의 하루를 통찰하자

급여지급일에 허겁지겁 뛰어다니는 일이 있는지 알아보자. 주거래 은행을 통해 넌지시 알아 볼 수 있다. 공장현장이나 매장귀퉁이에서 일하고 있는 앳된 직원에게 물어 보자. 그러면, 월급도 밀려서 준다는 사실을 알 수도 있다. 회사는 급여지급도 힘들어 하고, 사업계획은 물론 자금수지계획도 없이 매일매일 겨우 지내는 것도 알 수가 있다. 이런 경우 회사의 제품생산이나 판매, 유통상 문제가 있다는 것을 금방 알아차릴 수 있고, 따라서 자금관리나 금융기관거래상 문제가 될 수 있다는 것을 예견할 수 있다.

11. 자금담당자의 외출, 회의가 빈번한가

자금담당자는 기업의 돈줄을 쥐고 있는 사람이다. 자금담당자의 행동에서 이상한 규칙적인 일을 발견한다면 기업평가나 대출심사를 하는 사람으로서는 의심을 해야 한다. 왜냐하면 자금관리를 하는 사람이 이상한 일을 일과시간에 하고 있다면 분명히 자금면에서 문제가 있을 것이기 때문이다.

자금담당자가 종전에 하지 않던 외출이 규칙적으로 오후 2-3시경에 이루어진다면 은행이 문을 내리는 4시 이전에 자금문제로 어디론가 뛰어다니고 있다는 증거일 수도 있고, 무엇인가 긴박한 일이 생긴 경우일 수도 있다. 또, 자금담당자의 회의가 빈번해지거나 그런 소문이 들리면 필히 자금상에 어떤 문제가 있는 것으로 봐야 한다.

12. 업체를 통해 동종업계 정보와 평을 들어보자

금융기관직원들이 어떤 업계에 대해 아무리 잘 안다고 하더라도 그 업계에서 종사하는 사람들보다는 덜한 것이 사실이다.

업체에 대한 정보는 동종업계의 업자들이 잘 안다. 우리가 알고 싶어하는 기업의 제품품질상태에 대한 풍문, 제품덤핑판매, 금융기관에서의 대출추진과 중단, 기업자금의 상태, 종업원의 급여지급수준, 종업원관리 등을 알아 볼 수가 있다. 그러나 상대방이 눈치를 채지 못하도록 조심해야 한다.

13. 타행의 움직임은 어떤가

우리가 확인하지 못한 정보는 타행의 움직임을 보고 파악해보자. 타행이 무엇인가 움직이고 있다면 왜 그런가를 꼭 확인하자. 무슨 이유가 있을 것이다. 채권확보를 위해 움직일 수도 있을 것이고, 여신확대나 축소를 위해 움직일 수도 있을 것이다.

정보 면에서 열위에 있는 금융기관은 우위에 있는 금융기관의 정보를 이용할 수도 있다.

여신심사 기본자세

대출을 할 때는 자기 돈을 빌려 주는 심정으로 임해야 한다.

1. 차주를 충분히 알자

우리가 친구를 사귈 때는 서로를 잘 알아야 친구로 사귀게 되고, 친구 중에서도 필요할 경우 돌려받을 수 있다는 확신이 섰을 경우 약간의 돈을 빌려 줄 수가 있을 것이다.

대출심사의 기본이며 핵심은 차주를 충분히 아는 것이다. 친구를 자세히 모르고 친구에게 돈을 주지 못하듯이 차주를 모르고 대출을 한다는 것은 위험한 일이다.

차주가 제공하는 자료에만 의존하지 말고 객관적인 자료와 업체와 관련된 제3자의 의견을 들어봐야 한다. 차주의 사무실과 공장 등 현장을 반드시 직접 방문하여 비재무사항 등 차주를 충분히 파악한 다음 대출을 하자. 차주가 향후에 대출금을 돌려줄 수 있다고 충분히 판단된 경우에 한하여 대출을 해야 할 것이다.

2. 선량한 관리자의 의무를 다하자

내 돈을 빌려 주듯이 신중을 기하자. 금융기관은 기본적으로 예금을 맡아서 운용하는 선량한 관리자로서의 의무를 지고 있는 바, 내 돈을 빌려 주듯이 신중을 기하는 것을 잠시라도 잊지 말아야 할 것이다. 만약 이를 소홀히 했을 경우에는 징계를 받고 그 대출금에 해당하는 금액을 변상할 각오로 업무에 임해야 할 것이다.

최근 금융기관에 종사하다가 퇴출된 임직원들에게 업무상 배임죄로 형사고발은 물론 부실여신에 해당하는 금액을 변상하도록 하고 있고, 실제로 자기가 근무하던 금융기관에서 부실여신을 만든 임직원들을 대상으로 재산을 압류하는 등 법적인 조치를 하고 있다. 금융기관에 근무할 때만 책임을 묻는 것이 아니라 퇴직 후에도 부실여신이 발생하면 그 대출금에 대해 책임을 지게 하고 있는 것이다. 당신이라면 장차 대출취급을 어떻게 하겠는가. 봉급쟁이는 노동의 대가로 급여를 받는 것이다. 그러나 우리나라에서는 대출을 한 사람들에게 민·형사상의 죄값을 묻고 있는 중이다.

3. 대주의 위치에서 대출하자

대출해 준 금융기관이 필요할 때 차주의 당초자금계획에 의해 원리금을 회수할 수 있도록 차주의 위치가 아니라 대주의 위치에서 대출하자.

금융기관이란 예금을 받아서 대출을 해 주는 것이라서 지정된 일자에 대출금을 회수할 수가 있어야 한다. 요즘 금융기관은 당초 자금계획상 자금회수기일 이전에 회수하는 경우에도 패널티로 대출금액의 얼마를 회수하고 있다. 하물며 자금회수기일 이후에 회수하게 될 것이라는 대출금이라면 다시 생각해봐야 한다.

가끔은 대출취급관계자들이 차주를 대변하는 경우도 있다. 차주가 아니라 대주의 위치에서 대출하자. 돈은 앉아서 주고 서서 받는다.

4. 나쁜 점을 먼저 고려하자

남자나 여자나 마찬가지라고 생각이 들기는 하지만, 선을 보고서 단번에 결혼을 결정하는 사람이 있고, 수십 번의 선을 보는 사람도 있다. 선을 보고서 단번에 결혼을 결정한 사람은 자기의 생각보다도 상대방이 장점이 많거나 장점만을 보고서 결정을 했을 것임에 틀림 없다. 반면 수십 번의 선을 본 사람은 매번 만난 상대방이 장점보다 는 단점이 많았다거나 아니면 단점만을 보고 있었을지도 모른다.

기업대출을 하려면 선을 보듯이 장점과 단점을 잘 파악해야 한다. 그런데 한 번 본 선으로 장점이 많다고 대출을 결정하려고 하면 안 된다. 나쁜 점을 먼저 검토하고 좋은 점을 나중에 검토해야 한다. 왜 냐하면, 좋은 점을 먼저 보면 나쁜 점은 눈에 들어오지 않기 때문이 다. 또한, 차입금의존도가 상대적으로 매우 높고, 자금의 유동성이 결 여되었으며, 손익분기점매출액이 실매출액보다 월등하게 높아 매출 을 할수록 손해가 나는 사업 등 나쁜 점이 극에 달해 기업에 위기가 올 것이라고 판단되면 몰라도, 좋은 점을 보지 않는 실수를 하면 안 된다. 나쁜 점이 있지만 좋은 점이 나쁜 점을 커버하고도 남을지도 모르기 때문이다.

 이런 기업 부도난다

5. 대출회수가 대출보다 어렵다

대출이란 돈이 모자란 사람이 금융기관에서 돈을 빌리는 것이다. 돈에 여유가 있다면 빌릴 이유가 없을 것이다. 때문에 돈이 없는 사람에게 돈을 줄 때는 회수가 가능한지 여부를 집중 검토해야 한다. 회수를 검토하는 과정은 여러 가지가 있다. 현금흐름을 예측하여 판단한다거나 현금흐름과 상관없이 물적 담보물이나 연대보증인을 확보한다. 또 대출을 해 주어도 그 기간을 짧게 해야 한다. 왜냐하면 기업에서 제시하는 현금흐름과 기업의 재무상태 및 경영상태는 살아 있는 동물과 같아서 수시로 변화하는 것이기 때문이다. 수시로 변하는 기업의 경영상태를 무시하고 만약 기간이 50년인 대출을 해 주었다고 하자. 만기가 되어서 대출금이 회수될 것이라는 판단은 점쟁이가 아니면 할 수 없는 판단이다, 만약, 대출기간이 길면 담보물을 확실하게 확보해두는 것이 중요하다.

돈은 앉아서 빌려 주고 서서 받는다. 대출은 가능하면 상환기일을 짧게 하고 담보를 확보해야 한다. 대출금 회수는 대출보다 어렵다.

6. 여신결정은 신중히 하자

여신을 결정할 때는 서두르지 말자. 즉시 대답하지 말자. 늦게 해 주라는 것이 아니다. 기준에 맞게 대출심사와 여신관리를 하라는 것이다. 또, 현금은 언제든지 필요한 사람에게 대출해 줄 수 있다는 것도 염두에 두자.

당장의 업적 때문에 대출을 해 주거나 지금 당장 귀찮은 것을 면해 보려는 생각은 금물이다. 여신은 신중하게 결정하자. 조르거나 압력이 있는 대출신청은 함정이다.

요즘은 몇 천억 원의 대출심사를 하더라도 적법하게 대출을 받을 수 있는 기업은 대출심사 시 지점장이나 업체나 아무도 전화 한 통이 없는 것이 현실이고, 오히려 은행관계자들이 찾아다니면서 대출을 세일하고 있다.

7. 리스크가 큰 사업은 피하자

돈을 빌려 주고 그 대가로 이자를 받는 것이 대출이다. 대출금을 받아 간 기업의 이익은 그 기업의 수익일 뿐이지 기업의 리스크를 부담하면서까지 대출을 한다는 것은 위험한 일이다. 리스크가 큰 사업은 피하는 게 좋다. 특히, 벤처 기업의 경우도 마찬가지인데 벤처 기업의 경우 선진국의 경우에도 벤처론을 하는 나라는 찾기 힘들다. 벤처 기업에 투자를 하여 수익이 있을 경우 상당한 이익을 챙기고 아니면 결손처리 하는 벤처캐피탈이 있을 뿐이다.

1990년대 대출상담한 이야기다. 모 지점장이 어느 바닷가에 있는 비석을 만드는 돌인 '오석'을 캐내어 팔면 상당한 수익이 예상된다고 자그마치 수백억 원의 대출승인을 요청하는 상담이었다. 지참한 서류를 검토하다보니 엊그제 신설한 기업이었다. 담보를 묻자 처음에는 제3자의 양도성예금증서를 담보로 대출을 해 주어야 한다는 것이었다. 이런 방법이 대출사기에 잘 걸리는 사례로 금융기관의 대출담당자들은 잘 알고 있다는 이야기를 했더니 이번에는 부동산을 담보로 제공하겠다는 것이었다. 다음 번에 와서는 제공하려는 담보는 제3자의 상가로서 임차해 있는 사람의 수가 상당히 많았던 것으로 기억된다. 이런 담보는 대출이 문제가 될 경우에 대출금 회수를 위한 법적 조치 과정과 대출금회수에 상당히 문제가 있고 민원이 야기될 소지가 많은 것이 보통이다. 돈이란 생산을 많이 한다고 많이 팔리는 것이 아니다. 대부분의 제품들은 수요 자체가 증가해야 생산을 더하게 되는 특성을 가지고 있는 품목들이 많다. 그 당시 그 돈의 수요, 공급의 변동요인은 아무것도 없었다. 우리나라 사람들이 갑자기 많이 죽고 산소에 비석을 모두 만든다고 가정하면 몰라도 첫 느낌에 어이가 없는 대출상담이었다. 검토결과는 사업성이 없다는 이유로 상담 중에 승인불가로 결정되었다. 이 얼마나 리스크가 큰 사업인가. 그 사업이 잘될 거라는 주먹구구식 사업계획으로 대출을 해 주려는 그 지점장은 과연 어떤 생각으로 대출을 추진했을까. 그 해에 업무실적을 올려 그 지점만 살면 그만인가? 그 다음해부터 이자도 한 푼 못 내는 부실여신이 될 것은 뻔한 일인데 우리 은행은 망해도 된다는 것인가?

8. 경기회복 시는 대출을 조심하자

경기회복 시에는 대출을 상당히 조심해야 한다. 왜냐하면 한 번 1년짜리 대출을 하더라도 적어도 3년까지는 대출기한을 연장할 수가 있고, 이 대출이 문제가 되어 부실로 가는 데까지는 적어도 5년 정도가 걸린다. 그런데 경기상향 시에 대출한 건은 경기하향 시 아니면 경기저점에 이르러 부실로 가게 된다.

경기상향 시에는 모든 것이 좋게 보이고, 담보물도 경기상황에 따라서 고평가 되게 되고, 기업의 전망도 좋게 보일 수밖에 없다. 경기

회복 시는 대출을 조금은 더 생각해서 취급해야 한다. 경기하락 시를 감안하여 해야 한다.

9. 비생산적인 사업은 피하자

비생산적인 업종에 속한 기업에 대출을 하는 것은 피하는 것이 좋다. 비생산적인 업종은 경기에 민감하고 그 업종에 속한 업체에 문제가 발생했을 때에는 구제가 불가능한 경우가 많기 때문이다.

일반 금융기관에서는 비생산적인 업종에 속하는 업체로부터 대출 상담이 오면 대부분 대출을 거부하거나 상담 자체를 회피하는 경향이 있다. 왜냐하면, 대출을 한 번하면 적어도 5년 정도는 대출금이 유지된다고 볼 때 그 업체의 장래가 지속적으로 유지, 발전될 것이라고 장담할 수가 없기 때문이며, 그 업체에 자금이 투입된 이후에 생산성이 증가하지 않으면 그 투입된 자금이 회수될 가능성이 없고, 그 대출자금이 회수되지 않으면 결국 대출원금과 이자를 갚지 못할 것은 뻔하기 때문이다. 또한, 경기에 민감한 업종에 속한 업체에 대출을 해 주었을 경우 지금이 경기하강기라면 일반적으로 경기순환 중 다음 번 상승기 때까지는 이자를 받을 수가 없을 뿐더러 경기가 상승기로 진입하기 전에 그 업체는 도산할 확률이 높기 때문이다. 결국 대출금을 떼이게 될 것이고, 떼인 돈을 회수하기 위해 관리인력도 동원해야 하고, 동원된 인력에 대한 인건비 등도 지출해야 한다. 아무리 그 업체의 경영자가 훌륭하고 담보가 든든하더라도 이런 업종에 속한 업체에 대출을 해줄 지점장은 없을 것이다.

10. 투자의 효율성을 생각하자

대출은 효율적으로 운용되어 국민경제에 이바지해야 한다. 국민 경제적 기능을 감안하여 생산적이고 자금의 효율성이 높은 곳에 투자해야 한다. 금융기관에서 대출고객을 선택할 때는 생산효율성이 높은 기업이나 투자처에 대출해야 한다. 만약 생산성이 없거나 적은 기업에 대출을 했다면 그 기업의 생산활동이 국민경제에 이바지를 못할 것이고 금융기관이 바라는 바대로 효율적이지 못한 곳에 사용했을 것이기 때문이다. 한편, 금융기관 입장에서 본다면 기업의 생산성의 저하로 기업의 경영성적이 나빠질 것이고, 기업의 경영성적의 저하는 대출원리금의 회수에 문제가 야기될 수도 있는 것이기 때문이다. 대출이라는 것을 금융기관이 맘대로 할 수 있어야 하겠지만 아직도 우리나라는 공공성과 효율성을 상당히 중요시하고 있다. 가령 국민경제에 이바지하지 않는 빠찡코 등 노름자금 등을 금융기관에서 대출을 해 주지 않는 것을 봐도 알 수가 있다.

11. 퇴출산업, 사양산업은 피하자

퇴출될 산업이나 사양산업에 포함된 기업에게 대출을 해 주는 것은 피하자. 산업중 퇴출되는 산업이 있다. 예를 들면 유행처럼 일시에 나타났다가 금방사라진 실내낚시터, 상설대형할인매점에 의해 점차 퇴출될 것이 예상되는 동네잡화점 등이 있다. 또, 산업 중 사양산업이 있다. 예를 든다면 석탄산업과 일부 섬유산업은 우리나라의 산업에서 차지하는 비중이 점차 하향하다가 최근에는 극히 미미한 수준으로 까지 내려간 것을 알 수 있다. 사실 사양산업이란 없다고 본다.

경제변화에 대응을 하지 못하는 산업일 뿐이다. 또한, 행정부의 각종 훈령이나 법에 근거하여 어떤 산업이 몰락하는 경우도 있다. 이런 경우에도 사양산업에 포함시킬 필요가 있는 것이다.

얼마 전에 매스컴에서 취재한 이야기다. 어떤 사람은 호떡을 만들어 팔다가 아이디어를 내어 호떡을 냉동하기도 하고 진공포장도 하여 수출하고 있다고 한다. 특별히 사양산업이라고 하더라도 아이디어를 내면 성공할 방법이 없는 것은 아니라고 보지만 일반적으로 퇴출되는 산업이나 사양산업을 영위하고 있는 기업에 대출을 해 준다면 언제 그 자금이 회수될지 알 수가 없을 뿐더러 이에 따른 관리비용까지 들여야 하는 것이다. 퇴출산업이나 사양산업에 대출해 주는 것은 피하자.

12. 사업성이 없는 사업은 피하자

사업성검토란 사업성이 있는지 여부를 검토하는 것으로 어떤 사업을 하려고 할 때 투자의 타당성 내지는 수익성, 경제성 등을 검토하는 과정이다. 검토과정이 쉽지 않아서 사업성이 있는지 여부를 검토한다는 것이 어렵기는 하지만 대부분의 금융기관 대출담당 직원들은 학식과 경험에 의해 사업성이 있는지 여부를 검토하고 있다.

사업성이란 어떤 장사를 해서 이익이 얼마가 날 것인지를 말하는 것으로 당장의 이익과 먼 장래의 이익으로 구분할 수도 있을 것이나 먼 장래라는 것이 몇 십년이라면 사업성이 있다고 할 수가 없을 것이다. 즉, 사업성이란 가까운 장래에 수익이 실현될 가능성을 본다고 해도 과언이 아닐 것이다. 어떤 산업이 성장산업이라고 하더라도 사업의 규모, 입지여건, 지역별 매출성향 등에 따라 사업성이 없는 경우가 많다. 남들이 사업성이 있다고 하니까, 장사가 잘 된다고 하니까 나도 한 번 해보려는 기업들이 많다. 말로만 사업성이 있다고 하는 기업들에게 대출을 해줄 수는 없을 것이다. 금융기관 직원들은 사업성이 있는지 없는지 여러 경험을 통해 판단하고 있다. 말로만 하는 기업과 사업계획서를 대충 적어내는 기업과 허황된 사업계획서를 작성하여 제출하는 기업과 이번에 제출한 사업계획서가 지난번에 제출한 사업계획서와 너무도 차이가 많이 나는 경우 금융기관직원들은 그 사업계획서를 못 믿는 것은 당연하고 그 기업의 진실성을 의심하게 될 것이며 결과적으로는 대출을 거부할 것이다. 사업성이 없는 기업에 대출을 해 줄 경우 그 기업은 수익은 시현되지 않고 지출만 발생할 것이며 대출금은 회수될 가능성이 없을 것이다.

예를 든다면 석탄산업은 국내에서는 생산이 미미하며 외국의 석탄이 상당히 싼 가격으로 수입되고 있다. 이런 경우 석탄산업을 영위하고 있는 업체에 대출을 해 준다면 당연히 대출금회수라는 것은 있을 수 없는 일이 될 수도 있는 것이다. 사양산업은 이와 같이 국제적인 경제환경에 의해 또는 행정부의 어떤 조치에 의해 당연히 사양산업으로 가고 있는 경우가 허다하다.

13. 분식기업은 피하자

어떤 회사도 분식을 하지 않는 회사는 없다. 그 분식의 정도가 경미하거나 중할 따름이다. 일반적으로 회사의 재무자료를 분석해도 분식의 정도를 눈으로 확인하기가 쉽지 않고, 재무자료만 가지고는 분식을 파악할 수 없는 경우가 더 많다. 그러나 요즘 금융기관종사자들 중에서 잘 훈련된 대출심사역들은 공인회계사가 감사한 기업의 재무자료를 가지고 분식을 잡아낼 정도로 수준이 높아져 가고 있다.

기업과 관련하여 각종 매스컴에서 보도되는 내용 중에서 신문지상을 통해 자주 보도되는 내용이 있다. 회계처리에서 각종 계수를 조작하는 등 분식을 하는 회사가 있다고 가끔 보도되고 있다. 이들 회사의 재무자료는 믿을 수가 없다고 하는 것이다. 만약 이와 같이 재무자료를 믿을 수 없는 기업에 어떤 은행의 대출금이 있다면 그 은행은 그 기업의 대출금을 회수하는데 주력할 것이다. 가령 이런 기업에 대출을 해 주었다가는 나중에 이자는 그만 두고 원금마저 회수하지 못하는 경우가 생길 것이기 때문이다.

약 10년 전에 S사에서 2조 원이 넘는 분식을 발견했다고 금융기관들끼리 협의를 하던 중 그 회사를 워크아웃하자고 했다. 반면, 그 기업을 담당하는 모 은행의 주거래심사역을 직무유기로 고발을 검토하겠다고 하는 내용도 보도되기도 했다. 대출이란 이와 같이 알고서 하든 모르고서 하든 대출한 사람에게 상당히 무거운 죄를 씌우고 있다. 정신을 차려서 해야 할 일이다.

또한, 분식을 했을 것이라고 보이는 회사가 있다. 병원의 경우 의사에게 실지로 지급되는 인건비가 상당히 많을 것인데 재무자료를 분석하다보면 보통 근로자들이 받는 수준의 금액이 적혀 있는 경우가 있다. 또, 건설업의 경우 재무자료 전체를 믿을 수 없을 정도로 만들어 놓는 회사도 있었다.

대기업은 외부감사를 받기 때문에 비교적 믿을 수 있다고 하더라도 중소기업의 경우에는 더욱 믿기가 어려울 경우가 많다. 모두 분식에 도사급인 것이다. 회계시스템을 잘 알아서 분식을 하고, 몰라서도 분식을 하고 있는 실정이다. 이런 이야기들은 공공연한 비밀이 되어있다. 분식기업은 피하자.

14. 상환자원 확보, 확인 철저히 하자

대출은 상환을 전제로 해야 한다. 대출을 할 때에는 그 기업의 상환자원을 염두에 두고 대출해야 한다. 상환재원은 최소한 두 가지 이상이어야 한다. 차주의 담보를 확실히 해 놓는 것은 필수이지만, 대출은 현금으로만 상환이 가능하기 때문에 현금흐름에 의해 여신결정을 해야 한다.

1차적 상환자원은 영업활동에서 창출되는 현금인데 운전자금인 경우는 판매대전 즉 현금영업이익이고, 시설자금인 경우는 이익금이다. 2차적 상환재원은 여신결과 차주에게서 생기는 자산이며, 3차적 상환재원은 차주외의 제3자 재산에 의한 담보 또는 보증인이다.

1차 및 2차적 상환재원이 불투명 또는 미흡할 경우에 대비하여 3차적 상환재원을 고려하는 것이다. 문제여신을 보면 담보가 얼마나 중요한지를 알 수가 있다. 그러나 담보는 2차적, 3차적 상환재원에 불과해서 여신심사 시는 1차적 상환재원인 현금흐름에 중점을 두어야 한다. 대출을 담당하는 사람은 상환자원이 무엇인지 정확하게 확인을 한 후에 대출을 해야 할 것이다.

예금과 대출금의 이자 차이인 예대마진을 먹고 사는 금융기관은 높은 비율의 순이익률을 내기가 매우 어렵다. 적어도 대출을 담당하는 사람이라면 대출금을 돌려받지 못하는 일은 없어야 한다.

15. 담보는 균형을 이루어야 한다

대출은 담보가 많을수록 좋다. 그러나 담보가 많다고 대출이 건전한 대출이라고 볼 수는 없다. 단지 대출금 회수자원일 뿐이다.

만약 어느 기업이 여러 금융기관과 대출거래를 하고 있다고 하자. 그런데 우리 은행에서 잡고 있는 담보가 타행에 비하여 약하다면 다시 챙겨보자. 타행과 담보의 균형상태를 반드시 확인하자. 담보나 담보비율이 약하다면 반드시 납득이 갈 정도의 어떤 이유가 있어야 할 것이다. 담보는 타행과 어느 정도 균형을 이루는 것이 여신사후관리나 여신을 회수할 때에도 좋다.

16. 계열회사 전체를 보자

계열그룹에 속한 기업에 대출할 때에는 계열그룹 소속회사 전체의 경영성적과 계열주가 누구인지 계열주의 성품을 참고하여 대출을 취급해야 한다. 해당 회사의 경영성적이 좋다고 그 회사만을 보고 대출하여서는 아니 된다. 계열그룹에 속한 업체는 업체자체의 업적이 아무리 좋아도 계열전체의 업적이 좋지 않으면 대출은 재검토해야 한다. 아무리 그 회사의 경영성적이 좋더라도 계열그룹에 속한 회사들의 경영성적과 장래성을 보고 대출을 취급해야 한다. 왜냐하면, 계열그룹에 속한 기업 중 하나가 도산하면 연쇄적으로 그 그룹에 속한 기업들은 도산할 수밖에 없기 때문이며, 그룹에 속한 회사는 모두 한 식구이기 때문이다.

약 20여 년 전에 H그룹과 D그룹이 도산하여 계열사 전체가 부실되었고 각 금융기관은 이들 계열에 속한 기업에 대출을 했다가 기본적으로 대출금을 주식으로 변환하는 출자전환을 할 수밖에 없었다. 어떤 기업의 경우에는 대출채권이 있는 전 금융기관이 대출금회수를 포기하는 대손처리도 했다. 계열그룹에 속한 기업의 경우에는 계열에 속한 전체기업을 보고 대출결정을 해야 한다.

'상법 제530조의4에 의해 분할에 의한 회사의 설립'의 경우에는 분할되기 전의 회사와 분할된 회사의 정관에 경영책임을 서로 갖기로 하는 조항을 두어야 하는데 이런 경우 분할되기 전의 회사와 분할된 후의 회사의 경영성과가 서로 영향을 미쳐 한 회사가 도산할 경우 다른 회사도 도산할 수 있을 것이다. 역시, 이런 경우에는 어느 한 회사만 볼 것이 아니라 두 회사 모두를 보고 대출결정을 해야 할 것이다.

17. 기업과 함께 성장해야 한다

대출을 한다는 것은 금융기관과 기업이 함께 성장하기 위함이다. 금융기관과 기업이 함께 성장할 수 있어야 하는 것이다. 당초부터 성장성이 있는 기업에게 대출을 해 주었다면 기업은 꼭 필요한 자금을 지원받아 성장한 것이므로 대출을 해 준 금융기관에 감사할 것이고, 금융기관은 자금을 효율적으로 운용하여 만족할 것이며 지속적인 성장이 가능하게 되는 것이다. 만약 성장을 하지 못하는 기업에게 대출을 해 준 후 대출금이 부실화되면 대출금회수상 문제도 있지만 자금의 효율적인 운용을 저해하는 것이 되어 기업도 금융기관도 서로 불만족할 것임은 틀림없는 일이며 기업이 성장하지 못한 결과 금융기관도 성장을 하지 못하게 하는 것이다.

그래서 금융기관은 계속기업의 관점에서 기업을 정상적인 기업과 부실기업으로 분류하고 있다. 분류결과 정상적인 기업에게는 대출을 쓸 수 있도록 세일을 하다시피 하고 있으며, 부실기업에게는 대출을 해 주지 않으려 하고 있는 것이다. 이를 검토하고 판단하는 대출심사 역의 판단이 이렇게 중요한 것이어서 IMF이후 금융기관들은 대출심사역들을 가급적 명예퇴직 시키지 않았고, 많은 비용을 들여서 대출심사역을 양성하고 있는 것이다.

18. 은행의 자기자본규모를 생각하자

자기 은행의 자기자본 규모가 타행에 비하여 월등하게 적다면 혹시 자기 은행에 여유자금이 많다고 하더라도 어느 한 기업에 타행과 같은 규모의 자금을 지원하지 말자. 은행의 자기자본 규모가 적다면 거액여신을 가급적 삼가는 것이 좋다. 왜냐하면, 한 건의 부실로 그 은행의 부실화를 촉발할 수가 있고, 그런 일 때문에 금융기관의 운명을 단축할 수가 있기 때문이다.

금융기관은 한탕주의로는 갈 수가 없다. 금융기관의 공공성이라는 것은 어느 나라에서든 강조되고 있다. 금융기관이 망하면 나라 전체가 흔들릴 수도 있는 것이다. 만약, 한탕주의로 갈 것이라면 대출을 하지 말고 차라리 사업을 하는 것이 나을지도 모른다. 금융기관은 가급적 위험회피를 해야 하기 때문이다. BIS비율도 문제가 될 수가 있다. 이런 위험을 회피하기 위해 각 금융기관이 공동으로 PF와 신디케이트론을 하는 것을 봐도 알 수가 있다.

금융기관이 대출을 해 준 후에 회수하지 못할 것에 대비하여 대손
충당금을 적립하고 있지만 대손이 많이 생겨서 대손충당금뿐만 아니
라 자기자본도 까먹을 수 있고, 자기자본을 잠식하다보면 위험한 궤
도를 걸을 수도 있다.

19. 단독거래를 하지 말자

아주 소규모의 경영체라면 몰라도 여신은 단독거래를 하지말자. 요
즘은 각 금융기관의 기업여신 심사기준이 각양각색이다. 따라서 어
느 은행에서는 대출이 될 수도 있는데 어느 은행에서는 대출이 되
지 않는 경우가 있다. 경기 등 여건이 어려워지고 기업의 경영상태
가 어려워지면 한 은행만 상대를 한 기업은 자금조달처가 막히는 결
과가 된다. 만약, 우리가 대출을 해 주다가 이번에 못해 준다면 우리
도 난처해지고 거래처도 어려운 입장이 될 것이기 때문이다. 이번에
대출을 못해 주면 우리의 기존대출금이 부실이 되는 결과를 가져오
게 된다. 때문에 울며 겨자 먹기식으로 또 대출을 해 주곤 하는 것이
다. 기존에 해 준 대출 때문에 다시 또 대출을 해 주어야 한다는 것
은 없어야 한다. 우량기업이나 성실한 기업들을 보면 대출금이 없는
경우도 있지만 대략 몇 개의 금융기관들을 거래해오고 있는 것을 알
수가 있다.

기업의 부도는 결국은 금융기관의 대출담당자가 내는 것이다. 대출
을 해 주어서 살 수 있는 기업이 있고, 대출을 해 주어도 부도날 기업
이 있다. 이 결정도 말로는 쉽지만 이것을 검토하고 결론을 내는 사
람들이 각 금융기관의 대출심사역들이다. 이들이 기업의 현상을 제

대로 파악하여 고민 끝에 결정을 내리는 것이다. 단독거래를 할 경우 한 대출심사역의 판단에 의해 기업의 운명이 좌우될 수도 있지만, 문제는 우리 은행에 기왕에 대출이 문제가 될 소지가 충분한데도 다시 대출을 해 주어야 하는 딱한 입장이 되지 말아야 한다.

20. 청렴하자

대출이란 예금을 받는 것과 마찬가지로 금융기관의 주요 사업 중의 하나다. 요즘은 이런 일은 없을 것으로 보나, 여신을 취급하기 전후에 어떤 향응이나 금전적인 도움을 받는다면 이는 여신담당자의 자세가 아니라고 본다. 이런 여신은 건전한 여신으로 가지 못하고 부실여신이 될 확률이 높다. 영업점에서는 오히려 대출을 하기 위해 혈안이 되어 있을 것이고, 어떻게 하면 건전한 대출을 많이 할 수 있을 것인가 하고 퇴근 후 집에서도 고민하고 있을 것이다.

1990년대 중반까지는 은행 지점장들은 예금시장에서 예금기간이 1년인 정기예금을 몇 %에 사 오는 것이 비일비재했다. 지금까지 예금을 추진하듯이 앞으로는 대출을 사러 다니는 시대가 온 것이다.

기업에 종사하는 사람들도 이제는 금융기관이 변화하는 과정을 유심히 지켜보고 있을 것이다. 정직한 여신을 하도록 하자.

21. 상식을 벗어나지 말자

대출한 것을 제3자 입장에서 상식적으로 납득이 되지 않는다면 잘못된 여신일지도 모른다. 상식을 벗어나지 말자. 제3자가 납득할 수 있는 여신결정을 하자.

여신심사 유의사항

대출은 상환을 전제로! 대출은 회수를 전제로 해야 한다. 차주의 입장이 아니라 대주의 입장에서 봐야 하고, 회수가능성이 없으면 대출을 하지 말아야 한다.

1. 현장확인은 필수

대출을 하려고 할 때 기업을 방문하는 것은 필수다. 왜냐하면 사업을 제대로 하고 있는가를 확인해야 하지만 한편으로는 기업체 현장의 비재무적인 사항들을 확인할 수 있기 때문이다. 재무적인 사항은 서류확인으로 가능하나 사업을 하는 상태와 비재무적인 사항은 현장확인을 통해서 제일 정확하게 확인할 수 있다. 비재무적인 사항은 눈으로 직접 확인하는 것이 좋다.

업체방문 시 현장 확인할 수 있는 것들이 많으나 몇 가지를 열거해보면 다음과 같다.

1) 사업계획서와 같이 정말로 사업을 하고 있는가? 사업계획서에서 검토한 사업의 개요(업종, 주요제품, 판매조직망, 매출규모 적정 여부), 일반 경기동향, 동종업계 동향·전망, 사업능력과 규모, 자부

담 조달가능성여부, 신규업체는 사업성검토 적정여부, 여신금지 또는 주의부문 업종인지 여부 등에 대해 현장을 확인할 수 있다.

2) 실제경영주가 누구인가? 경영진은 어떤 사람들이고 어떤 특성을 가지고 있는가? 경영진의 구성, 경력, 경영스타일, 신뢰성여부, 실제경영주의 자기자금부담률 등을 확인할 수 있다.

3) 재무자료상 특이사항에 대해 조사, 확인할 수 있고 재무자료 중에서 부채비율(동종업계 부채비율, 그룹의 부채비율 등), 차입금 의존도, 차입금 상환의지, 차입금대매출액 등 업체의 건실도를 현장 확인할 수 있다.

4) 운전자금은 판매대전으로 상환 가능한 범위인가, 시설자금은 내부유보이익과 당기순이익(감가상각비 포함)으로 상환가능한가? 기타 다른 상환자원이 있는가? 상환기간은 적정한가? 채권보전 방안 등 상환계획에 관련된 것과 담보로 제공한다는 물건의 현재 상태는 어떤가? 채권확보에 대해 현장 확인할 수 있다.

5) 여신상담 및 신청서상 자금용도가 과연 맞는 것인가? 상환계 획대로 자금의 수지가 맞을 것인가? 은행법 제27조와 여신운용 규정 제3조에 의한 여신금지대상 여부, 기업경영에 실제 필요한 자금인지 여부, 회전기간의 산출과 추정매출액산정이 적정한지 를 보고 운전자금은 1회전 소요자금 적정산출 여부, 동업종평균

매입채무대비 과다취급여부와 대출취급시점의 금융기관 총운전
자금 대출규모 파악으로 매출액대비 운전자금대출 과다 여부, 시
설자금은 시설투자계획의 적정, 한도산출의 적정여부, 용도유용
가능성여부 등을 현장 확인할 수 있다.

6) 평균운용수익 이상 수익기여도를 달성할 수 있을 것인가? 타
행 여신 및 수신거래는 당행과 어느 정도 균형을 이루는가? 기업
이 속한 그룹의 금융기관 총여신 및 그룹의 당행여신 등 당행과
의 거래는 어느 정도인가? 실제 이행의 가능성은 얼마나 될 것인
가? 기타거래에 관련된 전망은 우리가 예상하는 대로 가능할 것
인가 등을 현장 확인할 수 있다.

7) 신용정보의 종류에는 ① 금융기관별 가계자금대출금현황, 가
계당좌예금.신용카드 개설.해지시 열람하는 개인신용정보의 신용
거래정보, ② 금융기관별 기업체, 계열기업군 소속 기업체의 여신
담보현황, 개인기업과 법인의 기업신용정보, ③ 연체, 주의거래처,
황색, 적색거래처, 금융부실거래처, 기타 신용불량정보 등이 출력
되는 신용정보조회표 등이 있는데, 이들 신용정보조회표상 입수
된 정보들을 기업에서도 알고 있으며 대응은 어떠하고, 그 현상
이 대출에 어떠한 영향을 줄 것인지 등을 현장 확인할 수 있다.

그 외 많은 비재무적인 확인사항이 있다.

2. 오너의 사생활은 건전한가

오너나 최고 경영자가 술, 여자, 자동차 등에 신경을 많이 쓰고 있으며, 복장을 새로운 패션으로 갈아입는 것을 일삼는다면 대출은 경계하자. 이런 경영자는 회사경영에는 관심이 없고 자기의 사생활에만 신경을 쓰고 있다는 증거다. 이런 경영자에게 중요한 것은 회사 경영이 아니고 유흥과 사치를 위한 돈 밖에 없을 것이기 때문이다. 누가 이런 경영자를 위해 자금을 대 주겠는가? 회사 경영은 뒷전일 것이기 때문이다.

옛날에 대출취급을 검토했던 B기업에 대한 이야기다. 그 회사 역시 어느 누구도 어려워지리라고 생각해보지 못하던 회사였다. 그 회사는 해당업계에서 선두를 달리고 있었고, 주가가 상당히 높아지는 등 기대가 되는 회사였다. 그러나 지금은 어려워졌고 누구도 그 회사의 주식을 사려는 사람은 없다. 그 회사에서 한 번 대출승인신청이 왔었다. 물론 재무상황도 현금흐름도 좋지 못하여 승인거부를 했다. 그러나 승인거부의 이면에는 또한 이런 것이 있었다. 그 회사의 오너는 자동차광이라는 것이 온 세상에 떠들썩하게 소문이 나 있었고, 어느 금융기관도 대출을 해 주려 하지 않는다는 것을 알았다. 심지어는 주거래은행도 대출을 꺼리는 것을 알게 되었다. 지금 그 회사의 주거래은행은 그 회사로 인하여 불량여신을 상당액 안고 있는 것으로 알고 있다. 오너의 생활이 건전해야 하는 것은 당연하다. 그래야 직원들도 그를 따를 것이 아닌가? 직원들과 같은 식당을 이용한다고 그것이 모두인가? 눈감고 아웅이지!

3. 신용이 좋아야 한다

차주와 보증인이 될 사람은 법적인 능력 및 자격이 있어야 하며 신용이 좋아야 한다. 아무리 제공되는 담보가 좋다고 하더라도 차주의 신용이 미약하다면 대출은 하지 않는 것이 좋다. 담보는 차주의 요청에 의해 대출취급자의 의도와 상관없이 향후에 다른 담보로 교체도 가능하고, 재해 등의 경우에는 담보물이 멸실되는 경우도 있다.

신용이란 통상 금융기관에서 말하는 내용대로는 5C를 말한다. 5C란 인격Character, 지급능력Capacity, 자본Capital, 경제상황Condition, 담보Collateral를 말하는 것이다. 이와 같이 신용이란 여러 가지 요건 중 담보라든지 지급능력을 포함하고 있는 것이기 때문에 신용이 있다고 쉽게 말하기 어려운 것이다.

예를 든다면 신설업체인데 대표자가 아주 젊은 사람이라면 그 기업에 신용대출을 해줄 수가 있는가? 하는 문제다. 물론, 경우에 따라서는 신용대출을 해줄 수도 있을 것이다. 그러나 신용이란 기업의 신용과 대표자의 신용이 겸해야 하는 것인데 중소기업의 경우 아주 젊은 대표자와 오래되지 않은 신설업체로서 신용이 좋을 수가 없는 것이다. 따라서 신설업체가 젊은 대표자일 경우에는 신용대출을 잘 검토해야 한다.

차주의 신용도는 차주가 될 사람을 직접 면담하거나 풍문으로 알 수가 있으며 각종 대출서류 제출상태와 내용 등으로 직감할 수가 있다. 신용도를 파악할 수 있는 대출관련서류로는 신용조사보고서, 기업신용평점, 현금수지분석표, 보증인 신용조사서, 공인회계사 감사보고서, 최근 재무제표 등이 있다.

4. 자금용도가 무엇인가

금융기관은 대출을 할 때 대출의 용도가 무엇이냐에 따라서 대출 심사의 방향이 달라질 수 있고 자세도 달라지게 되는 것이다. 따라서 대출 시 자금의 용도를 따지는 것은 대단히 중요하다. 자금의 용도를 확실하게 정한 다음 대출심사를 해야 할 것이다.

대출은 크게 운전자금과 시설자금으로 나뉘게 되는데 영업활동을 원활하게 하기 위한 여신을 운전자금으로 분류하고 운전자금의 상환재원으로는 현금영업이익을 우선으로 꼽는다. 운전자금의 형태는 어음할인, 수출금융, 수입금융, 수입신용장 개설한도, 일반자금대출, 당좌대출, 대출보증, 계약이행보증 등이 있다. 생산활동에 필요한 고정자산취득자금, 이러한 자금조달을 위한 지급보증 등을 시설자금으로 분류한다. 상환재원은 시설투자에서 발생하는 이익금이다.

용도도 모르고 무슨 자금이라도 좋으니 100억 원을 대출해달라든지 하는 것은 그 회사에 자금계획 등 사업계획이 없다는 증거가 되는 것이며 이런 대출 역시 후에 문제여신으로 남을 확률이 높다.

5. 현금이자보상배율이 1이상인가

매출이익율과 대출금이자율이 같은 비율이라고 가정한 경우, 대출신청업체의 금융기관차입금이 매출액을 초과한다면 대출을 하지 말아야 될 것이다. 금융기관차입금이 매출액을 초과한다면 1년간 매출대금으로 금융기관차입금을 상환할 수가 없는 것은 당연하고 매출로 인하여 남게 되는 매출수익으로 이자를 납부하기가 어려울 것이다.

예를 든다면, 매출액과 금융기관차입금이 동액이고 매출이익율이

5%이고 대출이자율이 5%라면 매출로 인해 발생된 이익은 모두 대출금이자로 납부해야 하는 것이다. 따라서 매출액과 대출금, 매출이익과 대출금이자율을 감안하면 쉽게 왜 대출을 해 주지 말아야 하는지 알 수가 있다. 통상 매출액보다 대출액이 많을 경우 금융기관 차입금에 대한 이자지급을 위해 자금을 또 차입해야 하는 기업이 대부분이다. 이런 기업에 신규로 대출을 해 준다는 것은 무모한 일이다. 사실은 금융기관차입금에다가 이자가 지급되는 회사채와 C.P 등도 포함해서 검토하는 것이 맞을 것이다. 2000년 11월에 정부에서 주도한 각 금융기관들이 설정한 제2차 기업퇴출기준에 이자지급능력인 현금이자보상배율(현금영업이익/금융비용)이 1미만이라면 퇴출대상으로 검토했고, 여타 여건을 감안하여 퇴출을 결정한 사례를 보면 이것이 얼마나 중요한 것인지를 이해할 수 있을 것이다. 수익력을 나타내는 경영성과를 판별하기 쉬운 아주 중요한 체크포인트인 것이다.

6. 사채업자의 저당권이 설정되어 있는가

실질경영권을 가지고 있는 오너나 대출신청업체가 소유하고 있는 부동산등기부등본에 복잡하게 여러 건의 근저당권이 설정되어 있거나 사채업자로 보이는 개인의 근저당권이 설정되어 있다면 상당히 주의해야 한다. 특히, 오너 개인재산의 등기부등본에 개인의 근저당권이 설정되어 있다면 대출은 다시 검토하는 것이 좋을 것이다. 왜냐하면, 회사의 자금이 부족하여 오너 개인의 재산에 근저당권을 설정했을 것이기 때문이다.

중소기업의 경우 맨 처음 싼 이자를 부담하기 위해 금융기관을 기

웃거리면서 정책자금으로 자금을 조달한다. 그것도 중소기업에게 특
례를 주는 산업은행이나 기업은행 등을 통해 자금을 조달하다가 서
서히 시중은행으로 자금의 조달처를 바꾸게 되고 이것도 모자라면
지방은행, 그리고 나서는 저축은행, 보험회사 등을 기웃거리게 된다.
그러다가 또 자금이 급하고 담보를 제공할 곳이 없으면 자기 주위의
친인척들에게 자금이야기를 하게 되고 친인척들의 자금을 어느 정도
쓰고 나면 친인척들이 소개해 준 사채업자들로부터 자금을 차입하게
된다. 이때 개인의 근저당권을 부동산등기부 등본에 기록하게 되는
것이다. 이런 경우 자금이 상당히 쪼들리고 있다는 증거로 머지않아
도산의 길을 걸을 수밖에 없을 것이다.

7. 얼마를 대출할 것인가

차주가 될 사람이 얼마의 대출을 신청할 때는 운전자금의 경우 소
요운전자금을 추산한 후 기존의 운전자금차입금액과 비교하여 운전
자금차입의 타당성을 검토해야 하고, 시설자금은 향후 시설투자에서
발생하는 이익금으로 상환이 가능한 금액인지를 검토해야 한다.

첫째, 여신금액 결정시 우선 여신금액이 영업활동과 장기투자에 필
요한 금액이내인지 여부를 확인해야 한다.

둘째, 소요자금 이내라도 자기자본규모와 대출금 상환능력을 고려
해야 한다. 대출금상환능력은 대출의 필수점검사항이다. 상환능력이
없으면 대출을 하지 말아야 한다.

셋째, 소요자금 중 가능한 많은 금액을 자기자본으로 충당하도록
여신조건을 정해야 한다. 특히, 시설자금의 경우 상당한 부분을 자기

자금으로 충당하도록 해야 한다. 대출종류에 따라 다르지만 필자는 최하 30~50% 정도를 자기자금으로 충당하도록 요구하곤 했다. 왜냐하면 시설자금이라고 하더라도 시설이 완공되고 수익금이 생기기까지는 상당한 시일이 소요되고 추가비용이 더 들어가기 때문이다.

8. 대출기간은 회수기에 맞게

대출기간은 자금의 회수기에 맞게 여신기간을 정해야 한다. 운전자금은 투입자금의 현금회수기에 맞추어 여신기간을 정하고, 시설자금은 거치기간과 회수기간을 미래의 추정현금흐름에 기초하여 대출기간을 정하는 것이 원칙이다.

각 금융기관은 운전자금의 경우 대략 1년 내지 3년 이내에서 정하고 있고, 시설자금은 시설의 특성상 2년 거치 3년 상환에서 특수한 경우를 제외하고는 5년 거치 10년 상환정도로 회수기간을 잡고 있는 것이 보통이다.

금융기관들은 시설자금의 기한연장은 일반적으로 불허하면서 운전자금의 경우에는 서환이나 대환을 통해 계속 연장하여 주는 관행을 가지고 있는데 대출담당자들은 운전자금이라고 하더라도 이렇게 회수기간이 길어질 것이라는 생각을 갖고 처음부터 대출심사에 철저를 기해야 한다. 1년짜리 일반자금의 경우 부실대출이 되어 문제여신이 되는 기간은 통상 5년 정도가 걸리는 것을 보면 운전자금이라고 쉽게 생각할 일이 아니다. 정상여신이라고 보일 때는 계속 대출금을 연장해 주지만 정작 문제가 되었다고 판단할 경우에는 연장을 할 수가 없고 회수가 어려워진다. 우량한 기업이라면 몰라도 자금이 어려운 기업의 경우에는 한 번 나간 돈은 쉽게 돌아오지 않는다는 생각을 해야 한다. 그래서 통상 금융기관은 대출자금의 대출기간을 짧게 잡는 것이 금융기관에 유리하기 때문에 대출기간을 짧게 잡으려는 습성이 있다.

9. 여신조건은 어떻게 부여할 것인가

대출할 때는 만기상환재원의 확보를 위해 여신조건을 정할 수가 있는데 여신조건은 일반적인 여신조건외의 구체적인 조건으로 여신심사 시 사용했던 가정들을 기초로 결정한다.

조건의 종류에는 재무계수, 재무비율, 투자, 담보, 거래관계 등이 쓰이고 있으며, 여신조건 부여의 효과로는 문제여신이 되기 전에 여신규모를 감축할 계기를 마련코자 하는 것이다.

여신조건에는 사전적 조건, 사후적 조건, 진행조건 등으로 구분해볼 수가 있는데, 사전적 조건은 대출하기 전에 금융기관이나 차주가 어떤 행위를 이행해야만 대출을 할 수 있도록 의무를 부여하는 것이며, 사후적 조건이란 대출 후에 어떤 행위를 하게 하는 조항으로 이것을 하지 않으면 기한이익상실 등의 불이익을 받을 수 있도록 붙인 조건이고, 진행조건이란 대출금이 정상적으로 유지되는 동안 금융기관 또는 차주가 어떤 행위를 하게 하는 조항으로 역시 이런 조건이 이루어지지 않으면 불이익을 받게 만든 조항이라고 봐야 될 것이다.

여신조건 부여시 조치할 사항으로는 특약사항으로 추가하며 서면으로 명확히 하고, 여신조건 위배시 대출잔액은 약정기일에 관계없이 일시상환해야 됨을 미리 주지시켜야 하나 흔히 이를 간과하는 경우가 많다.

10. 대출조건 검토는 충분하게

대출조건 검토에는 대출기간, 대출금리, 여신지원기준, 기한연장 심사 등을 검토해야 한다.

① 대출기간 검토에는 관계규정이나 정책자금일 경우 해당자금의 지침에 의해 기간을 검토해야 하는데, 운전자금은 자금용도, 상환자원 조성시기 이내인지 여부, 시설자금은 기업요청 대출기간, 여신관계제규정, 상환자원 조성시기 등을 감안하여 적정기간인지 여부 등을 검토해야 한다.

② 대출금리검토에는 여신업무방법 등 여신 제규정과 대출기한연장을 감안하여 결정하되 차등금리 적용대상 대출금은 전결기준 준수여부, 차등금리적용기간 준수여부, 차등금리 산정방법의 적정여부 등을 검토해야 하고, 지급보증요율 적용은 기본요율 적용의 적정여부, 보증요율 산정방법의 적정여부 등을 검토해야 한다.

③ 여신지원기준 검토에는 해당금융기관의 여신지원기준 준수여부, 특인조항 적용 시 채권보전판단 등을 검토해야 한다.

④ 기한연장심사에는 여신관련 제규정에 의거 제반사항을 검토하되 당초 대출이후 여건의 변화에 유의해야하고 당초 약속한 거래기여도 이행여부를 수익성평가표를 참고하여 심사해야 한다.

11. 수익성이 있어야 한다

금융기관은 한 마디로 말하면 돈 장사를 하는 회사다. 여신은 수익을 얻기 위해 하는 것이다. 여신수익은 이자수입, 수수료, 예금 등 채무자와의 거래에서 발생하는 각종 수익을 말한다. 금융기관은 수익을 올리기 위해 예금을 자원으로 하여 대출을 하는 것이다. 금융기관은 원칙적으로 시중금리, 조달비용, 거래기여도, 사후관리비용 등을 고려하여 대출금리를 결정하고 있는데, 기업의 수익성 평가대상기간의 적정여부, 예상실적 적용 시 근거자료의 적정여부, 당좌대출, 지급보증 적용의 적정여부, 전산출력자료의 적정성, 수기산출자료의 객관성, 관련수익기여의 적정성 등을 검토하여 대출금리를 결정하고 있는 것이다.

개인이나 기업고객에게 금리를 깎아 주어도 그 금융기관에서는 예금에 따른 수익이라든지 기타 수수료 등 그 고객의 거래로 인한 수익성을 검토하여 적자가 나지 않는 한도 내에서 금리를 내려 주고 있는 것이다. 물론 금융기관은 단순히 당장의 순이익이 있을 경우에만 금리를 내려 주고 있지는 않다. 왜냐하면 거래의 지속적인 유지와 향후 수익전망, 이 대출거래가 다른 거래에 미치는 영향 등까지도 감안하여 금리를 내려 주고 있기 때문이다. 향후를 생각해서 금리를 내려 줄 경우 금리를 내려 준다고 자기에게 우대해 주는 것으로 착각해서는 안 된다.

여신의 목표수익률은 여신종류와 시중금리에 따라 변하나 최소한 시중실세금리에 해당하는 수익을 얻을 수 있도록 노력해야 한다. 변동하는 금리와 이에 따른 정보를 파악하고 있어야 한다.

대출금리를 낮게 계속 대출을 할 수 있다면 얼마나 좋을까? 낮은 금리로 대출을 하면 대출이자로 예금이자를 지급하지 못하는 결과를 초래하든지 아니면 예금금리를 낮추어야 하는 일이 발생할 것이기 때문이다. 결국 어느 금융기관이든 수익을 위해 대출을 하는 것이다.

12. 대출금은 안전하게 운용되어야 한다

대출금은 안정적으로 운용되어야 하고 확실하게 회수되어야 한다. 상환자원, 상환의지, 기업의 건전성, 신용리스크 및 사업리스크 등을 검토해야 한다.

금융기관은 첫째, 회수의 확실성을 검토하고 있다. 회사의 수익력에 의해 대출자금이 기한만료시기에 회수가 가능한지를 검토하는 것이다. 회수가 불확실하거나 의문시 될 때 금융기관은 대출을 해 주지 않을 것이다. 금융기관은 대출을 하기 전에 대출을 신청한 기업의 실체를 파악하려 하고 기업의 수익력을 검토하는 것이다. 이러한 관점에서 볼 때 담보가 있다고 대출해 주지는 않는 것이며 어떤 지점장도 담보만 있다고 대출을 하려 들지 않는 것이다.

둘째, 금융기관은 처음부터 부동산을 담보로 잡아 대출을 하려는 것이 아니고 위험을 회피하기 위해 담보를 요구하고 있는 것이다. 처음부터 담보를 취득하여 대출을 한다면 차라리 그 담보물을 사서 적당한 원매자에게 파는 부동산장사를 하는 것이 나을 것이다. 기업의 실체가 좋더라도 금융기관은 혹시나 일어날지 모를 위험에 대비하기 위해 이것저것 담보물을 챙기고 있는 것이다. 간혹 우량한 기업의 경우 신용으로 대출을 해 주는 경우가 있는데 이는 여러모로 분석, 판단을 해도 자금의 유동성이나 성장성이나 존속의 가능성 등을 보고 신용대출을 해 주는 것이다. 처음에 신용대출을 해 주었다고 해서 지속적으로 신용대출을 해 주는 것은 아니다. 예를 들면 기간이 장기인 시설자금대출금 등은 가급적 담보물을 요구하게 되는 것이다.

안정성검토에는 기업신용평가 평점검토, 현금수지분석표검토, 채권보전검토, 부실징후검토 등이 있다.

① 기업신용평가 평점검토는 업종적용은 타당한가, 재무제표는 신뢰성이 있으며 재무비율산출은 적정한가, 비재무적 평가항목은 객관성이 있는가, 신용조사서 내용들이 제대로 반영되어 있는가 등을 검토해야 한다.

② 현금수지분석표 검토에는 현금수지분석의 적용대상 여부와 업종별 및 기업경영상태에 따른 적정성검토, 평가등급 적용의 적정여부, 현금보유수준 및 현금흐름의 최근 3년간 추세 동향, 현금흐름의 항목별 주요 변동과 그 원인은 무엇인가 등을 검토해야 한다.

③ 채권보전검토에는 채권보전현황표와 감정서를 통해 채권보전을 검토해야 한다. 인적담보 검토사항은 상환능력, 상환의사 확인을 철저히 해야 한다. 물적담보로는 여러 가지를 검토해야 하는데, 담보취득제한 부동산 여부, 주택의 경우 소액임차보증금 차감의 적정여부, 임금채권차감 내용의 적정여부, 기계기구담보비율 적용의 적정여부, 후취담보 조건의 경우 조건이행의 적정여부, 감정평가액 및 환가 가능액, 환가의 용이성, 담보관리의 용이성 등을 검토해야 한다.

④ 부실징후검토에는 금융기관별로 규정된 부실징후여신 조기경보 및 관리지침상의 저촉여부, 부실징후예측모형에 의한 부실징후 정도 등을 점검해야 한다.

가정을 하나 들어보기로 하자. 어느 지점장이 1억 원짜리 대출을 100건을 했을 경우 보통 금융기관들이 예대마진을 확보하는 비율로 판단을 해본다면 단 1건 1억 원의 대출금이 부실되어 받을 수가 없게 되고, 나머지 99건의 대출금이 정상적인 회수가 가능하다면 전체적으로 봐서 약간의 수익이 실현될 것이고, 1억 원짜리 2건의 대출금이 부실되면 이제부터는 적자를 보게 되는 것이어서 헛장사를 하게 되는 것이다. 따라서 금융기관은 대출을 하여 떼이지 않을 고객을 골라내는 데 온 힘을 다 쏟는 것이다.

13. 적법하게 대출하자

대출은 적법하게 처리되어야 한다. 모든 채권서류는 여신 실행 전에 완벽하게 징구되어야 한다. 대출담당 직원들은 여신관련 제 행위의 원인무효로 인한 손실을 예방해야 한다. 대출에 관련된 채권서류들이 적법한 절차에 의해 작성되었는지도 확인해야 하며, 대출에 관련된 서류 등은 보관, 관리를 잘하여 추후 대출금의 회수에 지장을 초래하게 하여서는 안 된다. 서류들은 해당항목이나 문구 등이 적법하게 작성되어야 하며 중요한 항목에서는 원인무효가 되지 않도록 해야 한다는 것이다.

채권서류에는 ① 여신에 따르는 일반적인 채권서류 ② 법적인 효력이 있는 담보서류 ③ 여신조건들이 명시된 여신약정서 등이 있다.

여신에 따르는 일반적인 적법성심사에는 자연인은 본인확인, 행위능력유무, 친자 간 이해상반행위, 부재자, 실종자와의 거래, 외국인 거래 등을 주민등록증(등본), 인감증명서 등을 통해 확인할 수 있으며,

법인은 법인등기부 등본을 통해 법인격을 확인할 수 있고, 법률행위의 확인을 위해서는 관계법규, 정관, 업무규정 등에 의한 제한사항, 적법성심사, 대표기관의 확인을 위해서는 정관, 등기부등본, 법인인감증명서 등을 통해 확인할 수 있다. 대리인 확인을 위해서는 대리권의 적법성, 범위 등을 심사해야 한다.

대출과 관련된 사고의 예를 들어보면, 대출관련 서류들을 잃어버려 차주에게 대출금 반환청구조차 할 수 없는 경우 등이 있으며, 차주와 보증인 본인을 확인하는 것을 제대로 하지 않아 대출이 원인무효가 되기도 하는데 이는 중요한 행위로서 철저하게 지켜야 할 것이다. 이런 유형의 대출금부실이 아직도 많이 남아있는 것을 보면 참으로 안타까운 생각이 들며 과연 선관의무를 다 했는가 하는 의문이 앞서는 것을 감출 수가 없다. 대출을 해 준 후 대출금이 회수되지 않아 대출취급자들이나 대출금을 관리하던 직원들이 대출금을 나누어서 변상을 하는 것을 보면 얼마나 속이 아플 것인지는 여러분들이 더 잘 알 것이다. 채권서류의 미비로 말미암아 발생하는 대손은 없어야 한다.

14. 할인어음은 자격요건을 챙겨야

어음할인업체 선정 신청 시에는 그 기업의 기업신용평점 일정점수 이상 여부, 결산일로부터 일정기간이내 자격갱신심사 여부, 기타 자격재심사사유 발생 시 심사실시 여부 등을 검토해야 한다.

할인대상어음의 적정성검토에는 무보증신용대상 어음할인의 적정 여부, 할인의뢰인의 매출액대비 과다취급여부 등 적정할인규모 취급 여부 등을 검토해야 한다.

15. 경제성심사

경제성심사에는 용도의 타당성, 규모의 타당성, 상환능력검토 등이 있다.

용도의 타당성에는 지원제한 유무를 검토해야 하고, 규모의 타당성에는 운전자금과 시설자금으로 구분하여 검토해야 하며 운전자금은 적정소요액 범위내인가, 시설자금은 소요자금, 자부담액, 운전자금이나 시설자금한도산정표에 의한 대출액 적정여부 등을 검토해야하고, 상환능력검토에는 상환계획의 타당성, 실현가능성, 자금수급계획이나 상환계획서의 타당성 등을 심사해야 한다.

16. 담보취득에 유의하자

대출담보는 차주의 대출금상환능력 상실시를 대비하여 2차적 상환재원을 확보해 놓는 것이다. 담보취득 시는 다음 사항을 유의해야 한다.

① 규정에 맞게 처리하여 법적인 하자가 없는지

② 담보제공자 본인 의사확인 소홀, 집단거주 건물의 민원 발생, 차주의 법정관리신청, 보증서의 면책사항 확인소홀 등 채권자로서의 권리행사를 못할 일이 예상되는지

③ 담보의 실질적인 처분가치는 있는지, 처분시 매수인은 있을 것인지, 만약 내가 그 부동산을 그 가격(대출금)에 구입하라면 과연 할 수 있을지, 경매 등으로 현금화할 경우 얼마나 남을 것인가 등

④ 담보의 균형상태는 타행의 차주에 대한 신용도를 간접적으로 점검해볼 수 있는 사항이다.

담보가 있기 때문에 여신을 취급할 수 있다는 자세는 바람직하지

못하다. 담보가 있다고 여신심사를 소홀히 한다면 부실자산을 잠재적으로 키우는 결과가 될 수 있다. 담보의 균형상태는 어떤지 점검해 볼 일이다.

재무상태가 건전하여 신용여신이 가능한 회사임에도 가급적 담보를 취득하는 경우가 있다. ① 장기대출을 하는 경우 ② 타행과 담보의 균형상태를 유지할 목적인 경우 ③ 담보를 취득하여 타행으로 거래를 이탈하지 못하게 할 목적일 경우 등이 있다.

17. 담보대출이라고 문제가 없지 않다

기업여신이란 기업의 현재가치와 성장성을 근거로 취급을 하게 되는 것이다. 금융기관은 차주가 대출금을 갚지 못한 경우 담보로 취득한 부동산을 경매에 부치게 되는데 부동산 경락률을 보면 상당히 낮은 가격에 경락이 되는 것을 볼 수가 있다. 담보대출이라고 하여 무조건 괜찮다는 생각은 버려야 한다. 담보라는 것이 기업의 신용을 대체하는 것이 아니다. 신용이 좋은 회사에 혹시 모를 위험을 대비하여 금융기관은 대출의 담보를 요구하게 되는 것이다.

여신실적을 업적평가에 반영하는 금융기관의 지점장들을 보면 후에 그 여신이 어떻게 될지 불을 보듯 뻔한데도 당장의 업적만을 생각해서 담보가 있다는 것만으로 대출을 실행하는 경우가 많고, '담보가 있는데 왜 대출이 안 되느냐'고 마치 자기 돈을 달라고 하는 것처럼 이의를 제기하는 대출신청 관계자들을 흔히 봤다.

어떤 대출담당자들은 담보가 있으니까 하는 생각으로 대출 후에 원리금상환을 어떻게 할 것인가는 전혀 고려하지 않는 사람도 있다.

이런 여신은 부실여신으로 가는 것이 뻔할 것이다.

18. 영업이익이 중요하다

당기순이익이 크다고 다 좋은가? 대출을 해 준 업체나 대출을 신청해 온 업체의 당기순이익이 크다고 좋아하지 말자. 당기순이익은 당기영업이익에서 당기 영업외수익을 더하고 영업외비용을 차감한 결과인 것이다. 즉, 자산재평가이익이라든지 자산수증익이라든지 하는 영업외수익이 포함된 것이다.

여신심사 시는 당기순이익보다 영업이익이 더 중요하다. 당기순이익에서 이들 항목을 제외하고 재무자료를 보는 습관을 익혀야 한다. 요즘은 비현금항목을 빼고 재무자료를 파악할 수 있도록 한 현금수지분석표 종류들을 금융기관들이 이용하고 있다. 당기순이익이 시현되었다고 하더라도 현금수지분석표의 이자지급 후 현금흐름액이 (-)가 시현되었다면 영업실적은 대출금이자도 영업이익으로 내지를 못하고 적자를 면치 못한 것이다. 사실은 영업이익에서 투자한 자금의 이자를 제외하고 순영업이익이 있느냐로 판단해야 한다. 그 순영업이익이 진짜 영업이익이 아닌가?

지금은 이런 일이 없겠지만, 어떤 기업은 대출신청을 하면서 당기순이익이 큰데도 불구하고 대출심사역이 대출을 해 주지 않는다고 상관에게 압력을 가하는 경우를 여러 번 봤다.

19. 업체사무소가 영업점 부근에 있는가

업체 사무소는 대출취급영업점 부근에 있어야 좋다. 만약 우리와 대출거래를 하는 업체사무소가 대출취급 영업점과 멀리 떨어져 있다면 업체에 대한 비재무사항을 하나도 확인할 수가 없을 것이고, 그 업체에 무슨 일이 있는지 조차도 알 수가 없을 것이기 때문이다.

20. 회사관계자가 갑자기 친절해져

요즘은 대출을 팔러 다니는 시대이나 가끔은 조심할 일이 있다. 금융기관직원들이 사정을 하다시피 하여 대출을 해 주고 있는 데 회사를 방문했을 때 대출을 해 준 회사의 관계자가 평소에는 별로 친하지도 않은데 갑자기 친절한 척한다거나 무슨 시설을 한답시고 시설자금을 지원 요청하는 경우, 회사의 직원들이 사정을 하듯이 대출을 요구하는 경우가 있다. 이럴 때 덥석 대출을 해 주려는 것은 조심해야 한다. 왜냐하면 무슨 자금줄이 막혀 있는데 갑자기 구세주가 나타났을지도 모르기 때문이다. 물론 모두 다 그런 것은 아니다. 그러나 조심해야 한다. 인간심리상 어쩔 수 없이 자금줄이 막히면 쫓아다니면서 대출을 요구하게 되고 사정을 하게 되는 것이다. 행동에서 이상한 돌발적인 일을 발견한다면 경계를 해야 한다. 만약 이런 경우 대출을 해 주었다가는 막차를 탈 수도 있을 것이다. 갑자기 친절해진다는 것은 무엇인가 문제가 있다는 암시다.

21. 대출기표 직전 규정, 절차 등 재점검

대출할 준비가 완료되었을 경우 즉시 대출을 하지 말고 다시 대출관련 제 서류가 있는지, 대출절차가 제대로 이행되었는지 확인하고 점검하는 습성을 들이는 것이 중요하다. 일에 몰두하다보면 한 두 가지 빠뜨리는 일이 있을 수 있는 것이다. 대출할 때 빠뜨린 것을 후에 치유할 수 있다면 다행이지만 그렇지 않다면 취급자로서는 치명적일 수도 있는 것이다. 봉직하고 있는 금융기관에 금전적인 손실을 끼칠 수 있고, 대출취급 후에 대출 잘못으로 변상하거나 문책을 당하는 일을 만들지 말아야 한다.

재점검을 해야 하는 사항은 여신관련 제 규정 합치여부, 정책자금의 경우에는 대출할 수 있는 대출기한 경과여부, 차주가 필요하다고 지정한 일자이전에 대출여부, 영업점장 전결여신의 경우 결재권자 결재여부, 차주에게 특별하게 약정 또는 당부해야 할 사항이 있을 경우 그 내용 및 준비여부, 승인여신의 경우 승인통지서 원본 확인, 승인통지서 접수일로부터 지정된 기일 이내에 대출실행여부, 실행조건 및 관리조건 등 승인조건 및 지도사항 이행여부, 기타 그 대출금에만 특별하게 주어진 유의사항 등이 있는데 대출실행직전에 확인 또는 재검토해야 한다.

모든 서류가 완비되었다고 하더라도 대출직전에 연체확인, 불량거래확인 등을 다시 한 번 해봐야 한다.

22. 여신정책은 준수해야

여신정책은 외부와 금융기관내부로 나눠 볼 수 있는데, 이들 여신정책 중에서 금융기관을 규제하고 있는 관련규정들은 준수해야 한다.

여신정책상규정은 은행연합회 등의 규제사항, 당해 금융기관의 여신권장사항 또는 여신제한사항, 계열그룹 여신규제, 중소기업에 대한 일정비율 여신 의무제 등이 있다.

23. 대출자금관리 잘하기

여신사후관리에는 대출자금관리, 여신관리부 비치관리, 승인조건 및 지도사항의 이행, 채무자실태조사, 부실징후여신관리 등이 있다.

대출자금관리에는 입금전표와 관련증빙으로 채무자 본인여부 확인 후 반드시 본인 예금계좌 또는 여신관리자금에 입금하되 개인과 법인 구분에 유의하고, 시설자금에 대해서는 기성고확인 등으로 계획된 용도, 시기에 맞추어 지급되도록 유의해야 한다. 용도 외 사용 시 기한의이익상실 조치를 취하는 것을 잊지 말아야 하고 이 내용을 차주에게 주지시킬 필요가 있다.

또한, 승인대출금 등 중점관리대상 대출금에 대해서는 여신관리부를 작성, 비치하여 대출내용, 사후관리 내용 등을 종합적으로 기록 관리해야 한다.

24. 조건이행 철저

대출 시 부여한 승인조건 또는 대출조건의 내용을 충분히 이해하여 취지에 적합하도록 지속적으로 관리해야 하고, 지도사항은 그 성격에 따라 강행규정에 대한 지도사항은 반드시 이행하고, 임의규정적인 내용도 그 취지에 따라 조치해야 한다.

25. 부실징후여신 관리 잘하기

중점관리대상대출금과 신용대출, 환매특약조건부대출, 당해 대지 후취조건부공장담보 등은 일정기한 내 1회 이상 채무자 실태조사를 해야 한다.

한편, 부실징후기업분류표나 기업동태점검표 등으로 부실징후기업 분류의 적정여부와 관리의 적정여부를 점검하고, 관리상황 보고여부 등을 점검해야 한다.

관련규정으로는 전결기준표의 여신편, 여신관련규정 등이 있으며, 관련장표로는 대출금원장, 사업계획서, 신용조사보고서, 운전자금 한도산출표, 시설자금 한도산출표, 안정성평가표, 금융기관 거래현황표, 기타 대출관계 서류철 등이 있다.

26. 금융질서를 지키자

동일차주에 대한 분할여신과 전결한도 은폐를 위한 타인명의이용 분할대출 등을 하지 말아야 한다.

대출과목별 전결한도 금액, 담보여신이나 신용여신별 전결한도 금액, 동일차주에 대한 타사무소 취급분 전결한도 포함여부 등을 잘 따져봐야 한다. 본점이나 권역본부 등의 승인회피를 목적으로 동일차주에 대한 분할여신과 전결한도 초과를 은폐하기 위한 타인명의이용 분할대출 등을 하지 말도록 해야 한다. 전결한도를 잘못 따져서 전결금액을 초과하여 대출했을 경우에는 전결권자의 권한을 침범한 것으로 금융질서를 문란케 한 중죄에 해당될 수도 있다.

금융기관 내부의 관련규정으로는 전결기준표의 여신편과 여신관련 규정 등이 있다.

대출금이자가 잘 회수될 때는 문제가 부각되지 않지만 원리금 회수가 문제가 되면 그때서야 타인명의 분할대출의 경우에는 본인 확인미필 등 원인행위의 잘 잘못을 따지게 되고 취급자의 변상문제가 대두되기도 한다. 금융질서를 지키는 것은 금융인의 기본이다.

  *잘 안 되는 회사에서 자주 나타나는 것들!

  자금, 부동산, 현재, 노조, 안일·안위, 연공서열, 수구, 관료주의, 일반화, 아이디어 위주, 역사, 독불장군, 포기.

분식기업 발견

1. 재무제표를 분식하는 이유

부실기업은 부실기업대로, 우량기업은 우량기업대로 재무제표를 사실대로 작성하지 않으려는 이유가 있다.

기업마다 각각 사정이 있겠지만 기업마다 분식을 해야 하는 사정이 있는 것이다. 사정이 있어 분식결산에 대한 강한 유혹을 느끼게 되는 것이다.

부실기업이라고 하더라도 재무자료를 정확하게 작성하는 것이 원칙이나 부실기업이 적자를 사실대로 표시하면 다음과 같은 현상들이 나타나게 된다.

1) 신용도 악화

신용도가 악화되어 금융기관으로부터 자금조달이 어려워지고 기차입한 자금도 상환독촉을 받거나 추가담보를 요구받게 된다.

2) 조달금리가 높아진다

사채업자와의 관계가 어려워지며, 조달금리가 높아진다.

3) 손실발생

주가하락으로 대주주 재산에 손실이 발생한다.

4) 자금 조달이 어려워진다

유상증자, 전환사채 발행, 회사채 발행 등 자본시장으로부터 자금
조달이 어려워진다.

5) 이미지 실추

부실기업으로 낙인찍혀 기업이미지가 실추되어 영업에 차질을 초
래할 수 있다.

6) 기업의 운명을 앞당긴다

경영실패를 자인하는 것이 되어 기업의 운명을 앞당길 수 있다.

7) 세금을 더 내게 된다

정상적으로 하면 세금을 많이 내게 될 경우 가급적이면 성과를 나
누어 경리하면 세금을 적게 낼 수도 있다. 절세를 하는 방법이기는
하지만 기업에 따라서는 탈세를 하는 기업도 있게 되는 것이다.

2. 분식 시 나타나는 현상

재무제표 분식 시는 일반적으로 다음과 같은 현상이 나타난다.

1) 재무제표 작성 지연

결산재무제표 작성의 지연, 재무제표 내역에 대한 설명이 불충분하거나 불명확하다.

2) 반기보고서에 비해 호전

동종업계 영업성적보다 영업실적과 재무구조가 좋게 보이고, 반기보고서와 비교하여 영업실적과 재무구조가 이유 없이 호전되었다.

3) 자산의 증가율이 높다

부채의 증가율보다 자산의 증가율이 높게 나타난다.

4) 매출채권 등 급증

매출액대비 매출채권 또는 재고자산이 급증했다.

5) 비정상거래 급증

관계회사와의 거래가 비정상적으로 늘어났다.

6) 회계처리기준 변경

회계처리기준을 변경했다. 충당금 설정방법이나 자산평가기준을 자산 및 순이익을 증가시키는 방향으로 변경했다.

3. 분식의 유형

1) 금액의 분식

자산과 수익은 과대하게 표시하려 하고, 부채와 비용은 과소하게 표시하려는 경향이 있다. 이렇게 되면 유동비율이 좋아지고, 매출액 증가율과 영업실적이 양호하게 나타나며 저하된 매출채권회전율이나 재고자산회전율이 있더라도 금융기관을 현혹시키기에 용이하다.

① 수익의 가공계상

◆ 매출채권의 가공계상

◆ 관계회사 위장매출

◆ 선수금의 매출계상(선수금의 과소계상)

◆ 매출의 귀속기간 조작(매출채권 과대계상)

◆ 외상매출금 회수를 현금매출로 계상(외상매출금의 과대계상)

② 비용의 축소계상

◆ 매출원가의 과소계상

- 단가와 수량 조작에 의한 재고자산의 과대계상

- 외상매입금 과소계상 등

◆ 자산평가손실의 과소계상

- 대손충당금 과소계상

- 재고자산의 과대계상

- 유가증권의 과대계상 등

◆ 감가상각비의 과소계상

- 고정자산의 과대계상: 고정자산의 매각없이 감가상각비가

대폭 줄었다면 이익을 늘려 잡기 위함일 수 있다.

◆ 기타비용의 과소계상

- 이연자산의 과대계상: 당기손실로 처리해야 하는 개발비를 이연자산으로 계상한 경우

- 가지급금의 과대계상

- 미지급금의 과소계상

- 미지급비용의 과소계상

- 선급비용의 과대계상

- 퇴직급여충당금의 과소계상 등

③ 기타

◆ 단기대여금의 가공계상

허위로 금전대차계약서를 작성하고 대주주나 특수관계인명의로 장단기대여금계정으로 계상하는 경우 흑자를 증가시킬 수 있다.

◆ 이자비용의 과대계상

부채규모에 비하여 이자비용을 과다계상 했다면 부채를 축소하고 부외부채로 처리했을 가능성이 있다.

◆ 차입금 등 부채를 누락

2) 계정과목 분류 분식

비용계정은 자산계정으로, 부채계정은 수익계정으로 분식하여 수익을 부당하게 높이려는 경향이 있다.

3) 기타 유형

금액과 계정과목을 동시에 사용하여 분식하는 방법

① 계속성의 변경

◆ 재고자산 평가방법의 변경

◆ 고정자산 감가상각 방법의 변경

② 관계회사의 활용

◆ 관계회사의 재고자산이나 고정자산을 매각하여 손익 조작

③ 각종 충당금, 준비금, 전기손익수정익, 잡이익 등을 조작

4. 분식 발견기법

분식은 매출액, 재고자산, 매출채권, 부외부채 등을 통해 발견할 수 있다.

1) 매출액

① 가공매출을 계상한 경우

◆ 월별매출추세를 비교하고 전년도 매출총액을 비교한 후 업계 전체의 신장율과 회사의 생산능력을 감안, 매출액의 타당성을 검토한다.

◆ 부가가치세 신고서철과 대조, 확인한다.

◆ 기말에 매출이 특히 증가한 경우 생산일보, 원재료 구매현황, 정문통행 차량일지, 출하지시서 및 인수증과 대조 판단한다.

◆ 매출총이익률, 매출채권회전율 및 제품가동률을 전기와 비교, 그 타당성을 검토한다.

② 매출기간 귀속이 잘못된 경우

◆ 월별추세 및 전년도 매출총액을 비교, 마지막 월의 타당성을 검토한다.

◆ 최종 출고전표의 귀속기간을 검토하여 타당성을 검토한다.

◆ 위탁, 사용, 할부, 예약판매 등 회계처리의 타당성을 검토한다.

◆ 특수판매조건 검토(위탁판매를 위해 상품 등을 수탁자에게 발송 후 매출 처리한 경우 등)

③ 당년도 이후의 과다한 매출환입 경우

◆ 월별의 추세분석에 익년도 최초 월의 매출액도 함께 포함시켜 매출환입, 에누리 등의 금액을 추산해본다.

◆ 매출보조부에서 대차대조표일 이후의 매출액 적자기록금액을 추산하여 수정여부를 확인한다.

2) 재고자산(매출원가)

재무제표분석에 가장 많이 이용되고 있으며 분식규모가 크고 일정시점 재고의 실사를 할 수 없다는 문제점이 있어 분식발견에 어려움이 있다. 분식케이스만을 열거해본다.

① 가공 재고자산 계상

◆ 실제로 존재하지 않은 가공의 재고자산을 계상했다면 창고 수용능력을 대비하여 검토한다.

② 양쪽으로 재고자산 계상

◆ 공장이 여러 지역으로 분산되어 있는 경우 한 공장에서 다른 공장으로 이송된 재고자산을 양쪽에서 모두 재고자산으

로 계상한다.

③ 판매된 재고자산을 계상

◆ 이미 판매되어 매출로 인식된 재고자산을 장부상 계속 재고자산으로 남겨 둔다.

④ 구입단가 조작

◆ 연도 말에 재고로 남아있는 원재료의 구입단가나 제품 등의 원가를 조작하여 부풀려 계상한다.

⑤ 판매대금청구서 조작

◆ 판매대금청구서의 조작을 통해 결산기말 현재 판매되지 않은 재고자산을 판매된 것처럼 매출로 계상한다.

⑥ 가공의 기장

◆ 전혀 근거가 없는 가공의 기장을 한다.

⑦ 파손품을 정상적인 것처럼 평가

◆ 작업부산물이나 파손품을 정상적인 재고자산 속에 포함시켜 정상적인 재고자산으로 평가한다.

⑧ 제고자산 집계표를 조작

◆ 실사 재고자산집계표가 여러 장일 경우 합계금액을 조작한다.

⑨ 외부에 보관 중인 재고자산을 조정

◆ 재고 실사에 입회하기 어려운 하청업체 등 외부에 보관 중인 재고자산의 수량 및 금액을 조정한다.

⑩ 미착계정을 이용

◆ 이미 통관되어 생산에 기 투입된 수입원자재를 정산하지 않

 이런 기업 부도난다

고 미착계정에 그대로 둔다.

사업성검토나 기업진단 등의 경우에 재고 실사를 하지 못하며, 실사시점에서도 공장이 가동 중이기 때문에 물량이동으로 정확한 실사를 할 수 없다. 따라서 대체적인 접근방법으로 접근해야 한다.

이런 경우 ① 추세분석, ② 비율분석, ③ 금액이 큰 주요품목에 대해서는 전기와 금기의 단가를 비교하여 단가적용의 정확성 검토, ④ 재고자산 실사수량(집계표)과 결산서상의 장부수량, 재고자산 수불부상의 수량을 서로 체크하며, 필요하다면 재고자산 실사집계표의 합계검증도 실시한다.

3) 매출채권

① 받을 어음이나 외상매출금이 과다 계상된 경우

◆ 당기말 금액과 전기말 금액을 비교한다.

◆ 매입채무액과 비교하여 차이가 클 경우 그 차이의 원인을 검토한다.

◆ 매출채권의 회전율분석을 실시하여 전기대비 및 산업평균과 대비한다.

◆ 명세서를 징구하여 어음의 경우는 대차대조표일 이후의 입금상황을 검토 판단하고, 외상매출금의 경우에는 매출계정 절차와 병행하여 검토한다.

◆ 주요거래처에 대해서는 영업사원용 관리대장과 거래처원장

을 대사 확인한다.

② 부실채권에 대한 대손충당금이 부족 설정된 경우

◆ 과목별 대손추산율을 산출하여 연도별 대비와 산업평균을 대비한다.

◆ 기일이 오래 경과된 채권에 대해서는 미회수 원인을 검토하고 대손충당금 설정의 적정성을 검토한다.

◆ 부도 또는 파산된 거래처를 파악하여 대손충당금의 적정성 여부를 파악한다.

◆ 소송이 계류 중인 매출채권과 크레임이 걸린 매출채권의 내용을 검토한다.

4) 부외부채

① 대차대조표에 계상되지 않은 부외부채

◆ 대차대조표일 현재 기업의 채무가 존재하고 있으나 장부에 계상되지 않은 부채.

② 부외부채의 존재 가능성을 암시하는 사례

◆ 부채관련 내부통제 제도를 신뢰할 수 없다.

◆ 가지급금, 가수금 등 가계정 금액의 과다.

◆ 재무상태 불량(당좌자산 감소, 부채과다, 순운전자본이 적자인 경우 등).

◆ 회사의 영업 및 업계 전반에 대한 정보.

③ 부외부채를 발생시키는 거래의 유형

◆ 어음 및 수표의 유용.

◆ 개인사채의 사용.

◆ 회계상의 기간구분의 문제.

◆ 우발채무가 당기에 부채화되는 사유의 발생.

④ 부외부채의 분류

◆ 금액이 확정되었으나 미기록된 부외부채

- 어음 및 수표에 관련된 채무.

- 차입금 및 사채 등과 같은 장기부채.

- 외상매입금이나 미지급금과 같은 매입채무.

- 미지급비용.

- 퇴직급여충당금과 같은 각종 부채성충당금.

◆ 회계처리방법이 잘못 적용됨으로써 발생되는 부외부채. 예를 든다면, 금융리스를 운용리스로 처리

◆ 우발채무와 관련된 부외부채(주석사항)

- 할인어음중 기일 미도래분.

- 지급보증 또는 제품하자보증.

- 견질용으로 타인이 보관중인 어음이나 수표.

- 계류중인 소송사건.

- 선물환거래 등.